六祖大師
법보단경

육조대사 법보단경
六祖大師 法寶壇經

육조혜능 六祖惠能 述
종보 宗寶 編
법지 法志 譯註

운주사

삼가 선先은사 환운당幻雲堂 자월慈月 선사님
전에 올립니다.

해제

인도에서 발원한 불교는 양한兩漢시대 무렵 중국에 들어온 후, 인도문화와는 이질적인 중국전통문화와 융합하는 중국화中國化의 과정을 밟았다. 수隋·당唐시대에 이르러 중국에 불교의 여러 종파들이 형성되는데, 이는 불교의 중국화가 성숙되었음을 나타내는 것이다. 중국불교에서 선종禪宗은 가장 영향력이 크고 가장 중국적 특색을 지닌 종파이다. 수·당시대 이후에 선종은 거의 중국불교의 대명사가 되다시피 하였다.

그 가운데 『단경壇經』[1]은 이른바 선종의 종전宗典으로 칭해지며 선종의 가장 근간이 되는 귀중한 경전으로서, 중국불교에서 특별한 지위를 차지하고 있다. 중국 승려가 편찬한 저술이면서도 특별하게 '경經'으로 불린다. 불교의 전통에 따르면, 불교의 시조인 석가모니 부처님의 가르침을 직접 담은 저작만이 '경'이라고 부를 수 있으며, 그 제자들 및 후대의 불교도의 저작들은 단지 '논論'으로 불릴 수 있을 뿐이다. 혜능의 가르침을 '경'을 사용하여 『단경』이라고 칭한 것은 가히 '육조의 혁명[六祖革命]'[2]이라고 부를 만한 무엇인가가 존재

---

[1] 이 책에서는 『육조단경六祖壇經』의 판본들 중에서 종보본宗寶本을 『단경』으로 표기한다.
[2] 중국학계에서는 혜능선사와 『육조단경』이 중국불교에 미친 영향을 서양 기독교의

하고 있음을 의미하고 있는 것이다. 또한 이러한 명칭은 중국불교사에서 『단경』과 혜능선사의 중요성을 아주 분명하게 보여주고 있다고 할 수 있다.

1. 혜능대사惠能大師의 생애

혜능(惠能, 혹은 慧能, 636~713)은 성이 노盧씨이고, 본적은 오늘날 하북성河北省에 속하는 범양范陽이다. 그의 부친 노행요盧行瑤는 당唐 무덕(武德, 618~626) 때에 벼슬에서 물러나 지금의 광동廣東 신흥新興의 동쪽에 속하는 영남嶺南의 신주新州에서 살게 되었다. 혜능대사는 어려서 부친을 여의었으므로 집안 살림이 매우 가난하였다. 그는 소년 시기부터 매일 나무를 팔아 생계를 유지하였다. 용삭龍朔 원년(661년)에 그는 우연히 홍인선사弘忍禪師가 지금의 호북성湖北省에 속하는 기주蘄州의 황매현黃梅縣에 있는 동산사東山寺에서 제자들을 모으고 설법을 한다는 얘기를 듣고서 그곳으로 공부하러 떠났다. 그곳에서 그는 처음에는 방앗간에서 쌀찧는 일을 하다가 나중에 "보리는 본래 나무가 없고, 거울은 또한 거울대가 없다. 본래 어떠한 물건도 없는데, 어디에 티끌이 끼겠는가?"[3]라는 게송偈頌을 읊어 홍인대사에게 칭찬을 받는다. 그리고 그는 선종의 동토東土 시조인 보리달마菩提達磨가 전수한 가사袈裟를 전수받아 선종의 제6대 조사祖師가 되었다. 그는 즉심즉불卽心卽佛과 돈오성불頓悟成佛의 선리禪理

종교혁명과 비견하여 흔히 '육조혁명'이라고 칭한다.
3 "菩提本無樹, 明鏡亦非臺, 本來無一物, 何處惹塵埃?"

로서 설법을 하였다. 그가 창립한 선종은 처음에는 '남종南宗'으로 불리어 신수대사神秀大師가 창립하여 '점오漸悟'를 주장하는 북종北宗과 구분되었다. 그러므로 역사에서는 이 두 종파를 '남돈북점南頓北漸' 혹은 '남능북수南能北秀'라고 부르게 되었다. 나중에 북종은 쇠퇴하고 남종은 번창하여 세상에 알려졌으며, 혜능대사의 사문 제자들은 오가칠종五家七宗으로 각각 갈라지게 되었다. 따라서 혜능대사는 중국 선종禪宗의 실질적인 창시자가 되었던 것이다.

혜능대사는 713년 8월에 입적했는데, 당시 76세였다. 그는 당唐 헌종憲宗에게 '대감선사大鑑禪師'라는 시호諡號를, 송宋 태종太宗에게 '진종선사眞宗禪師'라는 시호를, 송 인종仁宗에게는 '보각선사普覺禪師'라는 시호를, 송 신종神宗에게는 '원명선사圓明禪師'라는 시호를 하사받았다. 그리고 왕유王維, 유종원柳宗元, 유우석劉禹錫 등은 그를 위해 비문을 써주기도 하였다. 그의 제자로는 회양懷讓, 행사行思, 법해法海, 혜충慧忠, 현각玄覺 등 40여 명의 걸출한 선승들이 있다. 저작으로는 『육조단경』과 『금강경구결金剛經口訣』 등이 있다.

1) 『육조단경』의 내용

『단경』을 모아 기록한 사람은 당대唐代의 법해法海스님이다. 그는 광동廣東의 곡강曲江 사람으로서, 혜능대사의 제자 중 한 사람이다. 법해는 처음 육조대사를 만났을 때 즉심즉불卽心卽佛의 뜻을 묻고는 대사의 말씀에 크게 깨달았다. 그는 혜능대사가 소주韶州에 있는 대범사大梵寺에서 설법한 내용을 수록했는데, 이것이 선종에서 가장 근간을 이루는 귀중한 경전, 『단경』이 된 것이다.

『단경』은 바로 혜능대사가 소주자사刺史 위거韋據의 요청을 받아들여 대범사에서 천여 명의 사람들에게 불법을 강연한 것을 주요 내용으로 하고, 그 이후의 행적들을 모아 함께 수록한 것이다. 『단경』의 전체 구조는 크게 세 가지 부분으로 나눌 수 있다. 첫째 부분은 혜능대사가 스님들과 세상 사람들에게 공개적으로 설법을 하고, 선禪을 전수하며, 법계를 수여하는 의식 등이다. 이 부분이 『단경』의 핵심이자 중심 내용에 해당한다. 둘째 부분은 혜능대사의 일생, 경력, 그리고 불법을 얻게 된 인연을 서술하였다. 셋째 부분은 혜능대사와 제자들 사이에서 주고받던 불법에 관한 문답, 그리고 그가 임종할 때의 유언 및 그 후의 정황이다. 첫째 부분과 둘째 부분이 『단경』의 몸체라고 한다면, 셋째 부분은 부록이라 할 수 있다.

『단경』은 장기간 전해 내려오는 과정에서 여러 가지의 다른 판본들이 생겨나게 되었다. 그 판본들은 문자, 구성 및 내용에서 각각 차이가 있다. 이 책은 원元·명明시대 이후로 가장 유행했던 종보본宗寶本을 근본으로 하여 『단경』의 사상과 내용을 서술한 것이다. 종보본『단경』은 구성상 열 가지 품品으로 나누어져 있으며, 그 내용을 간략히 소개하면 다음과 같다.

1. 행유품行由品
혜능대사의 일생 그리고 불법을 얻어 그 종지宗旨를 전수하는 과정을 서술한다.

2. 반야품般若品

혜능대사가 천명한 반야의 지혜와 "보리반야의 지혜는 모든 사람이 본래 스스로 지니고 있음〔菩提般若之智, 世人本自有之〕"을 제시하며 도를 공부하는 사람들에게 "각각 자신의 마음을 보고 스스로의 본성을 보며〔各自觀心, 自見本性〕", "지혜를 비추어 자신의 본심을 알 것〔智慧觀照, 識自本心〕"을 강조한다.

3. 의문품疑問品

위자사韋刺史가 의심하여 물어본 것에 답변함으로써 성불하는 유일한 방법이 '견성見性'하는 것임을 제시한다. 그리고 사람들에게 자기 성품〔自性〕의 공덕을 수행하고, 자기 자신의 마음의 정토를 배양하여 곧바로 성불할 것을 강조한다.

4. 정혜품定慧品

정혜일체定慧一體와 체용일여體用一如를 제시하고, "모든 행주좌와는 항상 한결같이 곧은 마음으로 수행함〔於一切行住坐臥, 常行一直心〕"의 일행삼매一行三昧를 제창한다. 그리고 그 강령으로서, 무념無念을 종지로 삼고 무상無相을 본체로 삼으며 무주無住를 근본으로 한다는 것을 제시한다. 그러므로 배우는 사람들이 돈오견성頓悟見性, 자식본심自識本心, 자견본성自見本性하도록 가르친다.

5. 좌선품坐禪品

좌선은 수심간정守心看淨이 아니라고 말하며, 선禪과 정정定에 관해서는

"밖으로는 상相을 떠나는 것이 선이고, 안으로는 어지럽히지 않는 것이 정이다.〔外離相爲禪, 內不亂爲定〕"라고 해석한다. 따라서 혜능선사는 반야의 지혜가 선과 정을 총괄하고 포섭한다고 주장하고 있음을 알 수 있다.

6. 참회 품懺悔品

혜능대사가 법회에 참석한 대중들에게 설했던 '자성오분법신自性五分法身', '무상참회無相懺悔', '자심사홍서원自心四弘誓願', '자성삼보귀의계自性三寶歸依戒' 및 '자성일체삼신自性一體三身' 등의 내용을 기록하였다.

7. 기연 품機緣品

혜능대사가 불법을 터득한 후 여러 곳에서 찾아 온 학인學人들과의 문답을 통하여, 그들과 계합契合되는 기연을 서술한다. 그리고 '제불의 묘한 이치는 문자와 관련되지 않음〔諸佛妙理, 非關文字〕', '즉심즉불卽心卽佛', '견성성불見性成佛', '불락계급不落階級' 등 남종의 여러 종지를 밝힌다.

8. 돈점 품頓漸品

'남종은 돈오頓悟이고 북종은 점오漸悟'라는 분파와 그 폭넓은 교화를 기술한다. 또한 북종의 신수神秀 문하의 제자들과 남종의 혜능 문하의 제자들 사이의 분쟁에 관한 상황을 서술한다. 그리고 여기에서는 다음과 같은 내용도 기록하고 있다. 혜능대사는 '상常'과 '무상無常',

'견見'과 '불견不見'을 설법하고 반야의 지혜와 중도中道로써 한쪽의 억측을 타파하여 배우는 사람들에게 상相을 없애고 아집을 타파할 것을 가르친다. 또한 그들에게 어느 한쪽의 억측에 빠지지 않고 유일한 돈오의 가르침의 법문으로 들어가 유일한 진여실성眞如實性을 깨우치도록 가르친다.

9. 호법품護法品

혜능대사가 병환을 핑계로 왕궁의 공양 초대를 거절한 것을 기록하고 있다. 이는 당시 이李씨의 당唐 황조가 불법을 옹호하고 혜능대사를 존경하는 상황을 설명한 것이다. 그 중에서 혜능대사와 내시內侍인 설간薛簡과의 대화는 마음을 밝혀 견성見性할 것을 천명하며 속세에서도 해탈할 수 있다는 남종선의 수행관修行觀을 보여 준다.

10. 부촉품付囑品

혜능대사가 임종하기 전에 사문의 제자들에게 진술했던 최후의 유언을 서술하고 있다. 그는 제자들에게 '삼십육대법三十六對法'을 전수한다. 또한 제자들이 삶과 죽음이라는 양쪽을 떠나 있어야 함과, 외상外相과 공무空無를 깨뜨리는 파집법破執法을 설법했다. 그리고 제자들에게 마음·부처·중생은 평등하다는 교지를 전수하고, 진정한 부처는 자기의 성품에 있으며 불법은 속세에 있다고 강조하며 '자견본심自見本心, 자성불도自成佛道'라는 견성법見性法을 다시 천명하였다.

2) 『육조단경』의 사상

『단경』은 다음과 같이 주장한다. "마음이 바로 부처이므로 마음 밖에서 부처를 구하려 하지 말라.", "돈오는 바로 견성이므로 역겁歷劫을 들여 수행하여 고생할 필요가 없다.", "입세入世가 바로 출세出世이므로 세간 밖에서 해탈을 구하려 하지 말라." 이에 따라 다음과 같은 세 가지를 들어 『단경』의 기본사상에 대해 서술하고자 한다.

첫째, '즉심즉불卽心卽佛'의 불성론佛性論

성불의 근거와 그 가능성의 문제에서 『단경』은 사람은 누구나 다 불성이 있으며, 그 불성은 누구나 평등하고, 본래부터 청정하다고 한다. 중생과 부처의 구별은 자기 마음을 깨달았는가 그렇지 않은가에 따라 다를 뿐이다. 『단경』에서는 "자기의 성품을 깨달으면, 중생이 부처가 된다. 자기 성품을 깨치지 못하면, 부처가 중생이 된다."라고 말한다. 이는 자기 심성心性의 어리석음〔迷〕과 깨달음〔悟〕을 성불의 관건이라 하여 중생과 부처를 통일시키고, 곧 사람들의 현재의 마음에 의해 결정된다고 하였다. 『단경』에서 혜능대사는 '즉심즉불卽心卽佛'의 관점을 제시하여 마음과 부처가 동등하다고 정의하여, 추상적인 불성과 구체적인 사람의 마음을 하나로 융합하였다. 모든 중생이 성불하는 근거를 한 순간의 현실적 인간 마음이 온전한 인격과 인성, 즉 부처로 바뀐다고 했던 것이다.

둘째, '돈오견성頓悟見性'의 수행관

『단경』은 '즉심즉불'을 제창하여 중생과 부처를 자신의 마음에 귀결시키고, 부처와 중생의 구별은 단지 자심自心의 '깨달음〔悟〕'과 '어리석음〔迷〕'에 있다고 하였다. 혜능대사는 '부처'는 먼 피안의 세계에 있는 것이 아니라 개인의 마음속에 있다고 하며, '자신의 마음'을 깨닫지 못하면 온 종일 경전을 읽고 부처께 절을 하고 좌선하고 좋은 일을 해도 모두 쓸모가 없다고 한다. 그리하여 '식심견성識心見性', '명심견성明心見性', '자심自心'의 깨달음은 성불을 실현하는 근본적인 지름길이며, '돈오'는 견성성불의 근본적인 방법이라고 설한다.

『단경』에 있어서 '견성'은 여러 겁劫의 수행이 필요 없으며, 점차적인 순서를 넘을 필요도 없다고 보고 있다. 이 순간의 일념一念이 모두 자기 마음 가운데 순간순간 현현하고 있는 진여본성眞如本性을 깨달으면, 한 번에 부처의 자리[佛地]에 바로 오르게 되는데, 이를 돈오견성頓悟見性의 수행관이라 한다.

혜능대사가 『단경』에서 제창하는 이러한 '돈교법문頓敎法門'은 남종 선법禪法의 핵심이며, 혜능 남종의 특색을 가장 잘 드러내는 혁신적인 사상이다. '돈오견성頓悟見性'의 기치 아래 『단경』에서는 "자기 성품을 스스로 깨달으며, 특별한 수행이 필요하지 않음〔自性自悟, 不假修習〕"을 제시하였고, "선은 앉거나 눕는 것에 있는 것이 아니며, 도는 오직 자기 마음을 깨닫는 것으로부터 비롯되며〔禪非坐臥, 道由心悟〕", "제불의 묘한 도리는 문자와 관계없다〔諸佛妙理, 非關文字〕" 등을 내세워서, 선문의 수행실천을 철저히 변혁하여 더 많은 사람들이 자기의 능력을 믿게 하였고, 속세에서도 해탈할 수 있다는 이상을 가지게 하였다.

셋째, '자기 성품으로 스스로 제도한다〔自性自度〕'는 해탈관

불교 수행의 최종목적은 성불하여 해탈하는 것이다. '즉심즉불'의 불성론은 필연적으로 현실에서의 해탈이라는 이상을 추구하는 자력

론自力論으로 귀결된다. '돈오견성頓悟見性'의 수행관은 속세와 비속세의 구별을 버리고, 속세에서 해탈을 구할 수 있다는 '세간구해탈世間求解脫'을 불러왔다. 『단경』에서 "속세를 떠나지 않고 자기 성품으로 스스로 제도함〔不離世間自性自度〕"이라는 자재해탈의 해탈론은 바로 이러한 논리로부터 전개된다.

'즉심즉불'을 믿으면 해탈의 길이 외부의 높고 깊은 곳에 있는 것이 아니라, 자신의 마음 가운데 자기의 성품〔自性〕에 귀의하며, 스스로 닦고 깨닫는 자기 성품의 공덕을 얻게 되어 진정한 자기 정신이 돌아가 쉴 곳을 찾을 수 있다. 그리하여 『단경』에서는 "자기 성품을 스스로 제도시키는 것이 참다운 제도〔自性自度, 是名眞度〕", "자기 마음이 자기 성품에 귀의하는 것이 참다운 부처에 귀의하는 것〔自心歸依自性, 是歸依眞佛〕", "스스로 깨닫고 수행하는 것은 자기 성품의 공덕이며 참다운 귀의〔自悟自修, 自性功德, 是眞歸依〕"라고 말하였다.

'자기 성품으로 스스로 제도함〔自性自度〕'을 제창하였기에, 차안此岸에서 피안에 이르도록 저어가는 '노〔楫〕'가 자기 마음 가운데 있으며, 속세의 번뇌와 비속세의 보리菩提도 자기 마음 가운데 있다. 그러므로 『단경』에서는 "불법은 인간 세상에 있고, 인간 세상의 깨우침을 떠나지 않는다.〔佛法在世間, 不離世間覺〕", "인간 세상을 떠나서 보리를 찾는 것은, 본래 없는 토끼의 뿔을 찾으려 하는 것과 같다.〔離世覓菩提, 恰如求兎角〕"라고 한다. 그렇다면 해탈이라는 이상은 현재의 번뇌에 가득한 속세에 있으며, 지금 현실생활 중에 있지 먼 미래의 세계나 서방세계에 있는 것이 아니다.

『단경』의 자성자도自性自度의 해탈관은 즉심즉불의 불성론과 돈오견성의 수행관과 함께 사람들이 일상생활의 번뇌 속에서도 마음을 초탈할 수 있다는 자신감을 불러 일으켰다. 또한 선종의 현실에 입각하여 수확한 보리과菩提果의 현실적 품격을 격상시켰으며, 선종이 등등상전燈燈相傳하고 부단히 발전할 수 있도록 하였다.

2. 『육조단경』의 판본

『육조단경』이 세상에 나온 초기에는 혜능대사의 입실제자만 서사書寫하고 전수하는 것이 허락되었고, 후대에서야 비로소 광범위하게 유통되었다고 한다. 그러나 유통 과정에서 그 내용이 변화, 발전되어 지금에 이르기까지 이십여 종의 이본異本이 있는 있는데, 그 중 가장 대표적인 것은 아래와 같다.

1) 돈황본敦煌本

이 판본은 현존하는 여러 판본들 중에서 가장 오래되었으며, 대략 기원후 780년경에 편찬된 것으로 본다. 1923년 일본학자 야부키 게이치〔失吹慶輝〕가 런던 대영박물관에서 소장하고 있던 돈황문헌 가운데에서 발견하였다. 『남종돈교최상대승마하반야바라밀경육조혜능대사어소주대범사시법단경南宗頓教最上大乘摩訶般若波羅蜜經六祖惠能大師於韶州大梵寺施法壇經』이라는 조금 긴 제명題名이 붙었고, 그 아래 "겸수무상계홍법제자법해집기兼受無相戒弘法弟子法海集記"라고 편집자의 이름이 부기附記되어 있다. 권말에는 다시 『남종돈교최상대승단경법南宗頓教最上大乘壇經法』이라는 명칭이 보인다. 이 판본은 종보본과 같이 각 품품과 절節로 나누어져 있지 않으며, 문자가 비교적 질박質朴하나 오자가 많다.

　이 판본을 발견한 야부키 게이치는 교감校勘하여 1928년에 『대정신수대장경大正新脩大藏經』에 수록하였고, 또한 그 영인본을 『명사여운鳴沙余韻』에 수록하였다. 일본학자 스즈키 다이세스〔鈴木大拙〕는 이러한 연구를 바탕으로 하여 1934년에 『돈황출토육조단경敦煌出土六祖壇經』을 간행하였는데, 모두 57절節로 나누고 각 절에 제목과 해설을 하여, 당시 학계에서 가장 뛰어난 판본으로 인정받았다.

　1943년, 북경北京대학의 상달向達 교수는 돈황에 가서 고사경古寫經을 조사하다가 그 지역 임자의任子宜의 소장품 가운데 범협식梵夾式으로 된 접장본蝶裝本의 사경을 발견하였다. 그 윗면에는 4종의 선종 문헌이 필사되어 있었는데, 그 가운데 한 본이 바로 『남종돈교최상대승단경南宗頓教最上大乘壇經』이라는 제목으로, 대략 오대五代 혹은 송초宋初에 필사된 것이었다. 이 본은 돈황본과 대체로 일치하였으며, 당대唐代 중엽의 『단경』을 원본으로 하여 필사된 것으로 보인다.

　1986년, 중국사회과학원 세계종교연구소의 양증문楊曾文 선생이 돈황박물관에서 보관하고 있던 임자의의 소장품인 『단경』을 찾아내어 야부키 게이치가 발견한 돈황본과 다시 교감하여 상해고적출판사上海古籍出版社에서 출판하였는데, 이를 돈황신본(혹은 돈박본敦博本이라고도 칭함)이라고 한다.

2) 혜흔본惠昕本

이 판본은 『육조단경』이라는 제목이 붙어 있으며, 상권과 하권으로 나누어져 있고, 모두 11문門으로 되어 있으며 약 1만4천여 글자이다. 이 판본은 당조唐朝의 말기 혹은 송조宋朝의 초기에 개편되었다고 한다. 또한 이 판본은 일찍이 일본 교토〔京都〕 호리카와〔堀川〕 흥성사興聖寺에서 발견되었기 때문에 흥성사본이라고도 불린다. 일본의 대승사본大乘寺本·진복사본眞福寺本과 금산金山 천녕사본天寧寺本이 모두 이 판본의 이초본異抄本이다. 이 판본의 개편자는 바로 당대의 승려 혜흔惠昕이다. 혜흔은 그 서문에서 "옛 판본은 문장이 번쇄하여 읽는 사람들이 처음에는 좋아하지만 나중에는 짜증을 낸다.〔古本文繁, 披覽之徒, 初忻後厭〕"라고 언급하고 있어, 그가 원래의 『단경』에 가감을 하였음을 짐작할 수 있다. 이 판본이 출현한 시기는 대체로 혜능대사의 입적 후 약 백여 년 이후로 짐작된다.

3) 설숭본契崇本

전체 명칭은 『육조대사법보단경조계원본六祖大師法寶壇經曹溪原本』이라 하고 간단히 줄여서 『조계원본』이라고 한다. 이 판본은 대략 1056년에 완성되었으며, 십품十品으로 나뉜다. 약 2만여 자이고 송대의 고승 설숭契崇이 개편하였다. 송대 공부시랑工部侍郎 낭간郎簡은 『육조법보기서六祖法寶記敍』에서 말하기를, "『단경』은 시대의 흐름에 따라 내용에 증감이 일어나고, 문맥이 속되며 번잡하여 참으로 만족스럽지 못하였다. 사문 설숭이 이를 보고서 『단경찬壇經讚』을 지어 말하기를, '만약 능히 바로 잡을 수 있다면, 내가 재물을 내어 표본을 출간하여 널리 전하도록 하겠다.'라고 하였다. 다시 두 번의 편집 끝에 설숭은 과연 조계고본曹溪古本을 교정하여 3권을 완성하였다."라고 하였다. 이 3권본의 『단경』은 현재 전하지 않지만, 학자들은 이 『단경』이 후세에 전해지는 이른바 '조계원본'·'덕이본德異本'·'종보본'의 모본母本이라고 추측한다.

4) 덕이본德異本과 조계원본曹溪原本

이 두 본은 설숭본에서 유래하였다. 덕이본은 『육조대사법보단경六祖大師法寶壇經』이라는 제명이고, 1권으로 이루어져 있다. 「오법전의悟法傳衣」, 「정혜일체定慧一體」, 「교수좌선教授坐禪」, 「전향참회傳香懺悔」, 「참청기연參請機緣」, 「남북돈점南北頓漸」, 「당조정조唐朝征詔」, 「법문대시法門對示」, 「부촉유통付囑流通」 등의 10품으로 나누어져 있다. 최초의 판각은 원元 세조世祖 지원至元 27년(1290)이지만, 현재 남아 있는 것은 원 대덕大德 4년(1300)에 고려에서 판각한 것과 연우延祐 3년(1316)의 재판각본으로 지원본至元本이라고도 한다.

명조明朝 성화成化 7년(1471)에 간인刊印한 『육조대사법보단경조계원본六祖大師法寶壇經曹溪原本』은 그 편재나 내용이 조선에서 유통되던 덕이본과 대체로 동일하다. 성화본의 '조계원본'은 명·청시기에 여러 차례 출간되었다.

5) 종보본宗寶本

제목을 『육조대사법보단경六祖大師法寶壇經』이라 하고 1권이며, 모두 십품十品이다. 원元 세조世祖 28년(1291년)에 완성되었으며 명대明代 이후에 가장 유행한 판본이다. 명대에 간행된 대장경〔南藏·北藏·嘉興藏〕에 모두 이 판본이 수록되어 있으며, 후세에 가장 많이 출간되었다.

이 판본은 글자 수가 모두 2만여 자가 되며 원대元代 광효사光孝寺 스님인 종보宗寶가 개편하였다. 종보는 『법보단경』의 발문跋文에서 말하기를, "내가 처음 출가하여 3본의 『단경』이 서로 다른 것을 보고 유감을 느꼈다. 3본이 서로 가감이 있으며, 그 판각이 이미 마멸되어 있었다. 그에 따라 그 판본들을 서로 대조하여 교정하고, 그릇된 것은 바로잡았으며, 생략된 것은 상세하게 하였다. 또한 다시 제자들의 청익기연請益機緣을 추가하여 공부하는 자들에게 조계의 종지를 모두 얻을 수 있도록 기틀을 마련하였다."라고 하였다. 이로부터 종보본 또한 거듭하여 수개修改하였음을 알 수 있다.

『단경』이 세상에 출현하여 광범위하게 후세에 전하니, 판본 또한 여러 가지로 변화하고, 그 내용도 역시 끊임없이 첨삭되어 갔다. 현재 유통되고 있는 『단경』은 일반적으로 가장 오래된 판본(돈황본 혹은 돈박본)과 가장 많이 유행된 판본(종보본)이다. 그에 따라 『대정신수대장경』 48책에 동시에 수록된 판본이 바로 돈황본과 종보본이다. 판본으로 비교하여 본다면, 돈황본은 그 오탈자와 잘못된 구절이 매우 많아 기타 판본과의 검토가 필요하다. 더욱이 돈황본의 문자는 비교적 거칠어 일반 독자들이 읽고 이해하기가 쉽지 않다. 그러한 돈황본과는 달리 후대에 가장 광범위하게 유행되었다. 지금까지 전해 내려오는 종보본은 그 품목品目이 정연하고 문맥이 훌륭하며, 자구字句 또한 명백하여 이해하기가 쉽다. 아울러 내용도 풍부하고 문학적인 색채도 충분히 가미되어 있어 어느 판본보다도 읽기가 쉽다. 이러한 이유 때문에 이 책에서는 종보본을 선택한 것이다.

3. 『육조단경』의 연구 현황

돈황본의 발견 이후, 명대 이래로 다른 판본이 거의 사라지고 유독 종보본『단경』만이 유행하던 천하에 사람들은 다시금『단경』의 다른 판본에 대한 관심을 갖기 시작하였다. 또한 각 본『단경』의 내용에 대한 비교연구와 그를 통한 선종의 사상적 변화에 관심을 갖게 되었다.

돈황본의 출현 이후, 일본학자들은 교토의 흥성사興聖寺에서 송초宋初 혜흔惠昕이 개편한『육조단경』, 즉 혜흔본을 발견하였다. 스즈키 다이세스〔鈴木大拙〕는 1934년 고우다렌 모쿠타로〔公田連太郎〕와 함께 흥성사본과 돈황본을 대조하여 교정하였고, 일본의 삼림서점森林書店에서 57절節로 나눈 돈황본『단경』을 출판하였다. 또한 일본학자 우이 하쿠쥬〔宇井伯壽〕는 흥성사본과 돈황본을 대조한『단경』을 이용하여 비교연구를 하였다. 그는 1942년 출판된『제이선종사연구第二禪宗史研究』에서「단경고壇經考」를 발표하여 그동안의『단경』에 대한 전체적인 현황을 종합하여 고찰하였다. 현재 일본의 저명한 불교학자인 야나기다 세이잔〔柳田聖山〕은『단경』의 연구에서 가장 탁월한 성과를 보이고 있다. 야나기다는 1967년 출판된『초기선종사서의 연구初期禪宗史書의 硏究』에서『단경』을 상세히 고증하였다.

1978년, 일본 대수관大修館에서 출판된『혜능연구慧能硏究』(고마자와대학〔駒澤大學〕 선종사연구회禪宗史硏究會 편)는 근년에 이루어진 일본의『단경』에 대한 연구 가운데 최고의 성과라고 할 수 있다. 이 책은「연구편硏究篇」에서『조계대사전曹溪大師傳』, 왕유王維의『육조대사비명六祖大師碑銘』,『신회어록神會語錄』등 18종의 자료를 이용하여 혜능의 전기에 대하여 비교연구를 하였다. 「자료편資料編」에서는 5종의 『단경』 판본을 발표하고, 『단경』과 관련된 그동안의 서로 다른 관점과 연구결과를 광범위하게 소개하였다.

『단경』은 유럽과 미국에도 번역되어 소개되었는데, 1967년 미국 콜럼비아대학출판사에서 출판한 『육조단경』과 1963년 미국 성요한 대학출판사에서 출판한 『단경-선종의 기본경전』 등이 대표적이다.

중국에서는 근현대의 유명한 학자 호적胡適이 가장 먼저 서양의 연구방법으로 『단경』에 대한 연구를 진행한 사람이다. 그 연구의 주요 논문은 「단경고지일壇經考之一」, 「단경고지이壇經考之二」, 「신회와 육조단경神會與六祖壇經」 등이다. 호적의 주요한 관점은 돈황본 『단경』의 작자가 신회이지 혜능이 아니라는 것이다.

호적이 세상을 뜬 이후, 『단경』의 작자에 관한 문제는 1969년에 커다란 학술적인 쟁론을 일으켰다. 1969년, 저명한 학자인 전목응錢穆應은 대만 선도사善導寺에서 「육조단경대의-혜능진수진오의 고사六祖壇經大義-慧能眞修眞悟的故事」라는 논문에서 혜능의 중국불교와 중국문화에 대한 공헌을 높게 평가하면서 호적의 관점을 비판하였다. 이로부터 『단경』의 작자와 『단경』의 원형 및 후대의 첨삭과 판본 등의 문제에 대한 격론들이 발생하게 되었다. 이러한 과정에서 인순印順법사의 「신회와 단경-호적 선종사에 있어서 하나의 중요문제를 평함神會與壇經-評胡適禪宗史的一個重要問題」, 담사澹思의 「혜능과 단경慧能與壇經」, 나향림羅香林의 「단경의 필수자문제壇經之筆受者問題」 등의 논문이 중요한 성과라고 할 수 있다. 대만 대승大乘출판사에서 1979년에 출판한 장만도張曼濤 주편의 100집의 『현대불교학총간』

가운데 제1집이 바로 『육조단경연구논집』으로, 1969년도의 논쟁 자료가 수록되어 있다. 이러한 논쟁 가운데 『단경』의 작자에 대한 관점이 확인되었고, 현대 선종사상 연구와 관련된 방법론이 체계적으로 확립되었다고 할 수 있다.

우리나라에서의 『단경』과 혜능선사에 대한 연구 역시 비교적 활발하게 진행되어 왔다. 우선 학위논문으로는 1963년도에 『혜능慧能의 사상연구』(김지견, 동국대학교)를 비롯하여 『육조법보단경언해六祖法寶壇經諺解의 표기법과 음운에 대한 연구』(김양원, 동국대학교, 2000) 등 다양한 분야의 여러 편의 석사학위논문이 있고, 박사학위논문으로는 『단경壇經 선사상禪思想의 연구』(김영욱, 고려대학교, 1994)가 있다. 이외에 돈황본 『육조단경』(정성본, 한국선문화연구원, 2003)을 비롯한 『단경』의 번역과 그 해설서 등 다양한 종류의 출판물들이 수십여 종이 나타나고 있어 그에 대한 높은 관심을 보여주고 있다.

2006년 마지막 달에
아련야阿練若에서 법지法志 합장[4]

---

4 본 解題는 왕위에칭王月淸의 『六祖壇經』(中國, 江蘇古籍出版社, 2002년)의 序文을 바탕으로 하여 譯者가 添削하여 서술한 것임을 밝힌다.

해제 — 5

육조대사법보단경서 六祖大師法寶壇經序 ——— 25
육조대사법보단경찬 六祖大師法寶壇經贊 ——— 29
육조대사법보단경 六祖大師法寶壇經 ——— 45

제1편 행유품 行由品 ——— 46
제2편 반야품 般若品 ——— 83
제3편 의문품 疑問品 ——— 109
제4편 정혜품 定慧品 ——— 124
제5편 좌선품 坐禪品 ——— 133
제6편 참회품 懺悔品 ——— 137
제7편 기연품 機緣品 ——— 157
제8편 돈점품 頓漸品 ——— 207
제9편 호법품 護法品 ——— 230
제10편 부촉품 付囑品 ——— 239

발문 — 273

【부록】 조계대사별전 曹溪大師別傳 ——— 277

역자후기 — 325

육조대사법보단경서六祖大師法寶壇經序

고균비구古筠比丘 덕이德異[1] 찬撰

묘한 도道는 텅 비고 그윽하여 불가사의不可思議하니, 말을 잊고 종지宗旨를 얻어야 참으로 깨우쳐 밝힐 수 있는 것이다. 그러므로 세존世尊은 다자탑多子塔 앞에서 자리를 나누시고, 영산회상靈山會上에서 꽃을 들어 보이시니, 마치 등불을 등불에 옮겨 붙인 것과 같이 마음으로부터 마음으로 도장을 찍는다. 서쪽에서 28대를 전하여 보리달마菩提達磨에 이르고, 다시 동쪽으로 와서 이 땅에 '사람의 마음을 바로 가리켜

---

1 덕이(德異; 1231~?)_원대元代 임제종臨濟宗 양기파楊岐派의 선사禪師로서 강서江西 고안高安 사람으로 속성俗性은 노盧이고 호는 몽산蒙山이다. 일반적으로 고균비구古筠比丘로 칭한다. 소주蘇州 승천사承天寺의 고섬여영孤蟾如瑩·허당지우虛堂智愚 등을 사사하였으며, 후에 복주福州 고산鼓山의 환산정응皖山正凝에게 수학하여 그 법을 이었다. 처음에 강소江蘇의 송강松江 전산澱山에서 법을 폈으며, 지원至元 27년(1290)에 『단경』을 재편再編하니 이를 덕이본德異本이라고 한다. 이외에 『불조삼경서佛祖三經序』·『몽산화상육도보설蒙山和尙六道普說』 등의 저작이 있다.

성품을 보아 성불하게〔直指人心, 見性成佛〕' 하였다. 혜가慧可대사가
있어 먼저 말 아래 깨달아 들어가 결국엔 삼배三拜하여 골수를 얻어
옷을 받고 조사祖師를 이어 바른 종지〔正宗〕를 열어 펼치었다.

세 차례 전하여 황매黃梅에 이르니, 그 회상會上에는 칠백여 고승이
있었으나, 오직 절구질하는 거사〔負舂居士〕가 있어 한 게송으로 옷을
전해 받고 육대 조사가 되었다. 남쪽으로 숨은 지 십여 년이 지난
어느 날 아침, 바람이 움직인 것도 깃발〔旛〕이 움직인 것도 아니라는
기틀〔機〕로서 인종印宗법사의 바른 눈을 뜨게 하니, 거사는 이를
말미암아 머리를 깎고 법단法壇에 올라 발타라跋陀羅삼장의 예언〔懸
記〕과 같이 동산법문東山法門을 열었다.

위사군韋使君이 법해선사法海禪師에게 명하여 그 법어法語를 기록
하게 하여 제목을 『법보단경』이라고 하였다.

대사는 오양五羊에서 시작하여 조계曹溪에 이르도록 37년 동안
법을 설하니, 감로甘露의 맛에 젖어 범부를 초월하여 성인의 경지에
들어선 자가 그 수를 기록할 수 없다.

불심종(佛心宗; 禪宗)을 깨달아 행함〔行〕과 이해〔解〕가 상응하여
대선지식大善知識이 된 분들은 『전등록傳燈錄』에 그 이름이 실려 있으
나, 오직 남악회양南嶽懷讓선사와 청원행사青原行思선사가 가장 오래
시봉하여 잡을 것 없는 것〔無巴鼻〕을 남김없이 얻었다.

그러므로 그 문하에서 마조馬祖와 석두石頭가 나와서 기틀과 지혜가
둥글게 밝아 현풍玄風을 크게 떨쳤고, 이어 임제臨濟·위앙潙仰·조동
曹洞·운문雲門·법안法眼의 여러 종장宗匠들이 우뚝 줄이어 나왔다.
도덕道德이 무리에서 뛰어나고 문중의 법도〔門庭〕가 험준하여 영특한

납자衲子들이 뜻을 떨쳐 관문을 뚫게 하며, 일문一門에 깊이 들어 다섯 파가 그 근원을 같이함에 이르고, 다시 여러 풀무와 망치를 두루 거치니 그 규모가 실로 크고 넓다. 이제 오가五家의 강요綱要를 찾으니, 그 모두가 『단경』에서 나온 것이로구나.

『단경』은 말이 간결하고 뜻이 풍부하며, 이치가 명백하고 사사를 두루 갖추고 있으며, 제불의 한량없는 법문을 구족具足하고, 하나하나의 법문 가운데 묘한 뜻〔妙義〕을 구족하고, 하나하나의 묘한 뜻은 또한 제불의 한량없는 묘한 도리〔妙理〕를 발휘한다. 이는 곧 저 미륵의 누각〔彌勒樓閣〕 가운데이며, 곧 보현의 털구멍〔普賢毛孔〕 가운데로서, 여기에 잘 들어가는 자는 곧 저 선재善財와 같이 한 생각〔一念〕 사이에 모든 공덕을 원만히 갖추어 보현과 같고 제불과도 같으니라.

아깝도다! 이『단경』은 후인들이 너무 많이 줄이고 추려서 육조의 온전한 큰 뜻을 보지 못하게 되었다. 덕이德異가 일찍이 유년에 고본古本을 본 이후 삼십여 년을 널리 찾았으나 요즘에야 통상인通上人이 그 전문을 구하여 오니, 드디어 오중吳中 휴휴선암休休禪庵에서 간행하여 여러 스님과 선비들과 더불어 받아 보기에 이른 것이다.

이에 간절히 원하노니, 이 책을 펴고 한번 보는 이는 누구나 대원각해大圓覺海에 바로 들어 제불과 조사의 혜명慧命을 이어 다함이 없기를! 이것이 나의 뜻과 소원이 다 채워지는 것이다.

지원至元 27년(1290) 경인세庚寅歲 중추일中春日에 쓰다.

● 원문

妙道虛玄不可思議, 忘言得旨端可悟明。故世尊分座於多子塔前,拈華於靈山會上, 似火與火以心印心。西傳四七至菩提達磨, 東來此土直指人心見性成佛。有可大師者, 首於言下悟入, 末上三拜得髓, 受衣紹祖開闡正宗。

三傳而至黃梅, 會中高僧七百, 惟負春居士, 一偈傳衣爲六代祖。南遯十餘年, 一旦以非風旛動之機, 觸開印宗正眼, 居士由是祝髮登壇, 應跋陀羅懸記, 開東山法門。

韋使君命海禪者錄其語, 目之曰法寶壇經。大師始於五羊終至曹溪, 說法三十七年, 霑甘露味入聖超凡者莫記其數。

悟佛心宗行解相應爲大知識者, 名載傳燈, 惟南嶽青原執侍最久, 盡得無巴鼻。故出馬祖石頭, 機智圓明玄風大震, 乃有臨濟潙仰曹洞雲門法眼諸公巍然而出。道德超群門庭險峻, 啓迪英靈衲子奮志衝關, 一門深入五派同源, 歷遍鑪錘規模廣大。原其五家綱要盡出壇經。

夫壇經者, 言簡義豐理明事備, 具足諸佛無量法門, 一一法門具足無量妙義, 一一妙義發揮諸佛無量妙理, 卽彌勒樓閣中, 卽普賢毛孔中。善入者, 卽同善財於一念間圓滿功德, 與普賢等與諸佛等。

惜乎。壇經爲後人節略太多, 不見六祖大全之旨。德異幼年嘗見古本, 自後遍求三十餘載, 近得通上人尋到全文, 遂刊于吳中休休禪庵, 與諸勝士同一受用。

惟願開卷擧目直入大圓覺海, 續佛祖慧命無窮。斯余志願滿矣。
至元二十七年庚寅歲中春日敍。

육조대사법보단경찬六祖大師法寶壇經贊

송宋 명교대사明教大師 설숭契嵩[1] 찬撰

'찬贊'은 알리는 것이니, 경전을 펴내고 널리 알리는 것이다.

『단경』이란 지극한 사람[至人]이 그 마음을 펴낸 바이다. 어떤

---

1 설숭(契嵩; 1007~1072)_송대宋代 운문종雲門宗의 승려. 등주藤州 심진(鐔津; 현 廣西 藤縣) 사람으로 속성은 이李이고, 자字는 중령仲靈, 자호自號는 잠자潛子이다. 7세에 출가하여 13세에 수계受戒하였으며, 후에 동산효총洞山曉聰선사의 법을 이었다. 선사는 불교뿐만 아니라 여러 중국 전적들에도 통달하였으며, 특히 문장이 뛰어나 종밀宗密선사의 교선일치론教禪一致論에 덧붙여 논술하기도 하였으며, 그 가운데 특히 '유儒·불佛일치'를 강조하였다. 선종禪宗의 법맥에 관련하여 『전법정종정조도傳法正宗定祖圖』, 『전법정종기傳法正宗記』 등을 찬술하였으며, 그로 인하여 인종仁宗으로부터 '명교대사明教大師'라는 시호를 받았다. 또한 『육조단경』을 3권으로 편집하여 출간하였지만 현재 전해지지 않는다. 대체로 이 『단경』이 후세에 전해지는 이른바 '조계원본'·'덕이본德異本'·'종보본' 등의 모본母本이라고 추측한다. 희녕熙寧 5년 세수世壽 66세로 항주杭州 영은사靈隱寺에서 입적하였다.

마음인가? 부처님이 전한 그 미묘한 마음이다.

크도다! 마음이여. 만물이 이를 의지해 변화하지만 청정하고 항상 같아서 범부인 것 같고 성인聖人인 것 같으며, 어두운 것 같고 밝은 것 같아 처하는 곳마다 스스로 얻지 못함이 없다. 성인은 밝다고 말하고 범부는 어둡다고 말하니, 어두운 것은 변함이요, 밝은 것은 돌아옴[復]이다. 변하고 돌아옴은 비록 다르나 미묘한 마음은 하나이다. 처음에 석가모니 부처님께서 대가섭(大迦葉: 大龜氏)에게 전하고, 대가섭은 이를 33세世에 서로 전하여 대감선사(육조의 시호가 大鑒禪師이다)에게 전하고, 대감선사는 이를 다시 전하였다. 이를 말하는 사람들은 또한 여러 형태이니, 실로 이름[名]은 같으나 내용[實]은 다른 것이고, 뜻은 다양하지만 마음은 하나인 것이다. 혹은 '혈육심血肉心'이라고 하기도 하고, '연려심緣慮心'이라고도 하며, '집기심集起心'이라고도 하고, '견실심堅實心'이라고도 하니, 심소心所의 마음과 같다면 더욱 많을 것이다. 이것이 이른바 이름은 같으나 내용이 다른 것이라고 한 것이다. 또한 마음을 '진여심眞如心', '생멸심生滅心', '번뇌심煩惱心', '보리심菩提心'으로 말하는데, 여러 경전[修多羅]에서 이와 유사한 것은 이루 셀 수 없이 있으니, 이것이 바로 뜻은 여러 가지이지만 마음은 하나인 것이다.

뜻에는 '각의覺義'와 '불각의不覺義'가 있고, 마음에는 '진심眞心'과 '망심妄心'이 있으니, 모두 그 바른 마음을 나눈 것이다. 이제 『단경』에서 말하는 마음이란 뜻으로는 '각의'이고 마음으로는 '실심實心'이다. 옛날 성인(聖人: 석존釋尊을 의미)이 열반에 드시려고 할 때, 대가섭에게 명하여 교외敎外의 법의 핵심을 전하게 하니, 그 뜻은 사람들이 자취[迹]에 걸려 근본으로 돌아감을 잊는 까닭에 참으로 후세 사람들에게 근본을 끌어 지말[末]을 바르게 하려고 함이다. 그러므로 『열반경』에서 이르기를, "내게 위없는 바른 법이 있으니, 이미 마하가섭에게 모두 부촉하였노라."라고 하였던 것이다.

하늘의 도道는 변화[易]에 있고, 땅의 도는 간결함[簡]에 있으며, 성인의 도는 요점[要]에 있다. 핵심이란 지극히 묘함[至妙]을 말하는 것으로, 성인의 도가 요점으로써 말한다면, 그것은 곧 법계문法界門의 중추[樞機]가 됨이요, 무량의無量義의 만남이 됨이며, 큰 수레[大乘]의 바퀴[椎輪]가 됨이다. 그러므로 어찌 『법화경』에서 "마땅히 알라. 묘한 법[妙法]은 제불의 비밀스러운 핵심이다."라고 하고, 『화엄경』에서 "적은 방편으로 빨리 깨달음을 이룬다."라고 하지 않았겠는가?

요점이여! 그것은 성인의 도에 있어서 이롭고 큰 것이로다. 그러므로 『단경』의 종지는 그 마음의 요점[心要]을 드높인다.

마음이여! 밝은 듯하고 어두운 듯하며, 비어 있는 듯[空]하고 신령스러운 듯[靈]하며, 고요한 듯하고 뚜렷한 듯하니, 어떤 것이 있음인가 아무것도 없음인가? 이를 한 물건[一物]이라고 하니, 참으로 만물萬物에 가득하고, 이를 만물이라고 하나 한 물건에 통합되니, 한 물건이 만물과 같고 만물은 한 물건과 같다. 이를 일러 생각할 수 있음[可思議]이라고 하나, 생각할 수 없음[其不可思]에 미쳐서는 천하는 이를 그윽하게 앎[玄解], 신령스럽게 깨달음[神會], 외부 조건이 끊어짐[絶待], 묵묵히 체달함[默體], 깊게 통함[冥通]이라고 한다. 그 모두는 떠남[離]이고, 보냄[遣]이며, 보냄마저 보냄이니, 또한 어찌 그 미세한 곳에까지 이르겠는가? 과연 홀로 얻음이로다. 지극한 사람[至人]

과 닮은 사람으로서 누가 능히 그를 믿겠는가? 미루어 그를 넓히면, 곧 가서 옳지 못함이 없고, 찾아서 그를 심으면 마땅하지 못함이 없으며, 성품[性]을 증득하는 데 베풀면 모든 사람들이 잘 따르고, 마음을 닦는 데 베풀면 도달하는 바가 지극히 바르며, 덕을 높이고 미혹을 가리는 데에 베풀면 참됨과 망령됨이 쉽게 드러나며, 세상을 벗어나는 데 베풀면 불도佛道가 빠르게 이루어지고, 세상을 구하는 데 베풀면 세속의 끄달림[塵勞]이 쉽게 쉬어진다.

이는 『단경』의 종지가 천하에 널리 행해지면서도 사람들이 싫어하지 않는 까닭이니, '마음에 나아감이 바로 부처에 나아감[卽心卽佛]'이라고 말하나 낮은 이들이 어찌 헤아려 알겠는가? 부러진 송곳으로 땅을 뒤져 땅을 낮게 여기고, 집의 새는 구멍으로 하늘을 보아 하늘을 적게 여기지만, 어찌 하늘과 땅이 그러하겠는가? 그러나 백가百家들은 비록 잠깐 뛰어나더라도 법에 계합하지 못하지만, 지극한 사람[至人]은 통하고 꿰뚫었으므로 여러 경전에 합하여야만 볼 수 있으며, 지인至人은 그것에 변하여 통하므로 명자名字에 의지하지 않으면 헤아릴 수 없다. 그러므로 그 드러내는 설법은 조리가 있고 뜻이 있으며, 은밀히 설함[密說]에는 머리도 없고 꼬리도 없으니, 타고난 기틀[天機]이 예리한 자는 그 깊음을 얻고 타고난 기틀이 둔한 자는 그 얕음을 얻으니, 어찌 헤아릴 수 있고 말할 수 있겠는가? 어쩔 수 없이 비유하여 말하자면, 원돈교圓頓敎이고 최상승最上勝이며, 여래如來의 청정선淸淨禪이고, 보살장菩薩藏의 정종正宗이다. 논하는 이들은 이를 현학玄學이라 하지만 상세하지 않고, 천하에서는 종문宗門이라고 하지만 또한 마땅하지 않도다.

『단경』에서 이르기를, "정혜定慧를 근본으로 삼는다."라고 하니, 도道에 나아가는 시작이다. 정定이란 고요함〔靜〕이요, 혜慧란 밝음〔明〕이다. 밝음으로 관觀하고 고요함으로 편안하게 한다. 그 마음을 편안하게 하여야 마음을 체달할 수 있고, 그 도를 관하여야 도를 말할 수 있다.

일행삼매一行三昧란 법계法界가 하나의 모습〔一相〕으로 됨을 말한다. 바로 만선萬善이 비록 다르나 모두 일행一行에서 바르게 됨을 말한다. "무상無相을 본체〔體〕로 삼는다."는 것은 큰 계戒를 높임이고, "무주無住를 근본〔本〕으로 삼는다."는 것은 커다란 지혜〔慧〕를 높인 것이다. 계정혜戒定慧란 삼승三乘을 통달하는 법이요, 묘한 마음이란 계정혜의 밑천이니, 하나의 묘한 마음으로 계정혜의 세 가지 법을 거느리므로 '크다〔大〕'라고 말한다. 무상계無相戒란 그 계가 반드시 정각正覺을 이루게 함이요, 사홍원四弘願이란 건너감〔度〕을 원함이니 괴로움〔苦〕을 건너는 것이요, 끊음〔斷〕을 원하는 것이니 괴로움의 원인〔集〕을 끊음이요, 배움을 원함이니 도를 배움이요, 이룸〔成〕을 원하는 것이니 적멸寂滅을 이룸이다. 그러나 없애지만 없애는 바가 없어 끊지 못하는 바가 없는 것이고, 도道를 행하지만 행할 바의 도가 없으니, 건너지 못하는 바가 없는 것이다. 무상참無相懺이란 참회하지만 참회할 바가 아니며, 삼귀계三歸戒란 그 하나〔一〕로 돌아감이다. 그 하나란 삼보三寶가 나온 근거이다. 마하반야摩訶般若를 설하는 것은 그 마음이 지극한 중도〔至中〕에 있음이다. 반야는 성인聖人의 방편이요, 성인의 큰 지혜이니, 참으로 능히 고요하고 밝으며, 방편〔權〕이 되고 실상〔實〕이 되니, 천하는 그 고요함으로써 모든 악惡을 없앨 수 있으며, 천하는 그 밝음으로써 모든 선善을 모을 수 있고, 천하는 그 방편으로써 크게 함이 있으며, 천하는 그 실상으로써 크게 함이 없게 할 수 있는 것이다.

지극하도다! 반야여. 성인의 도는 반야가 아니면 밝힐 수가 없고, 이룰 수가 없으며, 천하의 일은 반야가 아니면 옳지 못하고 마땅하지 못하다. 지인至人이 하는 것은 반야로써 떨침이니, 또한 멀리 가지 않겠는가? 그러므로 "나의 법은 상상근기〔上上根〕의 사람들을 위한 것이다."라고 설한 것은 마땅한 것이다. 가벼운 것을 중히 쓰면 이기지 못하고, 큰 것을 작은 사람에게 주면 과분하게 된다. 이제껏 말없이 전하여 부촉하였다는 것은 은밀히 설함〔密說〕을 이르는 것이다. 은밀하다는 것은 아무것도 말하지 않는 암증暗證이 아니라, 참되기 때문에 은밀한 것이다. 이 법을 알지 못하고 번번이 비방하고 헐뜯으면 백겁천생百劫千生에 불종성佛種性을 끊는다고 한 것은 천하 사람들이 그 마음을 잃는 것을 막아준 것이다.

위대하도다! 『단경』의 찬술이여. 그 근본이 바름에 그 자취가 본받을 만하고, 그 원인이 참됨에 그 결과가 잘못되지 않으니, 앞 성인과 뒤 성인이 이와 같이 일어나 이와 같이 보이고, 이와 같이 돌아간다.

크고 넉넉함이여! 마치 큰 냇물이 흐름과 같고, 허공이 통함과 같으며, 해와 달이 밝음과 같고, 모습과 그림자가 걸림이 없음과 같으며, 기러기가 나를 때 순서가 있음과 같도다.

묘하게 그를 얻으면 근본이라 하고, 미루어 그것을 쓰면 자취〔迹〕라고 하니, 그 비롯함이 아님으로써 비롯하면 이를 원인이라고 하고, 그 이루지 않음으로써 이루면 결과라고 하니, 결과가 원인과 다르지 않음을 바른 결과라고 하며, 원인이 결과와 다르지 아니함을 바른 원인이라고 한다. 자취가 반드시 근본을 돌아보면 이를 큰 쓰임[大用]이라고 하고, 근본이 반드시 자취에 돌아가면 이를 큰 수레[大乘]라고 한다. 수레[乘]란 성인의 도를 말함이요, 쓰임이란 성인의 가르침을 일으킴이다. 성인의 도는 마음보다 지극함이 없고, 성인의 가르침은 닦음보다 지극함이 없다. 정신을 가다듬어 도에 들어감은 일상지관一相止觀보다 지극함이 없고, 선善을 따라 덕을 이룸은 일행삼매一行三昧보다 지극함이 없다. 모든 계戒를 돕는 것은 무상無相보다 지극한 것이 없고, 모든 정定을 바르게 하는 것은 무념無念보다 지극함이 없으며, 모든 지혜를 통하는 것은 무주無住보다 지극함이 없다. 선을 내고 악을 없애는 것은 무상계無相戒보다 지극함이 없고, 도를 두텁게 하고 덕을 우러름은 사홍원四弘願보다 지극함이 없다. 허물을 잘 관觀하는 것은 무상참無相懺보다 지극함이 없고, 바르게 나아가는 것은 삼귀계三歸戒보다 지극함이 없으며, 대체大體를 바르게 하고 대용大用을 헤아리는 것은 대반야大般若보다 지극함이 없고, 큰 믿음을 내어 대도大道에 힘쓰는 것은 대지大志보다 지극함이 없으며, 천하 사람들이 이치를 궁구窮究하고 성품을 다하는 것은 묵전默傳보다 지극함이 없고, 마음에 허물이 없고자 함은 비방하지 않음[不謗]보다 좋은 것이 없다.

 정定과 혜慧는 도를 시작하는 터전이요, 일행삼매一行三昧는 덕의 올바름이다. 무념無念의 종지는 해탈解脫을 이름이요, 무주無住의 근본은 반야를 이름이고, 무상無相의 본체는 법신法身을 이름이요, 무상계無相戒는 계의 최고이며, 사홍원四弘願은 바램의 극치이고,

무상참無相懺은 참회의 지극함이며, 삼귀계三歸戒는 진리에 돌아가는 바이고, 마하반야摩訶般若는 성인과 범부의 커다란 모범[大範]이며, 상상근기를 위해 설함은 바로 설함이고, 묵전默傳은 전함의 지극함이며, 비방함을 경계함은 계戒의 마땅함이다.

묘한 마음[妙心]이란 닦아서 이룸이 아니요, 증득하여 밝힘이 아니고, 본래 이루어져 있어 본래 밝음이요, 밝음에 어리석은 자가 밝음으로 돌아오는 것이다. 따라서 증득이란 본래 이루어져 있음을 등진 자가 다시 이루는 것이요, 닦음이란 닦지 않음으로써 닦음이므로 바른 닦음[正修]이라고 하고, 밝지 않음으로써 밝힘이므로 바른 증득[正證]이라고 한다.

지인至人은 묵묵히 그 위의威儀를 드러내지 않아도 덕을 이루어 행함이 활발하다. 지인은 힘이 없어 지니는 바가 없는 것 같지만 도를 천하에 드러낸다. 바른 닦음으로써 닦고, 바른 증득으로써 증득함이다. 이에 닦음도 없고 증득함도 없으며, 원인도 없고 결과도 없다고 말한다면, 뚫어감을 번거롭게 하고 다투어 그 말을 내어 지인의 뜻을 그르친다.

슬프구나! 계정혜를 놓아 버리면, 반드시 아득하여 혼탁한 공空을 따르게 되니, 이렇게 된다면 나도 어찌할 수 없도다. 심하다! 함식舍識은 마음을 잠기게 하고 식識을 뜨게 하여 식과 업상業相이 여러 메아리를 따라 타서 끝내 쉬지 않는다. 서로 모양과 형태가 되어 사람과 사물이 함께 생겨나 하늘과 땅 사이에 뒤섞여 있어 그 수를 셀 수 없도다. 형체를 얻어 사람이 된 것은 참으로 많고 많은데, 사람으로 능히 깨달은 자는 어찌도 드문가? 성인은 이를 생각하여 비록 여러 가지 뜻을 발하지만, 천하 사람들은 오히려 밝혀내지 못함이 있고, 성인은 이를 구하기 위하여 비록 여러 가지로 다스리려고 하지만 천하의 사람들은 도리어 깨우치지 못함이 있다. 현명한 사람들은 지혜 때문에 어지럽고, 닮지 않은[不肖] 사람들은 어리석음 때문에 막히며, 평범한 사람들은 무기無記 때문에 어두우며, 사물에 감응하여 발함에 있어서는 기뻐하고 화내고 슬퍼하고 즐거워하여 더욱 가려지는 것이 만 갈래이고, 어두운 것이 밤에 가면서 어딘지 모르는 바와 같아 성인의 말을 받아들여도 곧 계탁計度하고 멋대로 넓혀서 안개 속에 묻혀서 멀리 바라봄과 같다. 그러므로 있다[有]고 말하기도 하고 없다[無]고 말하기도 하며, 있지도 않고 없지도 않다[非有非無]고 말하기도 하고, 또한 있으면서도 또한 없다[亦有亦無]고 말하지만, 제대로 보지 못하므로 그 폐단이 굳어져 이 몸이 다하도록 그것을 알지 못한다. 물이 있기 때문에 바다가 된 것이고, 물고기와 용龍의 삶과 죽음이 바다에 있지만 도리어 그들은 물을 보지 못하고, 도가 사람의 마음에 있어 그 사람은 날이 다하도록 도를 말하지만 마음을 보지 못한다.

슬프다! 마음은 참으로 미묘하고 그윽하고 깊어 밝히기 어렵고 설명하기 어려운 것도 이와 같도다. 성인이 이미 세상에서 입적하신 지 백세百世이기 때문에 비록 글로써 전하지만 그 밝게 증득함은 얻지 못한다. 그러므로 『단경』에서 종지로 드는 것은, 그 마음을 바로 보임[直示其心]으로써 천하의 사람들이 바야흐로 안다면 성명性命을 바르게 할 수 있으니, 마치 구름과 안개를 헤치고 푸른 하늘을 바로 보는 것과 같고, 태산에 올라 시야가 탁 트인 것과 같다. 왕씨王氏

가 세상의 책과 견주어 말하기를, "제齊나라가 한 번 변하면 노魯나라에 이르고, 노나라가 한 번 변하면 도道에 이른다."라고 하였으니, 이 말은 여기에 가깝다.

『열반경』에 이르기를, "녹야원鹿野苑으로부터 발제하跋提河에 이르기까지 그 중간 50년에 일찍이 한 글자도 설한 적이 없다."고 함은 법이 문자가 아님을 보여 문자로써 그 가르침을 구하고자 함을 방지한 것이다. "법을 의지하고 사람을 의지하지 말라."는 말은 법은 참답고 사람은 거짓되기 때문이다. "뜻에 의지하고 말에 의지하지 말라."는 말은 뜻은 진실[實]이고 말은 거짓되기 때문이요, "지혜에 의지하고 식識에 의지하지 말라."는 말은 지혜는 지극하고 식識은 허망하기 때문이며, "요의경了義經에 의지하고 불료의경不了義經에 의지하지 말라."는 말은 요의경은 이치를 다하기 때문이다. 그러므로 보살이 이른바 바로 "대열반大涅槃을 펼쳐 설한다."는 말은 스스로 설함이 경전과 같음을 이르는 것이다. 성인이 이른바 "네 사람이 세상에 나와(바로 사의四依이다) 정법正法을 호지護持한다."는 말은 마땅히 깨달아 알 것을 마땅히 깨달아 안 것이다. 그러므로 지인至人은 근본[本]을 미루어 그 지말[末]을 바르게 하여 스스로 설함이 경전과 같기 때문에, 지인이 경전을 설하면 경전과 같은 것이다. 또한 뜻에 의지하고 요의경에 의지하기 때문에 지인이 드러내 설함[顯說]은 뜻에 계합하고 경전에 계합한다. 법에 의지하고 지혜에 의지하기 때문에 지인이 은밀히 설함[密說]은 자재롭게 변하고 통하여 구차하게 막히지 않는다.

법이 문자가 아님을 보이므로, 지인의 종지는 말없이 전함[默傳]을 숭상한다. 성인은 새롭게 피어나는 봄과 같이 즐겁게 피어나고, 지인은 서늘한 가을과 같이 맑게 이룬다. 성인은 명하고 지인은 본받으니, 지인은 참으로 성인의 문중에 빼어난 덕과 뛰어난 공이 있다. 지인은 미세함〔微〕에서 처음 일어나 스스로 세속의 문자를 알지 못한다고 말하지만, 그 지극함을 이루면 한 자리에서 설하여도 도道를 드러내 세상을 구하며, 큰 성인이 말한 것과 함께 부절符節이 계합된다. 참으로 그윽한 덕과 뛰어난 지혜는 태어나면서부터 앎이요, 그 법을 스스로 보이려고 문자를 알지 못함을 보였도다. 혜능대사가 입적하신 지 거의 4백 년, 법이 사해로 흘러 쉼이 없었으니, 제왕帝王과 성현聖賢들이 다시 30세世 동안 그 도를 구하여 더욱 공경하니, 큰 성인이 도달한 바가 아니라면 하늘이 미워한 지 오래되었을 것이니, 어찌 이와 같을 수 있겠는가?

　내가 어찌 참으로 그 도를 다하였겠는가? 다행히 모기와 등에가 바닷물을 마시면 또한 그 맛을 아는 것처럼, 감히 머리를 조아려 널리 펴서 후학들에게 남길 뿐이다.

● 원문

贊者告也, 發經而溥告也.

壇經者, 至人之所以宣其心也. 何心耶? 佛所傳之妙心也.

大哉心乎! 資始變化, 而淸淨常若, 凡然聖然幽然顯然, 無所處而不自得之. 聖言乎明, 凡言乎昧. 昧也者變也, 明也者復也. 變復雖殊而妙心一也. 始釋迦文佛, 以是而傳之大龜氏, 大龜氏相傳之三十三世者傳諸大鑒(六祖諡號大鑒禪師)大鑒傳之而益傳也. 說之者抑亦多端, 固有名同而實異者也, 固有義多而心一者也。曰血肉心者, 曰緣慮心者, 曰集起心者, 曰堅實心者, 若心所之心益多也。是所謂名同而實異者也。曰眞如心者, 曰生滅心者, 曰煩惱心者, 曰菩提心者, 諸修多羅其類此者, 殆不可勝數。是所謂義多而心一者也。

義有覺義, 有不覺義, 心有眞心, 有妄心, 皆所以別其正心也。方壇經之所謂心者, 亦義之覺義, 心之實心也。昔者聖人之將隱也, 乃命乎龜氏, 教外以傳法之要意, 其人滯迹而忘返, 固欲後世者提本而正末也。故涅槃曰: 我有無上正法, 悉已付囑摩訶迦葉矣。

天之道存乎易, 地之道存乎簡, 聖人之道存乎要。要也者至妙之謂也, 聖人之道以要, 則爲法界門之樞機, 爲無量義之所會, 爲大乘之椎輪。法華豈不曰: 當知是妙法諸佛之祕要。華嚴豈不曰: 以少方便疾成菩提。

要乎! 其於聖人之道, 利而大矣哉。是故壇經之宗, 尊其心要也。

心乎! 若明若冥若空若靈若寂若惺, 有物乎無物乎, 謂之一物, 固彌於萬物, 謂之萬物, 固統於一物, 一物猶萬物也, 萬物猶一物也。此謂可思議也, 及其不可思也, 不可議也, 天下謂之玄解, 謂之神會, 謂之絶待, 謂之默體, 謂之冥通。一皆離之遣之, 遣之又遣, 亦烏能至之微。其果然獨得與。夫至人之相似者孰能諒乎。推而廣之, 則無往不可也, 探而裁之, 則無所不當也, 施於證性, 則所見至親, 施於修心, 則所詣至正, 施於崇德辯惑, 則眞忘易顯, 施於出世, 則佛道速成, 施於救世, 則塵勞易歇。

此壇經之宗, 所以旁行天下而不厭, 彼謂卽心卽佛, 淺者何其不知量也。以折錐探地而淺地, 以屋漏窺天而小天, 豈天地之然邪。然百家者, 雖苟勝之弗如也, 而至人通而貫之, 合乎群經斷可見矣, 至人變而通之, 非預名字不可測也。故其顯說之有倫有義, 密說之無首無尾, 天機利者得其深, 天機鈍者得其淺, 可擬乎可議乎。不得已況之, 則圓頓敎也, 最上乘也, 如來之淸淨禪也, 菩薩藏之正宗也。論者謂之玄學, 不亦詳乎, 天下謂之宗門, 不亦宜乎。

壇經曰: 定慧爲本者。趣道之始也。定也者靜也, 慧也者明也。明以觀之靜以安之, 安其心可以體心也, 觀其道可以語道也。

一行三昧者, 法界一相之謂也, 謂萬善雖殊, 皆正於一行者也。無相爲體者, 尊大戒也。無念爲宗者, 尊大定也。無住爲本者, 尊大慧也。夫戒定慧者, 三乘之達道也。夫妙心者, 戒定慧之大資也。以一妙心而統乎三法, 故曰大也。無相戒者, 戒其必正覺也。四弘願者, 願度, 度苦也, 願斷, 斷集也, 願學, 學道也, 願成, 成寂滅也。滅無所滅, 故無所不斷也, 道無所道, 故無所不度也。無相懺者, 懺非所懺也。三歸戒者, 歸其一也。一也者, 三寶之所以出也。說摩訶般若者, 謂其心之至中也。般若也者, 聖人之方便也, 聖人之大智也, 固能寂之明之權之實之, 天下以其寂, 可以泯衆惡也, 天下以其明, 可以集衆善也, 天下以其權, 可以大有爲也, 天下以其實, 可以大無爲也。至矣哉般若也。聖人之道, 非夫般若不明也, 不成也, 天下之務, 非夫般若不宜也不當也。至人之爲以般若振不亦遠乎? 我法爲上上根人說者宜之也。輕物重用則不勝, 大方小授則過也。從來默傳分付者, 密說之謂也。密也者, 非不言而闇證也, 眞而密之也。不解此法而輒謗毀, 謂百劫千生斷佛種性者, 防天下亡其心也。

偉乎! 壇經之作也。其本正其迹效, 其因眞其果不謬, 前聖也後聖也, 如此起之, 如此示之, 如此復之.

浩然沛乎! 若大川之注也, 若虛空之通也, 若日月之明也, 若形影之無礙也, 若鴻漸之有序也.

妙而得之之謂本, 推而用之之謂迹, 以其非始者始之之謂因, 以其非成者成之之謂果, 果不異乎因, 謂之正果也, 因不異乎果, 謂之正因也. 迹必顧乎本, 謂之大用也. 本必顧乎迹, 謂之大乘也. 乘也者, 聖人之喩道也. 用也者, 聖人之起敎也. 夫聖人之道, 莫至乎心, 聖人之敎, 莫至乎修. 調神入道, 莫至乎一相止觀, 軌善成德, 莫至乎一行三昧. 資一切戒, 莫至乎無相. 正一切定, 莫至乎無念. 通一切智, 莫至乎無住. 生善滅惡, 莫至乎無相戒. 篤道推德, 莫至乎四弘願. 善觀過, 莫至乎無相懺. 正所趣, 莫至乎三歸戒. 正大體裁大用, 莫至乎大般若. 發大信務大道, 莫至乎大志. 天下之窮理盡性, 莫至乎默傳. 欲心無過, 莫善乎不謗.

定慧爲始道之基也, 一行三昧德之端也, 無念之宗解脫之謂也, 無住之本般若之謂也, 無相之體法身之謂也, 無相戒戒之最也, 四弘願願之極也, 無相懺懺之至也. 三歸戒眞所歸也, 摩訶智慧聖凡之大範也, 爲上上根人說直說也, 默傳傳之至也, 戒謗戒之當也.

夫妙心者, 非修所成也, 非證所明也. 本成也本明也, 以迷明者復明. 所以證也, 以背成者復成, 所以修也, 以非修而修之, 故曰正修也, 以非明而明之, 故曰正證也.

至人暗然不見其威儀, 而成德爲行藹如也. 至人頹然若無所持, 而道顯於天下也. 蓋以正修而修之也, 以正證而證之也. 於此乃曰罔修罔證, 罔因罔果, 穿鑿叢胜競爲其說, 繆乎至人之意焉.

噫！放戒定慧而必趣乎混茫之空，則吾未如之何也。甚乎！含識溺心而浮識，識與業相乘循諸響，而未始息也。象之形之，人與物偕生，紛然乎天地之間，可勝數邪。得其形於人者，固萬萬之一耳，人而能覺，幾其鮮矣。聖人懷此，雖以多義發之，而天下猶有所不明者也，聖人救此，雖以多方治之，而天下猶有所不醒者也。賢者以智亂，不肖者以愚壅，平平之人以無記悟，及其感物而發，喜之怒之哀之樂之，益蔽者萬端，曖然若夜行而不知所至，其承於聖人之言，則計之博之，若蒙霧而望遠，謂有也謂無也，謂非有也謂非無也，謂亦有也謂亦無也，以不見而却蔽固，終身而不得其審焉。海所以在水也，魚龍死生在海，而不見乎水，道所以在心也，其人終日說道，而不見乎心。

悲夫！心固微妙幽遠，難明難湊，其如此也矣。聖人既隱，天下百世雖以書傳，而莫得其明驗。故壇經之宗擧，乃直示其心，而天下方知卽正乎性命也，若排雲霧而頓見太清，若登泰山而所視廓如也。王氏以方乎，世書曰：齊一變至於魯，魯一變至於道。斯言近之矣。

涅槃曰：始從鹿野苑，終至跋提河，中間五十年，未曾說一字者，示法非文字也，防以文字而求其所謂也。曰：依法不依人者，以法眞而人假也。曰：依義不依語者，以義實而語假也。曰：依智而不依識者，以智至而識妄也。曰：依了義經不依不了義經者，以了義經盡理也。而菩薩所謂卽是宣說大涅槃者，謂自說與經同也。聖人所謂四人出世(卽四依也)護持正法應當證知者，應當證知。故至人推本以正其末也，自說與經同故，至人說經如經也。依義依了義經故，至人顯說而合義也合經也。依法依智故，至人密說變之通之而不苟滯也。

示法非文字故，至人之宗尙乎默傳也。聖人如春陶陶而發之也，至人如秋濯濯而成之也。聖人命之, 而至人效之也。至人固聖人之門之奇德殊勳者也。夫至人者始起於微, 自謂不識世俗文字, 及其成至也方一席之說, 而顯道救世, 與乎大聖人之云爲者若合符契也。
固其玄德上智, 生而知之, 將自表其法而示其不識乎。歿殆四百年, 法流四海而不息, 帝王者聖賢者, 更三十世求其道而益敬, 非至乎大聖人之所至, 天且厭之久矣, 烏能若此也。
予固豈盡其道。幸蚊虻飮海亦預其味, 敢稽首布之, 以遺後學者也。

육조대사법보단경六祖大師法寶壇經[1]

종보宗寶[2] 편

---

[1] 『단경』의 제명은 각 판본에 따라 서로 다르다. 돈황본에서는 『남종돈교최상대승마하반야바라밀경육조혜능대사어소주대범사시법단경南宗頓敎最上大乘摩訶般若波羅蜜經六祖惠能大師於韶州大梵寺施法壇經』(1권)이라는 긴 제명을 가지고 있고, 혜흔본에서는 『육조단경六祖壇經』(2권)으로 칭하고, 설숭본에서는 『육조대사법보단경조계원본六祖大師法寶壇經曹溪原本』(1권)으로 칭한다. 이외에도 판본에 따라 『시법단경施法壇經』, 『법보단경法寶壇經』, 『단경壇經』 등의 제명이 보인다.

『육조대사법보단경』에서 '육조대사'는 당연히 동토東土의 제6대 조사로서의 혜능선사를 가리키고, '법보法寶'는 그 육조대사의 법어를 '부처님'의 설법과 동일시하는 의미를 지니고 있어 후미의 '경經'과 상응하는 것이다. '단壇'은 '계단戒壇' 혹은 '법단法壇'을 의미하는 것으로 육조 혜능선사를 바로 선종의 창시자로 인정함을 의미한다고 할 수 있다.

[2] 종보宗寶_ 원대元代의 승려. 생존연대 미상. 소주(韶州; 현 광동성 곡강)의 풍번보은광효사風旛報恩光孝寺의 주지를 역임하였으며, 주지로 재임하던 지원至元 28년 (1291)에 『단경』의 3종 이본異本을 교정・보충하여 『육조대사법보단경六祖大師法寶壇經』(종보본)을 간행하였다.

제1편 행유품行由品

1

당시 육조대사六祖大師 혜능惠能은 소주韶州에 있는 조계曹溪 보림寶林[3]에 거처하고 있었다. 소주 자사刺史[4]인 위거韋璩와 그의 관료들이 찾아와 대사가 산에서 내려와 소주에 있는 대범사大梵寺에서 여러 사람들에게 불법을 가르치기를 간청하였다. 어느 날 하루는 육조대사가 법회의 강단에 섰다. 이 성대한 법회에 위거와 관료들 30여 명, 유가儒家의 선비들 30여 명, 그리고 승려, 도사 및 세속인 1,000여 명이 참석하였다. 그들은 하나같이 대사에게 공손히 예禮를 올리고

---

3 보림寶林_보림사寶林寺를 말한다. 지금의 광동廣東 소관韶關의 남화산南華山에 자리하고 있다.

4 위자사韋刺史_자사刺史는 주부州府를 관장하는 벼슬 이름으로서, 주부의 일을 관리하고 법을 어긴 자를 가려내는 전문 관리이다. 위자사는 소주韶州지방의 자사刺史인 위거韋璩를 가리킨다.

대사가 설하는 불법의 핵심적인 뜻[要義]을 들을 수 있기를 청하였다.

대사는 여러 사람들에게 다음과 같이 말하였다. "선지식善知識[5]들이여, 보리菩提 자체의 성품[自性]은 본래 청정淸淨한 것이다. 다만 이 청정한 보리의 마음만 지니고 있으면 바로 깨우쳐 부처가 될 수 있다. 여러분들은 우선 내가 어떻게 불법을 구하고 또 어떻게 불법을 얻었는지의 인연과 과정을 듣기 바란다."

혜능의 부친은 본관本貫[6]이 범양范陽[7]이나 후에 벼슬자리를 빼앗기고 영남嶺南으로 유배되어 신주新州[8]의 평민으로 살았다. 혜능은 불행히도 어려서 아버지를 여의고 홀어머니 슬하에서 자라다가 남해南海로 이주하였다. 그는 어머니와 서로 의지하며 땔나무를 팔아서 어렵게 생계를 유지하였다. 하루는 그가 시장에서 나무를 파는데, 한 손님이 나무를 산 후 그에게 숙소까지 가져다 달라고 부탁하였다. 그는 손님에게 돈을 받고, 막 문밖으로 나서는데 다른 한 손님[9]이 경전을 읽고 있는 것을 보게 되었다. 그는 경전의 한 구절을 듣고는 마음속에

---

5 선지식善知識_보통 덕망이 높고 학식이 깊은 스님 혹은 불교신자를 가리킨다. 여기서는 불법을 듣는 사람들에 대한 일반적인 호칭이다.

6 돈황본에서도 '본관本貫'으로 되어 있으나 혜흔본에서는 '원적原籍'으로 바뀌어 있다. 다시 말하여, 혜흔본에서는 혜능 부친의 출신성분이 '관리'였음을 더욱 강조하고자 하는 의도가 보인다.

7 범양范陽_지명으로서 당대唐代의 한 군군이었다. 지금의 북경北京의 대흥현大興縣에 있는 완평宛平 일대를 말한다.

8 신주新州_지금의 광동성廣東省에 있는 신흥현新興縣을 말한다.

9 『단경』의 여러 판본에는 그 '손님[客]'의 이름을 밝히지 않지만, 『조당집祖堂集』의 「혜능전」에는 혜능에게 땔나무를 산 사람이 '안도성安道誠'이라고 구체적으로 밝혔다.

크게 깨닫는 바가 있어,[10] 그 사람에게 다가가 어떤 경전을 읽고 있는지 물으니, 그 사람은 『금강경』이라고 하였다. 또 어떻게 이 경전을 얻었는지를 물었다. 그 사람은 다음과 같이 말하였다. 자신은 기주蘄州의 황매현黃梅縣[11]에 있는 동선사東禪寺에서 왔다. 그곳에서는 주지인 선종의 제5대 조사 홍인대사弘忍大師[12]가 불법을 선양하고 중생을 교화하며, 그의 문하에는 제자가 무려 1,000여 명이 있고, 그도 동선사에 찾아가 홍인대사를 숭배하여 스승으로 모시고 이 경전을 배우고 얻었다는 것이다. 그는 또한 홍인대사가 늘 승려와 속인들에게 권고하기를, "다만 『금강경』을 얻어 배우게 된다면, 스스로 자신의 불성佛性을 터득할 수 있고 직접 깨달아 부처가 될 수 있다."고 말한다는 것이다. 혜능은 그 사람의 이야기를 듣고서 이는 바로 전생의 인연임을 알았다. 때마침 그 사람이 혜능에게 은전 열 냥[13]을 주면서 집에 돌아가 어머니께 의식주를 마련해 드리고 황매현

---

10 돈황본에서는 "혜능은 한 번 듣고, 마음이 밝아져 문득 깨달음을 얻었다.[慧能一聞, 心明便悟]"라고 하고, 대승사본大乘寺本에는 "나는 한 번 듣고서, 마음이 곧 깨달음을 열었다.[某甲一聞, 心便開悟]"라고 되어 있으며, 조계원본曹溪原本에서는 보다 구체적으로 "혜능은 경전의 '마땅히 머무는 바 없이 마음을 낸다.'는 말을 듣고, 마음이 곧 깨달음을 열었다.[能一聞經云: 應無所住而生其心, 心卽開悟]"라고 하고 있다.

11 기주의 황매현_기주는 지금의 호북성湖北省 기춘현蘄春縣에 속한다. 황매현은 지금의 호북성湖北省에 있는 황매현을 말한다.

12 홍인대사_홍인(弘忍; 601~674)은 성이 주周이며 호북성 황매현 사람이다. 일곱 살 때 도신道信선사를 따라 출가했고, 도신이 세상을 떠난 후 황매쌍봉산黃梅雙峰山에 있는 동산사東山寺에 머물면서 제자들을 모집하여 불법을 강의하였다. 이름 있는 그의 제자들로는 신수神秀, 혜능, 혜안慧安, 지선智詵, 현색玄賾 등이 있다.

에 있는 동선사에 가서 오조 홍인대사를 참배하도록 하였다.

● 평석

이 단락은 『단경』의 서문으로서, 육조 혜능선사가 법단法壇을 개설하여 설법한 사실을 적고 있다. 또한 남종선南宗禪과 동산법문東山法門 및 『금강경』과의 관계를 밝힘으로써, 후일에 혜능선사가 법을 얻고 의발衣鉢을 전수받게 될 사연을 암시하고 있다. 홍인대사의 또 다른 제자인 북종北宗의 신수神秀대사가 『능가경楞伽經』을 중시하고 있음을 밝혀 은근히 신수대사가 정맥正脈이 아님을 강조하고 있는 것이다.

● 원문

時,大師至寶林,韶州韋刺史與官僚入山,請師出. 於城中大梵寺講堂,爲衆開緣說法。師陞座次,刺史官僚三十餘人,儒宗學士三十餘人,僧尼道俗一千餘人,同時作禮,願聞法要。

大師告衆曰:善知識,菩提自性,本來淸淨,但用此心,直了成佛. 善知識,且聽惠能行由得法事意。

惠能嚴父,本貫范陽,左降流于嶺南,作新州百姓。此身不幸,父又早亡,老母孤遺,移來南海,艱辛貧乏,於市賣柴。時有一客買柴,使令送至客店,客收去,惠能得錢,却出門外,見一客誦經,惠能一聞經

---

13 돈황본에는 "銀十兩"을 혜능에게 주었다는 대목이 없다. 혜흔본에는 이 구절이 있어, 아마도 후대에 추가된 것으로 보인다. 즉 혜능이 홀어머니를 버리고 출가하였다는 것이 '불효'로 인식되기에 '은 10냥'으로 부양의 경제적 틀을 마련해 놓고, 출가하였음을 구체화시킨 것이라 생각된다.

語, 心卽開悟, 遂問客誦何經, 客曰: 金剛經. 復問從何所來, 持此經典. 客云: 我從蘄州黃梅縣東禪寺來, 其寺是五祖忍大師在彼主化, 門人一千有餘, 我到彼中禮拜, 聽受此經. 大師常勸僧俗, 但持金剛經, 卽自見性, 直了成佛. 惠能聞說, 宿昔有緣, 乃蒙一客, 取銀十兩與惠能, 令充老母衣糧, 敎便往黃梅參禮五祖.

2

혜능은 집에 돌아와 모든 것을 정리한 뒤, 어머님과 이별하고 황매산黃梅山으로 떠났다. 30일이 안 되어 그는 황매산에 도착하여 홍인대사弘忍大師에게 예를 갖추고 참배하였다.[14]

홍인대사는 "너는 어느 지방에서 온 누구이며, 무엇을 구하고자 여기에 왔느냐?"고 물었다. 혜능은 "제자는 영남嶺南의 신주新州 사람인데 멀리서 대사를 뵈러 여기까지 찾아 왔습니다. 저는 달리 바라는 것은 없고 다만 불도를 성취하고 싶습니다."라고 대답하였다. 홍인대사는 "너는 영남 사람이고 또한 개화되지 않은 갈료獦獠[15]이니 어찌 불도를 이룰 수 있단 말인가?"라고 말하였다. 그러자 혜능은 "사람은 비록 남과 북의 구별이 있지만 불성에는 남과 북의 구분이 없습니다. 갈료인 몸은 비록 대사와 다르지만 서로 공유한 불성[16]에는 무슨

---

14 돈황본에는 홍인대사를 참배하는 과정을 아주 간략하게 "혜능은 듣고서, 숙업宿業에 인연이 있음을 알았다. 그는 곧 노모와 이별한 후, 황매 빙묘산으로 가서, 오조 홍인화상을 참배하였다.[惠能聞說, 宿業有緣, 便卽辭親, 往黃梅馮墓山, 禮拜五祖弘忍和尙]"라고 되어 있다.

15 갈료獦獠_ 당시 사냥을 본업으로 살았던 남방의 소수민족을 낮추어 이르는 말인데, 일반적으로 개화開化되지 않았거나 지식이 없는 사람을 가리킨다.

차이가 있겠습니까?"라고 대답하였다.

홍인대사는 여전히 혜능과 이야기를 나누고 싶었지만, 주위에 적지 않은 제자들이 있었기 때문에 다른 사람들과 같이 물러가 일을 하도록 하였다.

혜능은 "제자 자신의 마음속에 항상 지혜가 생기거늘 이런 지혜는 자기의 성품을 떠날 수 없으니, 복전福田[17]이라 해야 할 것입니다. 대사는 저에게 무엇을 하도록 가르치실 것인지를 여쭈어 보고 싶습니다."라고 물었다.

홍인대사는 "너는 갈료이지만 근기가 매우 뛰어나구나. 너는 말을 많이 할 필요가 없으니, 뒷뜰에 있는 마구간〔槽廠〕[18]에서 일하도록 해라."라고 분부하였다.[19]

혜능은 대사의 방에서 물러 난 뒤 뒷뜰에 가서 다른 행자行者[20]가 시키는 대로 나무를 쪼개고 맷돌을 가는 일을 하였다.

---

16 불성佛性_성불할 수 있는 가능성 혹은 근거를 말한다.
17 복전福田_복덕福德이 생기게 하는 밭. 부처, 승려, 부모, 빈곤한 자를 모시는 사람은 모두 복덕을 얻을 수 있다고 하는데, 마치 농부가 밭을 가꾸면 수확을 거두는 것과 같다. 만약 선을 베풀고 지혜를 닦으면 마치 농민의 수확처럼 복福과 지혜의 보답을 받을 수 있다는 의미에서 복전福田이라고 말한다.
18 조창槽廠_말을 키우는 마구간을 뜻한다. 그러나 뒷부분에서는 혜능선사가 일하는 곳이 '방앗간[碓坊]'으로 표기되어 있다.
19 『조계대사별전曹溪大師別傳』에서는 혜능의 몸이 너무 가벼워 돌을 매달고 방아를 찧었다고 한다. 【부록】 『조계대사별전曹溪大師別傳』 참조.
20 행자行者_불교의 수행자를 가리키는 말로서, 수계를 받기 전에 사찰에서 잡다한 일들을 하는 사람을 가리키거나 또는 행각참선行閣參禪, 즉 걸식하는 승려를 가리키기도 한다.

어느덧 8개월이 지난 어느 날, 홍인대사가 문득 혜능을 보고 이런 말을 하였다. "너의 견해는 참 도리가 있다. 나는 다만 다른 사람이 너를 해칠까봐 더 이상 너와 이야기하지 않으려 한 것을 너는 아느냐?" 이에 혜능은 "제자는 당연히 대사의 그 뜻을 알고 있었습니다. 그리하여 선당禪堂 앞에 가지 않았습니다. 이 또한 다른 사람이 눈치챌까봐 그렇게 했던 것입니다."라고 대답하였다.

● 평석

이 단락은 앞 문장에 이어 혜능이 예를 갖추어 홍인대사를 참배한 과정을 서술하였다. 그 가운데 대사와 혜능과의 대화는 불교의 역사에서 유명한 논제인 불성론佛性論과 관계된 내용을 담고 있다. 『대열반경大涅槃經』 등과 같은 대승경론大乘經論에서는 '모든 중생은 진실로 불성을 지니고 있다〔一切衆生, 悉有佛性〕'고 하여 모든 중생은 평등하며 모두 부처가 될 수 있다고 말한다. 중국에서는 남북조南北朝시대로부터 '불성'에 대하여 본격적으로 논하였다. 축도생竺道生은 심지어 "아천제인〔一闡提〕[21]까지도 모두 성불한다.〔阿闡提人皆得成佛〕"라고 주장하여 결국 장기간의 논쟁을 일으키기도 하였다. 혜능의 대답인 "사람은 비록 남과 북의 구별이 있지만, 불성에는 남과 북의 구분이 없습니다."라는 것은 경전의 이론에 근거하고 있으며, 후에 그가 '돈오頓悟'의 지침을 확립하는 데 디딤돌이 되었다.

---

21 일천제一闡提_범어 icchantika, 혹은 ecchantika의 음역으로 선한 근본이 없어 성불의 가능성이 전혀 없는 사람을 말한다.

● 원문

惠能安置母畢, 卽便辭違, 不經三十餘日, 便至黃梅, 禮拜五祖.
祖問曰: 汝何方人, 欲求何物?
惠能對曰: 弟子是嶺南新州百姓, 遠來禮師, 惟求作佛, 不求餘物.
祖言: 汝是嶺南人, 又是獦獠, 若爲堪作佛? 惠能曰: 人雖有南北, 佛性本無南北, 獦獠身與和尙不同, 佛性有何差別.
五祖更欲與語, 且見徒衆總在左右, 乃令隨衆作務.
惠能曰: 惠能啓和尙, 弟子自心常生智慧, 不離自性, 卽是福田, 未審和尙敎作何務?
祖云: 這獦獠根性大利, 汝更勿言, 著槽廠去.
惠能退至後院, 有一行者, 差惠能破柴踏碓.
經八月餘, 祖一日忽見惠能曰: 吾思汝之見可用, 恐有惡人害汝, 遂不與汝言, 汝知之否? 惠能曰: 弟子亦知師意, 不敢行至堂前, 令人不覺.

3

하루는 홍인대사가 제자들을 모두 모아 놓고 말하였다 "세상 사람들에게 어떻게 삶과 죽음을 해탈하는가는 아주 중요한 문제이지만, 너희들은 항상 복전福田만 바랄 뿐 결코 현세의 삶과 죽음이라는 고통의 바다를 벗어나려는 생각은 하지 않는구나. 만약 너희들이 자신이 본래 가지고 있던 불성을 잃는다면 복전이 어떻게 너희들을 구할 수 있겠는가? 너희들은 각자 돌아가서 스스로 지혜를 보아서 자기가 본래부터 갖고 있던 반야般若[22]의 성품으로 게송偈頌을 한 편씩 지어 나에게 보여 다오. 만약 누군가가 불법의 크나큰 뜻을 사무치게 깨달았다면, 나는 의발衣鉢과 불법을 그에게 전수할 것이며, 나를 승계하여 제6대 조사가 될 것이다. 너희들은 속히 돌아가 짓되 잠시도 늦춤이 없어야 하며, 헤아려 생각함(思量)은 적중하지 못하니 쓸모가 없을 것이다.²³ 자신의 불성을 몸소 체득한 사람은 말 한마디에 바로 진리를 깨달아 입증할 것이다. 만약 이런 사람은 칼을 들고 군대의 두 진영에 선다 해도 또한 바로 자성自性을 볼 수 있을 것이다."

제자들은 대사의 분부를 듣고 돌아와 서로 의논하기 시작하였다. "우리같은 사람들은 마음을 안정히 하여 게송을 지으려고 사색을 할 필요가 없지 않은가? 설령 우리가 정말로 게송을 써서 스승에게 보였다 한들 무슨 소용이 있겠는가? 신수神秀²⁴ 상좌上座²⁵는 현재 교수사敎授師²⁶이자 스승의 큰 제자이므로 제6대 조사의 자리는 그가

---

22 반야般若_범어 prajñā의 음역으로, 지혜라는 뜻이다. 불교의 특유한 진리에 대한 인식과 이런 지혜를 얻어 바로 해탈하는 것을 말한다.

23 사량즉부중용思量卽不中用_사량思量은 곧 사고, 분석, 추리의 뜻이다. 선종에서는 식심견성識心見性, 증견불도證見佛道의 경지는 논리적 사유를 통해서 도달할 수 없을 뿐만 아니라 언어나 문자를 통해서도 적절히 표현할 수 없으며 논리나 언어를 초월한다고 말한다.

24 신수神秀_홍인대사의 제자 중 한 사람으로, 기원 606년에 태어나 706년에 열반하였다. 선종 북종北宗의 창시자이며 성은 이李씨이고, 개봉開封의 위현尉縣 사람이다. 열반한 후 '대통선사大通禪師'라는 시호를 받았다.

25 상좌上座_여기서는 불교 사원에서 쓰는 승려 관직의 명칭이다. 당唐 이전에는 상좌上座가 주지住持와 비슷한 말이지만, 당 이후에는 선종의 사원에서 주지 다음의 자리를 일컫는다.

26 교수사敎授師_제자들의 교수를 책임지고 있는 '궤범사軌範師'를 말한다. 그는 구족계具足戒를 받은 승려들에게 행行·주住·좌坐·와臥 등의 모든 일상생활에서 승려로서의 위엄을 전문적으로 관리하는 의궤사儀軌師이다.

승계 받을 것이 확실한데, 왜 우리에게 게송을 짓도록 헛수고만 시키는가?" 여러 사람들은 의논 끝에 모두 게송 짓기를 포기하기로 하고, "이제부터 신수선사만 따르면 될 것이니 헛수고할 필요가 없다."라고 말하였다.

한편 신수는 "모두들 게송을 바칠 뜻이 없는 것은 내가 그들의 교수사教授師이기 때문이다. 그러므로 나는 반드시 스승에게 게송을 지어 바쳐야겠다. 만약 이를 바치지 않는다면, 불법에 대한 나의 견해가 얼마나 깊은지 스승이 어떻게 알 것인가? 나는 꼭 스승에게 게송을 바치는 것으로써 불법을 배우고 싶은 나의 마음을 표현해야겠다. 만약 조사의 지위를 얻기 위한 것이라면, 그건 사악한 일념一念이니 범부가 나쁜 마음으로 성스러운 지위를 찬탈하는 것과 무슨 차이가 있단 말인가? 만약 내가 게송을 바치지 않는다면 또한 불법을 얻지 못하게 될 것이다. 이것은 참 어려운 문제이다."라고 생각하였다.

홍인대사의 선당 앞에는 세 칸의 복도가 있었다. 그는 공봉供奉[27] 노진盧珍에게 부탁하여 「능가경변상楞伽經變相」[28]과 「오조혈맥도五祖血脈圖」를 그려 속세에 전하여 공양을 받으려 생각하고 있었다. 신수는 게송을 짓고 몇 번이고 대사에게 올리려 하였으나, 늘 선당 앞에만 서면 정신이 흐릿해지고 땀이 비 오듯 흘러서 매번 올리지 못하곤 하였다. 이렇게 그는 나흘 동안 열세 번이나 시도했지만 그때마다

---

27 공봉供奉_벼슬 이름, 황실 혹은 조정에 등용되는 관원을 말한다.

28 변상變相_당唐 때부터 전하여 내려온 회화의 형식으로서, 일종의 이야기를 그림으로 나타내는 것이다. 불교에서는 경전의 내용을 그림으로 그려서 나타낸 것을 말한다.

용기가 모자라 올리지 못하고 말았다.

　신수는 "아니면 나의 게송을 벽에 걸어놓아 대사께서 스스로 발견하고 읽을 수 있게 하면 어떨까? 만약 그가 우연히 읽고서 게송을 참 잘 지었다고 찬탄하면, 그때 내가 나가서 엎드려 예배하고 제가 지었다고 말씀을 드려야겠다. 만약 스승이 게송을 잘 짓지 못하였다고 하면, 내가 산중에서 여러 해를 헛되이 보내면서 다른 사람의 존경을 잘못 받고 있으므로 어떠한 도를 더 수행해야 할지 여쭈어 봐야겠다." 라는 생각을 굳혔다.

　그날 밤 삼경三更, 신수는 다른 사람들 몰래 손에 촛불을 들고 생각해뒀던 게송을 남쪽 복도에 적어 불법에 대해 스스로 체득한 바를 표현하였다. 그는 게송을 다음과 같이 썼다.

　　몸은 보리菩提의 나무와 같고, 마음은 명경대明鏡臺와 같으니,
　　때때로 부지런히 티끌을 털어서, 다시는 때가 끼지 않게 하라.[29]

　신수는 게송을 다 써 놓은 후 아무도 모르게 자기 방으로 돌아가 생각에 잠겼다. "스승이 내일 게송을 보고서 매우 기뻐하신다면 내가 불법과 인연이 있다는 것을 설명하고, 만약 스승이 만족해하지 않으면 나는 여전히 미혹하여 깨닫지 못한 것이니, 전생에 지은 죄가 깊어 불법을 얻을 자격이 없는 것이다. 스승의 성스러운 뜻[聖意][30]은 도무

---

29 판본에 따라서 끝 구절 "勿使惹塵埃" 가운데 '勿'자가 '莫'(돈황본 등)으로 되어 있으나 의미는 같다.

30 성의聖意_여기서는 홍인대사의 마음속에 있는 뜻을 말한다.

지 추측하기 어렵구나." 신수는 이렇게 생각에 사로잡혀 오경五更이 될 때까지 잠자리를 뒤척이며 도무지 잠을 이룰 수가 없었다.

● 평석

이 단락에서 신수가 게송을 완성한 것과 다음 단락에서 혜능이 불법을 터득한 게송을 얻는 것은 남종 혜능과 북종 신수의 선법禪法의 차이점을 뚜렷하게 나타내고 있다. 신수의 북종은 '마음을 지켜 청정함을 본다〔守心看淨〕'는 특징을 갖고 있다. 신수는 색신色身과 인심人心을 상相이 있고 형태가 있는 '보리수' 혹은 '명경대'에 비유했고, 따라서 그의 게송에는 '진심론眞心論'의 경향이 선명히 표현되고 있다. 혜능 남종선의 '무상無相, 무념無念, 무주無住'의 종지에서 볼 때, 불법을 터득한 신수의 게송은 구절마다 상相이 있고, "때때로 부지런히 티끌을 턴다"는 것은 마음을 지킨다는 것을 말한다. 마음을 지킨다는 것은 마음의 거처가 있다는 것으로서, '진심론'을 대상화한 것이다. "다시는 때가 끼지 않게 하라"는 것은 청정함을 보는 것이다. 청정함을 보는 것은 마음에 청정한 상相이 거처한다는 뜻이다. 자기 성품에 있는 청정한 마음〔淸淨心〕에 의지하여 끊임없이 수행을 하는 이러한 법문法門이 '점수漸修'이다. 이는 철저히 외적인 상相을 쓸어버리고 무념無念, 무주無住하여 인생의 속박을 완전히 초월하는 '돈오頓悟'는 결코 아니다.

● 원문

祖一日喚諸門人總來: 吾向汝說, 世人生死事大, 汝等終日只求福田, 不求出離生死苦海, 自性若迷, 福何可救? 汝等各去, 自看智慧,取自本心般若之性, 各作一偈, 來呈吾看, 若悟大意, 付汝衣法, 爲第六代祖. 火急速去, 不得遲滯. 思量卽不中用, 見性之人, 言下須見, 若如此者, 輪刀上陣, 亦得見之.

衆得處分, 退而遞相謂曰: 我等衆人, 不須澄心用意作偈, 將呈和尙, 有何所益? 神秀上座, 現爲敎授師, 必是他得; 我輩謾作偈頌, 枉用心力. 餘人聞語, 總皆息心, 咸言: 我等已後, 依止秀師, 何煩作偈.

神秀思惟: 諸人不呈偈者, 爲我與他爲敎授師, 我須作偈, 將呈和尙. 若不呈偈, 和尙如何知我心中見解深淺. 我呈偈意, 求法卽善, 覓祖卽惡, 却同凡心, 奪其聖位奚別? 若不呈偈, 終不得法, 大難大難.

五祖堂前, 有步廊三間, 擬請供奉盧珍畫楞伽經變相及五祖血脈圖, 流傳供養. 神秀作偈成已, 數度欲呈, 行至堂前, 心中恍惚, 遍身汗流, 擬呈不得, 前後經四日, 一十三度, 呈偈不得.

秀乃思惟, 不如向廊下書著, 從他和尙看見, 忽若道好, 卽出禮拜, 云是秀作. 若道不堪, 枉向山中數年, 受人禮拜, 更修何道.

是夜三更, 不使人知, 自執燈, 書偈於南廊壁間, 呈心所見. 偈曰:

　身是菩提樹, 心如明鏡臺,

　時時勤拂拭, 勿使惹塵埃.

秀書偈了, 便却歸房, 人總不知. 秀復思惟: 五祖明日見偈歡喜, 卽我與法有緣, 若言不堪, 自是我迷, 宿業障重, 不合得法, 聖意難測. 房中思想, 坐臥不安, 直至五更.

4

홍인대사는 신수가 아직은 진정으로 불도佛道에 진입하지 못하여 자기의 성품을 보지 못하였다는 것을 이미 알고 있었다. 날이 밝자 대사는 노진에게 남쪽 복도의 벽에 그림을 그리게 하려다가 문득 벽에 쓰인 신수의 게송을 보고 노진에게 말하였다. "공봉은 그림을 그리지 않아도 될 것 같으니 멀리서 이곳에 오느라 참 수고 많았네. 경전에서는 '모든 상相은 모두 허망하여 진실하지 못한 것〔凡所有相, 皆是虛妄〕'[31]이라고 했으니, 그림을 그릴 필요가 없이, 여러 사람들에게 이 게송을 염송하고 받들게 하면 될 것이다. 이 게송의 뜻에 따라 수행하면 악도惡道[32]에 떨어지는 고통을 면할 수도 있고 크나큰 불법의 혜택도 얻을 수 있을 것이다."라고 하였다. 또한 대사는 사문의 제자들에게 향을 피우고 예배하도록 하였다.

제자들은 스승의 가르침에 따라 이 게송을 항상 즐겁게 염송하였다.

한밤중 삼경에 대사는 신수를 선당으로 불러서 이 게송을 그가 지었는지를 물어보았다. 이에 신수는 "확실히 제자가 쓴 것입니다. 하지만 저는 결코 조사의 자리를 탐냈기 때문이 아니라, 다만 스승께서 자비[33]를 베풀어 제자에게 부처의 지혜가 있는가를 보아주시기 바랄 뿐이었습니다."

---

31 '모든 상相은 모두 허망하여 진실하지 못한 것〔凡所有相, 皆是虛妄〕'_이는 『금강경』의 초두에 나오는 구절로, 세상의 모든 사물과 현상은 영원할 수 없으며, 모두 헛된 환상이고 진실하지 않은 것이라는 뜻이다.
32 악도惡道_중생이 악업惡業을 지어서 다시 태어나게 되는 극히 열악한 곳을 말하는데, 흔히 지옥地獄·아귀餓鬼·축생畜生의 세 가지 길을 말하여, 이를 삼악도三惡道라고 한다.
33 자비慈悲_범어 maitrya, 혹은 maitrī를 음역한 것이다. 자慈는 타인에게 '락樂'을 주는 것이고, 비悲는 타인의 '고통苦痛'을 위안해 주는 활동으로, 자비를 합쳐서 쓸 경우, 모든 중생에게 유익한 활동을 말한다.

이에 대사는 "너의 게송은 아직 본래의 성품[本性]을 이해하지 못했고, 단지 불문佛門 앞에 닿았을 뿐이다. 이러한 견해로써 무상보리 無上菩提³⁴를 증득하는 것은 불가능한 일이다. 무상보리를 증득하려면 반드시 곧바로 마음을 알고 본래 성품을 보아야 되는 것이다. 불성은 생겨나지도 않고 소멸하지도 않으므로 곳곳에 존재하며 어느 때나[一切時中]³⁵ 있는 것이다. 그러므로 생각생각[念念]³⁶에 스스로 본다면, 만법萬法에 막힘이 없으며, 모든 것이 진실되어 모든 경계가 스스로 그렇고 그러할 것[如如]이다. 그렇고 그러한 마음이 바로 진여불성眞如佛性의 체현이다. 이와 같은 경지에 도달해야 비로소 위없는 보살의 진실한 자기 성품[自性]이다. 너는 돌아가서 이틀간 생각하여 또 한 수의 게송을 지어서 나에게 보여주도록 하라. 만약 다시 쓴 게송이 네가 진정으로 입문하였다면, 나는 의발과 불법을 너에게 줄 것이다."

신수는 대사에게 예를 올리고 돌아갔다. 며칠이 지났건만 그는 시종 게송을 지어내지 못했고, 정신이 흐릿하여 꿈속을 헤매는 듯 가슴이 답답하고 우울하였다.

이틀이 지난 어느 날, 한 동자가 신수의 게송을 흥얼거리며 방앗간을 지나갔다. 혜능은 그 게송을 듣고는 그것이 견성見性하지 못한 것임을 알았다. 그는 비록 누구의 가르침을 받지는 못했지만 마음속에는

---

34 무상보리無上菩提 _ 지극히 높고 더 말할 나위없는 깨달음. 여기서 '무상보리'와 '명심견성明心見性', '성불'은 비슷한 뜻으로 쓰인다.

35 일체시중一切時中 _ 과거, 현재, 미래의 모든 시간을 말한 것으로서, '시시각각時時刻刻'과 같은 뜻이다.

36 염념念念 _ 아주 짧은 시간을 가리키는데, 여기서 '염념念念'은 전후 연속해 생기는 생각, 즉 사람의 심리활동 과정을 의미하기도 한다.

일찍부터 불법의 크나큰 뜻이 있었기 때문에 그 동자에게 어떤 게송을 읊고 있느냐고 물었다.

동자가 "너는 한낱 갈료에 불과하여 아직 모르고 있었구나. 대사께서는 중생들을 삶과 죽음이라는 쓰디쓴 바다로부터 해탈시키는 크나큰 일을 하시기 위하여 의법衣法을 전수하고자 제자들에게 각자 게송한 수씩을 지어 바치도록 하였다. 그들 중에서 불법의 진리를 가장 잘 깨우친 사람에게 의법을 전수하고, 그를 제6대 조사로 정하겠다고 말씀하셨다. 신수 상좌는 남쪽 복도의 벽에 이 무상無相의 게송을 써놓았는데 대사께서 여러 사람들에게 읽어 외우게 하고, 또 이 게송을 받들어 행하면 사악한 도道의 고통을 당하지 않는다고 하셨다. 그리고 이 게송대로 수행하면 부처의 옹호와 가피를 얻을 수 있다고 하셨다."라고 하였다.

이 말을 듣고 혜능은 "내세에 좋은 인연을 맺기 위하여 저도 마땅히 이 게송을 염송해야겠습니다. 상인上人[37]이여, 제가 이곳에서 쌀 찧는 일을 맡은 지가 이미 8개월이나 되었지만 한 번도 선당禪堂에 가보지 못했습니다. 상인께서 저를 데리고 가서 그 게송에 경배하게 해주기를 바랍니다."

동자는 혜능을 게송이 쓰인 곳으로 데리고 가서 신수의 게송에 예배하게 하였다. 혜능은 "저는 글을 잘 알지 못하니 상인이 읽어주셨으면 합니다."라고 부탁하였다.

---

37 상인上人_원래는 과실이 있지만 스스로 고쳐 바로 잡는 사람을 가리키며, 고승대덕 혹은 자기 사장師長에 대한 칭호였는데, 나중에는 출가한 승려에 대한 존칭으로 쓰이기 시작하였다.

이때에 장일용張日用이라는 강주江州 별가別駕[38]가 큰소리로 신수의 게송을 한 번 읽었다.[39] 혜능이 이를 듣고 말하였다 "저도 게송 한 수를 지었는데 별가께서 저를 대신해서 써주셨으면 합니다."

이에 별가는 말하였다. "그대가 감히 게송을 짓겠다니 참 희한한 일이로구나."

● 평석

이 단락은 경전의 문장 중에서 '모든 상은 다 허망한 것이다[凡所有相, 皆是虛妄]'라는 구절을 인용하였다. 이 구절은 『금강경』에 나오는 말로서 연기성공緣起性空이라는 반야의 사상을 나타내고 있다. 불교에서는 세상의 만사만물은 모두 인연으로써 결합하여 이루어진 것이고, 따라서 만사만물은 본질상 영원성을 갖고 있지 않으며 모두 헛된 환상이고 진실하지 못한 것이라고 한다. 반야의 지혜를 깨달으면 속세의 지견知見을 초월할 수 있고, 모든 것에 머물거나 집착하지 않으며 해탈하여 장애가 있을 수 없다. 『금강경』의 어구를 인용한 것은 선문禪門의 지혜와 반야 경전과의 관련성을 설명하기 위한 것이다.

그 외에 이 단락에서는 글을 모르는 혜능이 '갈료'의 신분으로 게송을 지은 사실을 기록하였는데, 이는 사실상 어려운 일이다. 하지만 이것이 남종과 북종이 구별되는 점이다. 즉 남종선에서는 지혜의 해탈 앞에서는 중생들이 평등하고, 중생과 부처가 평등하다는 것을 주장한다. 결코 세속적 신분이나 지식 정도의 차이를 불성을 터득하여 해탈하

---

38 별가別駕_벼슬 이름으로서 지방 행정장관에 속하는 관리이다.
39 돈황본에서는 누가 읽어 주었는지 밝히지 않았다.

는 척도로 삼지 않았던 것이다. 남종선에서 주장하는 불성이 평등하다는 것은 불문佛門의 차별화나 귀족화의 경향을 없애고, 종파를 타파하여 해탈을 이끌어 감을 의미한다.

● 원문

祖已知神秀入門未得, 不見自性。天明, 祖喚盧供奉來, 向南廊壁間繪畫圖相, 忽見其偈。報言: 供奉却不用畫, 勞爾遠來。經云: 凡所有相, 皆是虛妄。但留此偈, 與人誦持, 依此偈修, 免墮惡道, 依此偈修, 有大利益。令門人炷香禮敬, 盡誦此偈, 即得見性。

門人誦偈, 皆歎善哉。

祖三更喚秀入堂, 問曰: 偈是汝作否?

秀言: 實是秀作, 不敢妄求祖位。望和尙慈悲, 看弟子有少智慧否?

祖曰: 汝作此偈, 未見本性, 只到門外, 未入門內。如此見解覓無上菩提, 了不可得。無上菩提, 須得言下識自本心, 見自本性。不生不滅, 於一切時中, 念念自見, 萬法無滯, 一眞一切眞, 萬境自如如。如如之心, 即是眞實, 若如是見, 即是無上菩薩之自性也。汝且去一兩日思惟, 更作一偈將來, 吾看汝偈。若入得門, 付汝衣法。

神秀作禮而出, 又經數日, 作偈不成, 心中恍惚, 神思不安, 猶如夢中, 行坐不樂。

復兩日, 有一童子, 於碓坊過, 唱誦其偈。惠能一聞, 便知此偈未見本性。雖未蒙教授, 早識大意。遂問童子曰: 誦者何偈?

童子曰: 爾這獦獠不知。大師言, 世人生死事大, 欲得傳付衣法, 令門人作偈來看。若悟大意, 即付衣法, 爲第六祖。神秀上座, 於南廊壁上, 書無相偈。大師令人皆誦, 依此偈修免墮惡道。依此偈修, 有大利益。

惠能曰: 我亦要誦此, 結來生緣。上人, 我此踏碓, 八箇餘月, 未曾行到堂前, 望上人引至偈前禮拜。

童子引至偈前禮拜。惠能曰: 惠能不識字, 請上人爲讀。

時, 有江州別駕, 姓張, 名日用, 便高聲讀。惠能聞已, 遂言: 亦有一偈, 望別駕爲書。

別駕言: 汝亦作偈, 其事希有。

5

혜능은 장별가張別駕에게 "무상보리無上菩提를 닦으려면 초학자를 경시하여서는 안 됩니다. 하하등下下等의 사람 중에도 상상등上上等의 지혜를 가진 사람이 있고, 상상등의 사람 중에도 지혜가 없는 사람이 있기 때문입니다. 만약 다른 사람을 경시하면 헤아릴 수 없는 죄과가 있게 될 것입니다."라고 말하였다.

이에 장별가는 "그럼 좋습니다. 그대가 게송을 염송하면 내가 그대를 위해 써주겠습니다. 만약 그대가 법을 얻게 되면 꼭 먼저 나를 제도濟度하여야 하니, 이 말을 잊어서는 안 됩니다."라고 말하였다. 혜능이 게송을 읊었다.

보리菩提는 본래 나무가 없으며, 명경明鏡은 또한 본래 받침대가 없노라.
본래 한 물건도 없는데, 어디에 때가 묻겠는가?[40]

장별가가 혜능의 게송을 벽에 쓰자, 제자들은 감탄하여 경악을 금할 길이 없었다. "정말 기적이다. 참으로 외모로는 사람을 판단할 수 없구나. 그는 이곳에 온지도 얼마 되지 않았는데 혹시 그가 바로 육신보살肉身菩薩[41]이 아닌가?"

대사는 여러 사람들이 경악하는 것을 보고, 혜능을 해치려는 사람이 있을까 염려하여 밖으로 나와 신발로 그 게송을 지워버리고는 여러 사람들에게 말하였다. "이 게송은 쓸모가 없다." 이에 주위의 사람들도 스승의 말씀이 옳다고 생각하였다.

다음날 대사는 조용히 방앗간에 찾아가서 허리에 큰 돌을 매고 쌀을 찧고 있는 혜능을 보고 말하였다. "불도를 닦는 사람은 불법을 위하여 자신을 잊어야 하는 것은 당연한 도리이다."라고 하면서 혜능에게 "쌀은 여물었느냐?"[42] 하고 물었다.

혜능은 "쌀은 여문 지가 오래되었으나 채가 없습니다."라고 대답하였다.

대사는 절구대로 석대를 세 번 두드리고는 가버렸다. 혜능은 당장에 대사의 뜻을 이해하고, 그날 밤 삼경三更에 조용히 대사의 침실로

---

40 돈황본에서는 "보리는 본래 나무가 없으며, 명경明鏡은 또한 본래 받침대가 없노라. 불성佛性은 항상 청정하니, 어디에 때가 있겠는가?(菩提本無樹 明鏡亦無臺. 佛性常淸淨, 何處有塵埃)"로 되어 있고, 그 뒤에 다시 한 게송이 있다. "마음은 보리수요, 몸은 명경대로다. 명경은 본래 청정하니, 어디에 때가 물들겠는가?(心是菩提樹, 身爲明鏡臺, 明鏡本淸淨, 何處染塵埃)"

41 육신보살肉身菩薩_생신보살生身菩薩을 가리킨다. 즉 부모가 낳아준 육신이 보리菩提의 깊은 지위에 닿은 사람이다. 불교에서는 육신보살이 원적圓寂한 후 전신이 사리가 되었다고도 한다.

42 쌀은 여물었느냐?(米熟也未)_여기서는 "깨달음覺悟을 이루었느냐?"라는 뜻이다.

찾아갔다.

대사는 다른 사람이 눈치채지 못하게 가사袈裟로 문과 창을 모두 가리고 혜능에게 『금강경』을 설파하기 시작하였다. "마땅히 머무는 바 없이 그 마음을 내라.〔應無所住而生其心〕"[43] 이 경문을 설파할 때 혜능은 그 자리에서 즉시 깨우쳐 '일체만법[44]은 자기의 성품을 떠나지 않는다〔一切萬法不離自性〕'는 진리를 입증, 터득하였다. 그리고 대사에게 "자성自性은 본래부터 청정한 것이고, 자성은 본래부터 생함〔生〕과 멸함〔滅〕이 없으며, 자성은 본래부터 원만구족하며, 자성은 본래부터 동요가 없는 것이고, 자성은 본래부터 만법萬法을 있는 그대로 나타내는 것입니다."라고 말하였다.

● 평석

혜능의 게송이 지니는 의미는 "사람의 몸은 본래 보리수가 아니고, 그러므로 어찌 나무가 있겠는가? 사람의 마음은 본래 거울대가 아닌데, 어찌 거울이 있겠는가? 사람의 몸과 마음은 오온五蘊이 화합하여 이루어졌고, 잠시 빌린 것으로 본래 실체가 존재하지 않으니, 어디에 티끌이 묻을 것인가?"라는 것이다. 여기서 남종의 돈교법문頓敎法門의 종지宗旨를 선명하게 드러냈다. 그것은 반야의 무소득無所得과

---

43 '마땅히 머무는 바 없이 그 마음을 내라〔應無所住而生其心〕.'_외재外在한 일체 사물 혹은 현상은 모두 허환虛幻한 것이니, 반드시 일체 사물과 현상에 미련을 두거나 집착하지 말고, 자기 마음이 가지고 있는 최고의 지혜를 체현하고 증오證悟하라는 뜻이다.

44 일체만법一切萬法_모든 물질과 정신적 현상을 가리킨다.

무집착의 사상으로써 사람들에게 청정한 불성(佛性; 보리수와 명경대)은 자아에 외재하는 존재로 대상화할 수 없는 것이고, 청정한 불성은 바로 지금 끊임없이 자신의 마음속에 체현되는 것이지 결코 절대의 청정한 사물은 존재하지 않는다고 주장한다. 혜능은 집착될 수 있는 모든 사물들을 부정하고 바로 지금 마음의 사념을 드러내 상相을 깨트리고 집착을 타파하는 지혜로써 열반의 불성을 융합하고 포섭하였다. 이는 실제로는 개개의 개체 자신을 더욱 중요한 지위에 올려놓은 것이고, 깨달아 성불하는 근거를 인간 자신에게 돌려서, 사람의 바로 지금의 마음을 가리킨다. 바로 지금의 마음을 토대로 하여 '본래 하나의 물건도 없는' 반야의 지혜로써 마음을 밝게 하고 견성하여 성불한다는 것이다.

● 원문

惠能向別駕言: 欲學無上菩提, 不得輕於初學。下下人有上上智, 上上人有沒意智。若輕人, 即有無量無邊罪。

別駕言: 汝但誦偈, 吾爲汝書。汝若得法, 先須度吾, 勿忘此言。

惠能偈曰:

　菩提本無樹, 明鏡亦非臺,

　本來無一物, 何處惹塵埃。

書此偈已, 徒衆總驚, 無不嗟訝。各相謂言: 奇哉, 不得以貌取人, 何得多時使他肉身菩薩。祖見衆人驚怪, 恐人損害, 遂將鞋擦了偈, 曰亦未見性。衆以爲然。

次日祖潛至碓坊, 見能腰石舂米, 語曰: 求道之人, 爲法忘軀, 當如是乎。

乃問曰: 米熟也未?

惠能曰: 米熟久矣, 猶欠篩在。

祖以杖擊碓三下而去。惠能卽會祖意, 三鼓入室。

祖以袈裟遮圍, 不令人見。爲說金剛經, 至應無所住而生其心, 惠能言下大悟, 一切萬法不離自性, 遂啓祖言: 何期自性, 本自淸淨; 何期自性, 本不生滅; 何期自性, 本自具足; 何期自性, 本無動搖; 何期自性, 能生萬法。

6

홍인대사는 혜능이 이미 자기 본래의 성품[本性]을 깨우쳤다는 것을 알고 그에게 말하였다. "자신의 본래 마음[本心]을 알지 못하면 불법을 배워도 그 어떤 진보가 없다. 만약 자기의 본심을 알면 자기의 본성을 알게 되는 것이다. 이는 바로 대장부大丈夫, 천인사天人師,[45] 그리고 부처이다."

홍인대사가 삼경에 혜능에게 불법을 가르쳤다는 것을 다른 사람들은 전혀 모르고 있었다. 이렇게 하여 선문의 돈법頓法[46]과 의발衣鉢[47]은

---

[45] 장부丈夫, 천인사天人師_'장부丈夫'는 부처님의 십대명호十大名號 중의 하나인 '조어장부調禦丈夫'의 약칭이다. 천인사天人師 역시 부처님의 십대명호 중 하나인데, 육도六道 가운데 하늘과 사람은 부처를 스승으로 하지 않는 것이 없다고 하여 천인사라고 부른다.

[46] 돈교頓敎_돈오성불頓悟成佛의 교법. '돈교頓敎'는 장기간의 수행이 필요 없이 자아의 본성을 체험하게 되면 즉시 도를 깨달아 성불한다고 주장한다. 이후 혜능의 제자들은 혜능의 남종선법을 '돈교'라고 불렀다.

[47] 의발衣鉢_의衣는 가사袈裟를 말하고, 발鉢은 출가인이 시주의 공양물을 담는 정식 식기器)이다. 의발은 출가인이 소유하는 가장 중요한 물건이다. 때문에

혜능에게 승계되었던 것이다. 홍인대사는 혜능에게 부탁하였다. "이 후부터 너는 제6대 조사이니 반드시 자신을 잘 다스리고 세상의 중생들에게 우리 선문의 지혜의 법등法燈을 널리 전하여 대대로 끊어지지 않게 하여야 한다. 이제 나의 게송을 들어라."

유정有情⁴⁸이 씨를 뿌리니, 원인되어 결과 또한 생함이라.
무정無情은 이미 종자가 없으니, 성품도 없고 생함 또한 없노라.⁴⁹

홍인대사는 또 이렇게 말하였다. "예전에 달마대사達磨大師⁵⁰가 처음 중국 땅에 왔을 때 사람들은 모두 그를 믿지 않았다. 그리하여 이 가사를 신물信物로 삼아 불법을 대대로 전하였다. 선문禪門의 돈법頓法은 단지 마음에서 마음으로 전하는 것이므로 사람들이 스스로 마음을 열어 스스로 깨닫고 스스로 입증 터득하는 것이 중요하다. 옛날부터 불문佛門은 단지 불법의 진리를 대대로 계승했고, 스승과 제자는 '마음으로 마음에 전하여〔以心傳心〕' 본래 마음을 알고 보게 하는〔識見本心〕' 불법의 크나큰 뜻을 은밀히 넘겨주었다. 의발은 쟁탈의 화근이니 너까지만 전하고 더 이상은 전하지 말라. 그렇지 않으면 목숨이 거문고 줄과 같은 고통을 당하게 될 것이다. 다른 사람이

　　스승이 제자에게 물려주는 믿음의 정표가 되며 의발을 물려받는 것은 곧 불법을 계승한다는 것을 의미한다.
48　유정有情_유정중생有情衆生, 즉 불교에서 사람을 비롯한 모든 정情이 있는 생물의 통칭으로 쓰이는데, 특별히 '유정'은 사람만을 가리키기도 한다.
49　이 게송은 돈황본과 혜흔본에는 보이지 않는다.
50　달마대사達磨大師_선종의 시조인 보리달마菩提達磨를 말한다.

너를 해칠까 두려우니 너는 속히 여기를 떠나거라."

혜능은 대사에게 물었다. "저는 도대체 어디로 가야 합니까?"

대사는 "회집현懷集縣에 도착하면 멈추고, 사회현四會縣에 도착하면 숨어 지내도록[逢懷則止, 遇會則藏] 하라."[51]라고 일러주었다.

혜능은 삼경에 의발을 받으면서 말하였다. "저는 본래 남방 사람이라 이곳의 산길을 잘 모르는데, 어떻게 산을 벗어나 장강長江의 어구에 도착할 수 있겠습니까?"

이에 대사는 "걱정하지 말라. 내가 친히 너를 바래다 줄 것이다."라고 말하였다.

● 평석

이상의 경문은 처음부터 혜능과 홍인대사의 대화를 통해 불성이 평등하다는 관념을 나타내고 있다. 그리고 불법을 터득하는 신수의 게송과 혜능의 게송을 비교함으로써 남종선법의 특질인 '상을 없애고 집착을 부수며[打相破執], 문자를 세우지 않고[不立文字], 곧바로 마음의 근원을 가리키며[直指心源], 계급에 떨어지지 않고[不落階級], 돈오하여 성불함[頓悟成佛]'을 제시한 것이다. 혜능이 삼경에 법을 승계한 것은 '본래 마음을 알지 못하면, 법을 배워도 무익하고, 만약 자기의 본래 마음을 알고, 자기의 본래 마음을 본다면, 즉 그것을 장부丈夫, 천인사天人師, 그리고 부처라고 명하고, 즉심즉불卽心卽佛'이라는 선문의 종지를 말하고 있다. 이는 남종선의 '자신自信', '자각自

---

51 봉회즉지逢懷則止, 우회즉장遇會則藏_여기서 '懷'는 지금의 광서廣西 지방에 있는 우주橃州의 회집현懷集縣을, '會'는 신회新會의 사회현四會縣을 말한다.

覺', '자도自度'의 기치를 수립하는 근거가 되었다.

● 원문

祖知悟本性, 謂惠能曰: 不識本心, 學法無益。若識自本心, 見自本性, 卽名丈夫, 天人師佛。

三更受法, 人盡不知, 便傳頓敎及衣鉢。云: 汝爲第六代祖, 善自護念, 廣度有情, 流布將來, 無令斷絶。聽吾偈曰:

　有情來下種, 因地果還生。

　無情旣無種, 無性亦無生。

祖復曰: 昔達磨大師, 初來此土, 人未之信, 故傳此衣, 以爲信體, 代代相承。法則以心傳心, 皆令自悟自解。自古佛佛惟傳本體, 師師密付本心。衣爲爭端, 止汝勿傳, 若傳此衣, 命如懸絲, 汝須速去, 恐人害汝。

惠能啓曰: 向甚處去？

祖云: 逢懷則止, 遇會則藏。

惠能三更領得衣鉢, 云: 能本是南中人, 素不知此山路, 如何出得江口？五祖言, 汝不須憂, 吾自送汝。

7

홍인대사는 바로 혜능을 강서江西지역의 구강역九江驛[52]까지 전송하여 배에 오르게 하고 친히 노를 저었다. 혜능이 대사에게 말하였다.

---

52 구강역九江驛_지금의 강서성江西省에 있는 구강九江을 말한다.

"스승은 여기 앉아 계십시오. 마땅히 제자가 노를 저어야 할 것입니다." 그러자 대사는 "마땅히 내가 너를 강 언덕까지 건너 주어야 한다."라고 말하였다. 그러자 혜능은 다음과 같이 말하였다. "제가 깨닫지 못했을 때는 스승께서 저를 건너 주셨습니다. 이젠 제가 깨우쳤으니 제 자신이 건널 수 있을 것입니다. '건너다[度]'는 말은 비록 하나이지만, 사용하기에 따라 달리 나타낼 수 있습니다. 저는 먼 변방지역에서 태어나 언어가 반듯하지 못하나 황송하게 스승의 불법을 전수받아 깨닫게 되었으므로 마땅히 제 스스로의 본성으로 자신을 제도濟度할 것입니다." 이에 대사는 "옳은 말이다. 이제부터 불법은 너에 의해 널리 전해질 것이다. 네가 떠난 삼년 후에 나는 곧바로 속세를 떠날 것이다. 너는 이제 조심해서 남쪽으로 가되, 이 몇년 간은 불법이 흥성하는 것이 어려울 것이므로, 너무 이르게 법을 설파해서는 안 된다."라고 타일렀다.

혜능은 대사와 헤어져 남쪽을 향해 출발하여 두 달 뒤 대유령大庾嶺[53]에 도달하였다. 그런데 뜻밖에 수백여 명의 사람들이 쫓아와 의발을 빼앗으려 하였다.

한 승려는 성이 진陳이고 이름은 혜명惠明[54]이라 하는데, 사품장군四品將軍[55] 출신으로 성격이 거친지라, 온갖 방법을 다해 의발을 빼앗으

---

53 대유령大庾嶺_지금의 강서성 대유현大庾縣의 남쪽, 광서성廣西省) 남웅현南雄縣의 북쪽을 말한다. 이곳은 다섯 높은 봉우리들 중의 하나로서, 고대에 남과 북의 교통의 요지였다. 원래 이름은 색산塞山 또는 매령梅嶺이라고 한다.
54 돈황본에서는 '혜순惠順'으로 표기한다.
55 돈황본에서는 '삼품장군三品將軍'이라고 한다.

려 하였다. 그래서 그는 가장 앞서서 쫓아왔으며 재빠르게 혜능을 따라 잡았다. 혜능은 그의 의도를 알고 의발을 돌 위에 던져 놓고는 말하였다. "이 법의法衣는 오직 법신法身을 표시하는 것인데 어떻게 무력으로 빼앗아가려 하는가?"

그리고는 혜능은 숲 속에 숨었다. 혜명이 고갯마루에 도착하여 가사를 보고는 그것을 가져가려 했으나, 아무리 해도 그것을 들 수가 없자 소리쳤다 "행자여! 행자여! 나는 불법을 위해 온 것이지 의발을 탐내서 온 것이 아닙니다."

혜능은 그 말을 듣고 숲 밖으로 나와 돌 위에 가부좌를 하고 앉았다. 혜명은 혜능에게 예를 올리고 말하였다. "행자께서는 저를 위해 불법을 설파해 주기를 바랍니다."

혜능이 말하였다. "너는 불법을 구하러 왔으니, 마땅히 마음속의 모든 인연의 그림자를 버리고, 그 어떤 잡념도 생기지 아니할 때, 나는 곧 너에게 불법을 설파해 줄 것이다."

혜명이 한동안 묵묵히 있자, 혜능이 다시 말하였다. "선善도 생각하지 말고 악惡도 생각하지 말라. 이럴 때 어느 것이 혜명 상좌上座의 참다운 모습〔眞面目〕인가?"

혜명이 바로 크게 깨닫고 계속해서 물었다. "앞서 말한 비밀스러운 뜻 외에 또 어떤 특별한 것이 있습니까?"

● 평석

남종선은 제도濟度하고 해탈한다는 의미의 근거가 자기 마음, 즉 자기 본래의 성품에 있다는 것을 강조한다. 어리석어 깨닫지 못했을 때 경전을 배우거나 스승으로부터 전수받는 것은 바깥 인연이 필요하고, 깨달음이 열려서 해탈했을 때는 일체를 모두 자신에 의거해야 한다. 그러므로 『단경』에서 홍인대사와 혜능이 배에서 나눈 대화는 남종선에서 스스로 닦고 스스로 제도함을 밝히기 위한 것이다. 그 아래에서는 또한 혜능과 혜명의 대화를 통해 '자수自修', '자도自度'의 불법의 지혜를 밝히며, 그것은 마음에서 얻는 것이지 외부의 어떤 것에 의해서는 얻을 수가 없다고 하였다.

● 원문

祖相送直至九江驛。祖令上船, 五祖把艣自搖。惠能言: 請和尙坐, 弟子合搖艣。祖云: 合是吾渡汝。惠能曰: 迷時師度。悟了自度。度名雖一, 用處不同。惠能生在邊方, 語音不正。蒙師傳法, 今已得悟, 只合自性自度。祖云: 如是如是。以後佛法, 由汝大行, 汝去三年, 吾方逝世。汝今好去, 努力向南, 不宜速說, 佛法難起。
惠能辭違祖已, 發足南行。兩月中間, 至大庾嶺, 逐後數百人來, 欲奪衣鉢。
一僧俗姓陳, 名惠明。先是四品將軍。性行麤慥, 極意參尋, 爲衆人先, 趁及惠能。惠能擲下衣鉢於石上, 曰: 此衣表信, 可力爭耶。能隱草莽中, 惠明至, 提掇不動。乃喚云: 行者行者, 我爲法來, 不爲衣來。
惠能遂出, 坐盤石上。惠明作禮云: 望行者爲我說法。
惠能云: 汝旣爲法而來, 可屛息諸緣, 勿生一念, 吾爲汝說。
明良久。惠能云: 不思善, 不思惡, 正與麼時, 那箇是明上座本來面目。

惠明言下大悟. 復問云: 上來密語密意外, 還更有密意否?

8

혜능은 다음과 같이 말하였다. "너에게 한 말은 무슨 비밀스런 의미가 아니다. 만약 네가 충분히 돌이켜 비추어 보면 비밀스러운 뜻은 너에게 있다."

혜명은 또한 말하였다. "저는 비록 황매산黃梅山에 이렇게 오랜 시간을 있었지만, 실제로 내 자신의 진면목을 깨닫지 못했습니다. 이제 당신의 가르침을 받아 사람이 물을 마시고 나면 차가운지 뜨거운지는 자기 자신밖에 알지 못한다는 것을 깨달았으니, 행자는 바로 저의 스승입니다."

이에 혜능은 말하였다. "네가 정히 그러한 마음이라면, 너는 나와 같이 홍인대사를 스승으로 모시고 스스로 법을 호념護念하여 잘 지키도록 하여라."

그러자 혜명이 물었다. "오늘 이후 저는 어디로 가야 합니까?"

혜능은 "'원袁'자가 있는 지방에 도달하면 멈추고, '몽蒙'자가 있는 지방에 도착하면 안주하라."고 대답하였다.

혜명은 혜능에게 예를 올리고 떠났다.

혜능은 이후 조계산曹溪山[56]에 도착하자 또 나쁜 무리들에게 쫓기기 시작하였다. 그래서 그는 곤경을 피하기 위해 사회四會[57]라는 곳에

---

[56] 조계산曹溪山_지금의 광동성 소관시韶關市 남쪽 20km 되는 곳이다. 북강北江의 지류인 조계曹溪를 마주하고 있는데 바로 보림사寶林寺가 있는 곳이다. 혜능이 여기서 교리를 가르쳤으므로 '조계曹溪'는 남종선의 대명사로 사용된다.

이르러 그곳에서 15년의 긴 세월을 사냥꾼들과 같이 지냈다. 이 기간 동안 그는 기회가 있을 때마다 그들에게 불법을 가르쳤다.[58] 사냥꾼들은 늘 혜능에게 짐승의 덫을 보게 했는데, 혜능은 여러 번 덫에 걸린 동물들을 놓아주었다. 또 그는 매번 식사할 때마다 한줌의 야채를 고기를 끓이는 가마솥에 넣어 그것으로 끼니를 때웠다. 사람들이 그 이유를 물으면, 혜능은 "나는 야채만 먹는다."라고 대답하였다.

어느 날 혜능은 불법을 펼 때가 되어 더 이상 숨어 있어서는 안 된다고 생각하고 산에서 내려와 광주廣州의 법성사法性寺[59]로 갔다. 마침 인종법사印宗法師[60]가 『열반경』[61]을 설파하는 것을 듣게 되었다. 당시 미풍이 불어 깃발[幡][62]이 좌우로 흔들리는 것을 보고 한 스님은 바람이 움직인다고 했고, 다른 한 스님은 깃발이 움직인다고 하여

---

57 사회四會_현의 이름으로, 지금의 광동성 신회新會이다.
58 수의설법隨宜說法_서로 다른 상황에서 듣는 사람의 이해력에 따라 매끄러운 방편으로 교의敎義를 강의하는 것을 말한다.
59 법성사法性寺_당대 절의 이름인데 지금 광주廣州 고성故城 서북쪽에 자리하고 있다. 송 이후 광효사光孝寺라고 불렸다.
60 인종법사印宗法師_당대의 선승으로서 오군(吳郡; 지금의 江蘇省 吳縣) 사람이며 『열반경』에 정통하였고 개원 원년(713)에 세상을 떠났다.
61 『열반경』_원제는 『대반열반경大般涅槃經』이며 북량北涼의 담무참曇無讖이 번역하였다. 40권이며 『북본열반경北本涅槃經』으로 불리기도 한다. 이역본異譯本으로는 동진東晋의 법현法顯이 번역한 『대반니원경大般泥洹經』 6권이 있다. 그 밖에 남조의 송 혜관慧觀과 사령운謝靈運 등이 담무참의 역본을 위주로 하고 법현의 역본에 대조하여 재편성한 『대반열반경』 36권은 『남본열반경南本涅槃經』으로 불리기도 한다. 『열반경』의 주요한 사상은 '불신상재佛身常在'와 '일체중생 一切衆生 실유불성悉有佛性'이다.
62 번幡_불교의 법물法物로서 좁고 길게 수직으로 걸어 놓은 깃발이다.

의논이 끝나지 않아 결국 결론을 내리지 못하였다.

이에 혜능이 걸어가면서 갑자기 "바람이 움직이는 것도 깃발이 움직이는 것도 아니며, 다만 당신(仁者)들의 마음이 움직이는 것입니다."라고 말하였다.

모든 사람들이 그 말을 듣고 깜짝 놀랐고, 인종법사는 혜능을 윗자리에 모시고 그에게 불법의 심오한 의미를 해설해 줄 것을 청하였다. 그는 혜능의 언어가 간결하고 설파하는 이치가 합당한 것을 보고 그에게 물었다. "행자는 필경 보통사람이 아닌 것 같으니, 일찍이 황매산黃梅山에 계신 홍인대사의 의법을 전수받은 사람이 남방에 왔다고 들었는데 혹시 스님이 아니신지요?"

혜능은 겸손히 "송구스럽습니다."라고 대답하였다.

이에 인종법사는 혜능에게 예를 올리고, 홍인법사가 전수한 의발을 여러 사람에게 보여주기를 청하였다. 인종법사가 또한 혜능에게 물었다. "황매산에 계신 홍인대사는 스님에게 불법을 전수할 때 어떠한 가르침을 주셨습니까?"

혜능이 대답하였다. "저는 무엇을 특별히 가르침 받은 것이 없습니다. 오직 성품을 보는 것(見性)만을 설파하여 주셨을 뿐, 어떻게 선정禪定을 닦아 해탈하는가는 배우지 않았습니다."

인종법사가 또 물었다. "선정을 수행하여 해탈을 얻는 법을 왜 가르쳐 주지 않았습니까?"

혜능은 "선정을 닦아 해탈을 얻는다는 것은 심식心識의 주체인 능연能緣인 것입니다. 심식의 대상인 수연隨緣을 통하여 얻는 것은 결코 불법佛法이 아닙니다. 불법은 서로 간에 구별이 없이 둘이 아닌

법[不二之法]으로서 서로 마주 대하는 것입니다."⁶³라고 말하였다. 인종법사가 또한 물었다. "그럼, 무엇이 둘이 아닌 법입니까?" 이에 혜능이 대답하였다. "법사여, 당신이 『열반경』을 강의할 때 했던 불성을 밝히는 것이 곧 둘이 없는 법입니다. 마치 고귀덕왕보살高貴德王菩薩⁶⁴이 부처님께 말한 것과 같아, '사중금계四重禁戒⁶⁵와 오역죄五逆罪⁶⁶를 범한 자와 일천제—闡提는 마땅히 그들의 선근善根과 불성이 끊어진 것입니까?'라고 물으니 부처님께서는 다음과 같이 대답합니다. '선근에는 두 가지가 있는데, 하나는 상常이고, 다른 하나는 무상無常이니라. 불성은 상常도 무상無常도 아니기 때문에 단절할 수 없는 것이고, 이것이 바로 둘이 아닌 것[不二]이라고 하느니라. 또한 하나는 선善이고 다른 하나는 불선不善이나, 불성은 선도 불선도 아니니, 이것 역시 둘이 아닌 것이니라. 오온五蘊과 십팔계十八界에 대해 보통사람은 그들 사이의 차별만을 알지만 지혜가 있는 사람은 그것을 더

---

63 불이지법不二之法_ 불이不二는 '무이無二', '이양변離兩邊'이라고도 하는데 일체현상, 사물을 모두 분별하는 인지認知를 없앤다는 뜻으로, 이러한 인식은 불교의 평등무애平等無碍, 소제집착掃除執著의 지혜를 반영한다. '불이'는 또 '진여眞如', '불성'의 다른 이름이기도 하다.

64 고귀덕왕보살高貴德王菩薩_ 원명은 '광명편조고귀덕왕보살光明遍照高貴德王菩薩'인데, 『대반열반경大般涅槃經』 가운데 「광명편조고귀덕왕보살품光明遍照高貴德王菩薩品」이 들어 있어 불도를 수행하는 보살의 '십공덕十功德'에 관한 내용이 보인다.

65 사중금四重禁_ 사계四戒, 즉 음淫·살殺·도盜·대망어大妄語를 말하는데, 이 사계四戒를 범하면 극히 중한 죄인 사바라이죄四波羅夷罪를 지은 것으로 여긴다.

66 오역죄五逆罪_ 다섯 가지 큰 죄를 말하는데, 보통 살부殺父, 살모殺母, 살아라한殺阿羅漢, 파화합승破和合僧, 출불신혈出不身血 등이다.

깊게 이해하고 통달하여 세상의 모든 사물의 성품은 둘이 아닌 것을 깨닫게 되는데, 이러한 둘이 아닌 성품이 곧 불성이니라.'[67]"

● 평석

혜능대사가 볼 때, 불법의 지혜는 마음에서 얻게 된다는 것이다. 불법의 지혜로써 외계外界의 사물을 관조한다면 세속의 알음알이는 없어지고, 양쪽을 잃어버리니 모든 것이 평등하여 장애됨이 없으며, 항상恒常하거나 끊어짐이 없으며, 하나이거나 다른 것이 없으며, 오고 감도 없으며, 생함[生]과 멸함[滅]도 없으며, 선도 악도 없는 이것이 곧 둘이 아닌 법[不二之法], 또는 중도中道의 지혜이다. 또 대사는 고기를 끓일 때 한쪽에 야채를 넣곤 했는데, 이는 해탈은 속세를 벗어나지 않으며 속세와 비속세의 분별을 없애야 한다는 것을 설명한다. 이것은 또한 『유마힐경維摩詰經』에 있는 '마음이 깨끗하면 예토가 깨끗하다'는 사상을 해석한 것으로서, 남종선은 세속에 있지만 또한 최고의 품격을 갖고 있다는 것을 표명한 것이다.

● 원문

惠能云: 與汝說者, 卽非密也。汝若返照, 密在汝邊。
明曰: 惠明雖在黃梅, 實未省自己面目。今蒙指示, 如人飲水, 冷暖

---

[67] 『대반열반경』권20, 제12 「광명변조고귀덕왕보살품光明遍照高貴德王菩薩品」에 이러한 내용이 게재되어 있으며, 본 『단경』에서는 그를 축약한 것이다. 담무참曇無讖의 『북본열반경北本涅槃經』과 혜관慧觀 등의 『남본열반경南本涅槃經』 양본이 모두 동일하다.

自知。今行者卽惠明師也。

惠能曰: 汝若如是, 吾與汝同師黃梅。善自護持。

明又問: 惠明今後向甚處去。

惠能曰: 逢袁則止, 遇蒙則居。明禮辭。

惠能後至曹溪, 又被惡人尋逐。乃於四會, 避難獵人隊中, 凡經一十五載, 時與獵人隨宜說法。獵人常令守網。每見生命, 盡放之。每至飯時, 以菜寄煮肉鍋。或問。則對曰: 但喫肉邊菜。

一日思惟, 時當弘法。不可終遯。遂出至廣州法性寺。值印宗法師講涅槃經。時有風吹旛動。一僧曰風動, 一僧曰旛動, 議論不已。

惠能進曰: 不是風動, 不是旛動, 仁者心動。

一衆駭然。印宗延至上席, 徵詰奧義。見惠能言簡理當, 不由文字。宗云: 行者定非常人。久聞黃梅衣法南來, 莫是行者否。

惠能曰: 不敢。

宗於是作禮。告請傳來衣鉢, 出示大衆。宗復問曰: 黃梅付囑。如何指授。

惠能曰: 指授卽無。惟論見性。不論禪定解脫。

宗曰: 何不論禪定解脫。

惠曰: 爲是二法, 不是佛法。佛法是不二之法。

宗又問: 如何是佛法不二之法。

惠能曰: 法師講涅槃經, 明佛性是佛法不二之法。如高貴德王菩薩白佛言, 犯四重禁, 作五逆罪, 及一闡提等, 當斷善根佛性否? 佛言, 善根有二, 一者常, 二者無常, 佛性非常非無常, 是故不斷, 名爲不二。一者善, 二者不善, 佛性非善非不善, 是名不二。蘊之與界, 凡夫見二, 智者了達, 其性無二, 無二之性, 即是佛性.

9

인종법사는 이 말을 듣고 몹시 기뻐하며 합장[68]하여 예를 올리며 말하였다. "제가 하는 경전에 대한 강의는 마치 벽돌이나 기왓장과 같으나, 당신[仁者]께서 하는 경전에 대한 논의는 순금과 같습니다." 그리하여 광효사光孝寺에서 혜능은 머리를 깎고 계를 받았으며, 인종법사가 그를 스승으로 모시기를 원하여, 혜능대사는 보리수 아래에서 동산법문東山法門[69]을 강의하기 시작하였다.

"나 혜능은 동산에서 법을 얻은 후 갖은 고초를 겪었으며, 목숨은 마치 거문고에 달린 줄처럼 위험했습니다. 오늘날 나와 자사刺史, 관료들 및 스님들과 도사, 그리고 세인들이 함께 이 법회에서 만나게 된 것은 아마 다겁多劫을 겪으며 맺어온 인연[70]인 것입니다. 또한 전생에 여러분들이 불보살을 공양하여 함께 선근을 심어 놓아 오늘에야 인연이 있어 여기서 불문佛門의 돈교頓敎를 들을 수 있는 것이 아니겠습니까? 불문의 돈교는 앞선 성현들에 의해 대대로 전하여

---

68 합장合掌_중국에서는 '합십合十'이라고도 한다.
69 동산법문東山法門_동산은 호북湖北에 있는 황매현黃梅縣 쌍봉산雙峰山의 빙묘산馮墓山을 말하는데, 현縣의 동쪽에 자리하고 있어 붙은 이름이다. 도신道信선사와 홍인대사가 여기에서 선법을 널리 선양하였기에 이를 '동산법문'이라고 부른다. 여기에서 '동산법문'이라는 명칭을 사용한 것은 바로 혜능선사가 도신→홍인선사의 동산법문을 정통으로 계승한 사실을 명확히 하려는 의도를 가진 것이다.
70 누겁지연累劫之緣_겁劫은 아주 긴 세월을 말하며, '누겁지연'은 쌓여 있는 아주 많은 연분을 가리킨다.

내려온 것이지, 내가 혼자서 창립한 것이 아닙니다. 성현의 가르침을 듣기 원하는 사람은 우선 마음을 청정하게 해야 합니다. 법을 들은 후, 각자 자기 마음속의 어리석음의 장애를 제거하여, 성현들과 더불어서 함께 불도에 들기를 기원하여야 합니다."

여러 사람들이 대사의 말을 듣고 매우 기뻐하며 예를 올리고서 돌아갔다.

● 평석

행유품行由品에서는 혜능대사가 불법을 구하고 법을 얻게 된 사실, 그리고 법성사에서 불법을 열어 설파하게 된 일들을 서술하고 있다.

● 원문

印宗聞說, 歡喜合掌, 言：某甲講經, 猶如瓦礫。仁者論義, 猶如眞金。於是爲惠能剃髮, 願事爲師, 惠能遂於菩提樹下, 開東山法門。惠能於東山得法, 辛苦受盡, 命似懸絲。今日得與使君官僚僧尼道俗同此一會, 莫非累劫之緣, 亦是過去生中供養諸佛, 同種善根, 方始得聞如上頓敎得法之因。敎是先聖所傳, 不是惠能自智。願聞先聖敎者, 各令淨心。聞了, 自除疑。如先代聖人無別。

一衆聞法。歡喜作禮而退。

제2편 반야품般若品

1

다음 날, 위자사韋刺史는 혜능대사를 모셔와 계속해서 설법을 청[請益]71하였다. 대사가 강단에 앉아 여러 사람들에게 말하였다. "여러 대중들은 자기 마음을 청정하게 하여 마하반야바라밀다摩訶般若波羅蜜多72를 염송하도록 하여라." 대사는 계속해서 말하였다.

 선지식들이여, 보리반야菩提般若의 지혜는 세상 사람들이 본래부터 모두 갖고 있는 것이나 자기 마음이 미혹하여 자기 스스로 깨닫지 못하고 있으므로, 반드시 고승대덕의 인도로써 자기가 본래 가지고

---

71 청익請益_이미 수계受戒를 받은 후에 다시 계속하여 설법을 청하는 것을 '청익'이라고 한다.
72 마하반야바라밀다摩訶般若波羅蜜多_'마하摩訶'는 크다, '반야般若'는 지혜라는 뜻이다. '바라밀波羅蜜'은 언덕에 도달한다는 뜻이다. 그러므로 이 말의 전체적인 뜻은 '사람들이 해탈의 언덕에 도달하게 하는 큰 지혜'를 일컫는다.

있는 불성을 몸소 깨달아야 한다. 마땅히 알아야 할 것은, 어리석은 사람과 지혜가 있는 사람의 불성은 평등하나, 미혹한 정도나 깨달음의 정도에 따라 어리석음과 지혜의 구분이 있을 뿐이다. 내가 그대들에게 마하반야바라밀법摩訶般若波羅蜜法을 가르쳐 여러 사람들이 지혜를 깨닫게 하고자 하니, 이제부터 열심히 들어라.

선지식들이여, 세상 사람들은 하루 종일 『반야경般若經』을 읽지만 결코 자성반야自性般若를 알지 못하고 있으니, 마치 빈 입으로 먹는 것처럼 끝내 배부를 수 없을 것이다. 입으로 하는 이야기는 모두 빈 말이니, 비록 만겁이 지나더라도 견성하지 못할 것이고 결국에는 법을 배워도 혜택이 없을 것이다.

선지식들이여, '마하바라밀'은 범어[73]로서 '큰 지혜로 피안에 이른다〔大智慧到彼岸〕'는 뜻이다. 이것은 반드시 내부의 마음으로부터 나오는 것이므로, 실천적으로 수행해야지 입으로 말하고 머리로 외우는 데만 그쳐서는 안 된다. 읽기만 하고 마음으로 행하지 않으면 허깨비나 이슬, 번개와 같아서 결국에는 모두 헛된 것이다. 그러나 만약 읽고 또 그것을 마음으로써 행하여, 마음과 말이 함께 어울리고 믿음 있게 행하여 하나가 된다면, 이때의 청정한 자기 성품〔自性〕이 바로 사람이 본래부터 가지고 있는 부처이다. 자기 성품을 떠나 따로 부처란 있을 수 없다.

그럼 또 무엇을 '마하摩訶'라 하는가? '마하'는 크다는 뜻으로 보리菩

---

73 범어梵語_Sanskrt, 고대 인도의 언어이다. 고대 인도사람들은 자기들이 말하는 언어는 대범천왕大梵天王이 말하는 언어라고 해서 범어梵語라고 불렸다. 민간에서 사용하는 속어에 대비시켜 범어를 아어雅語라고 부르기도 한다.

提의 마음이 넓어 마치 우주의 허공과 같이 테두리의 경계가 없고, 주위 사방의 크기도 청황적백靑黃赤白, 상하장단上下長短, 진노희애瞋怒喜愛, 시비선악是非善惡, 원류진두源流盡頭 등의 구별이 없다는 것을 의미한다. 이는 모든 부처의 국토 역시 이와 같이 경계가 없는 허공과 같다는 것이다. 세상 사람들이 가지고 있는 진여묘성眞如妙性도 원래는 공하여 결국 어떤 법으로도 그것을 얻을 수가 없으며, '자기 성품은 참으로 공하다〔自性眞空〕'라는 것도 이와 같은 것이다.

선지식들이여, 내가 공空을 설한다고 하여 공을 구하는 데 집착해서는 안 된다. 가장 중요한 것은 '공'에 집착해서는 안 된다는 것이다. 만약 공심정좌空心靜坐를 추구한다면 무기공無記空에 집착하는 것이다.

선지식들이여, 세계의 허공은 만상萬象, 일월성진日月星辰, 산하대지山河大地, 천원계간泉源溪澗[74], 초목수림草木樹林, 악인·선인, 악법·선법, 천당·지옥 및 모든 대해大海, 수미제산須彌諸山[75]을 모두 포함하고 있다. 모든 것들이 다 이 가운데 있다. 세상사람 자성진공自性眞空도 똑같이 만법萬法을 포함할 수 있는 것이다.

선지식들이여, 자기의 성품이 만법을 포함한다는 것은 바로 크다는

---

74 계간溪澗_두 산 사이의 깊은 계곡을 일컫는다. 예를 들면 항주杭州에 있는 서호西湖는 용정龍井에서 이안사理安寺까지 구계九溪 십팔간十八澗이다.

75 수미제산須彌諸山_수미산은 범어의 음역으로서, '묘고妙高', '묘광妙光'의 의미를 갖는다. 수미산은 고대의 인도 신화 속에 등장하는 산 이름으로 불교에서 채용하였다. 산의 높이가 팔만사천 유순(1由旬; 옛날 왕이 위엄을 갖추고 하루 동안 행군하는 거리로서, 약 3~4십 리 정도)이고, 산꼭대기에는 제석천帝釋天이 살고 있으며, 사면의 산허리에는 사천왕천四天王天이 살고 있다고 한다. '수미제산'은 불교에서 말하는 여러 '세계'의 수미산을 말한다. 보통 수미산은 거대한 것을 비유하는 말이다.

것인데, 만법은 개개인의 자기 성품 속에 있다. 만약 세상의 모든 사람들이 선과 악을 버리지도 취하지도 않고, 젖어 물들거나 집착함도 없이, 마음을 분명하게 하여 허공과 같이 한다면, 이것을 가리켜 '크다'라고 하는 것이다. 범어에서는 이를 '마하(摩訶; mahā)'라 부른다.

● 평석

이 단락의 서두에서 혜능대사는 '마하반야바라밀법摩訶般若波羅蜜法'을 보였다. 즉 반야를 천명하였다. 불문에서 중생을 제도하여 해탈시키고, 속세에서 벗어나게 하는 것이 반야이다. 이런 반야는 마음에서 얻어지는 것이고, 자기 성품에 본래 심어져 있는 것이다. 그러므로 "만약 모든 사람이 악한 것과 선한 것을 볼 수 있고, 그것을 취하지도 버리지도 않으며, 또한 집착하지 않으면, 마음이 허공과 같다."라고 하는 것이다. 즉 일종의 중도반야中道般若의 지혜이다.

● 원문

次日, 韋使君請益。師陞座, 告大衆日: 總淨心念摩訶般若波羅蜜多。復云: 善知識, 菩提般若之智, 世人本自有之, 只緣心迷, 不能自悟。須假大善知識, 示導見性。當知愚人智人, 佛性本無差別, 只緣迷悟不同, 所以有愚有智。吾今爲說摩訶般若波羅蜜法, 使汝等各得智慧。志心諦聽, 吾爲汝說。

善知識, 世人終日口念般若, 不識自性般若, 猶如說食不飽, 口但說空, 萬劫不得見性, 終無有益。

善知識, 摩訶般若波羅蜜是梵語, 此言大智慧到彼岸, 此須心行, 不

在口念。口念心不行，如幻如化 如露如電。口念心行，則心口相
應。本性是佛，離性無別佛。
何名摩訶？摩訶是大，心量廣大，猶如虛空，無有邊畔，亦無方圓大
小，亦非青黃赤白，亦無上下長短，亦無瞋無喜，無是無非，無善無惡，
無有頭尾，諸佛刹土，盡同虛空。世人妙性本空，無有一法可得。自
性眞空，亦復如是。
善知識，莫聞吾說空便卽著空。第一莫著空，若空心靜坐，卽著無記空。
善知識，世界虛空，能含萬物色像，日月星宿，山河大地，泉源溪澗，
草木叢林，惡人善人，惡法善法，天堂地獄，一切大海，須彌諸山，總
在空中。世人性空，亦復如是。
善知識，自性能含萬法是大。萬法在諸人性中，若見一切人惡之與
善，盡皆不取不捨，亦不染著，心如虛空，名之爲大。故曰摩訶。

2

선지식들이여, 미혹하여 깨우치지 못한 사람들은 다만 말로 얘기하지만, 지혜롭고 깨달은 사람은 곧 마음으로 행한다. 또 다른 한 부류의 어리석은 사람들은 죽은 마음으로 정좌靜坐하고, 사려도 생각도 않으면서 스스로 아주 위대하다고 착각한다. 이런 사람은 불법을 가르칠 가치조차 없다. 왜냐하면 그들의 마음에는 사견邪見[76]이 너무 많기 때문이다.

---

76 사견邪見_정당하지 않은 견해를 가리키는데, 정법正法에 맞지 않는 외도의 견해 (外道之見)는 모두 사견이다. 여기서 사견은 '무기공無記空에 집착하는 것'과 정법에 맞지 않는 사람이 하는 설교를 가리킨다.

선지식들이여, 자기 성품(自性)에 있는 마음의 역량은 아주 넓으며, 온 법계法界[77] 전체의 세상을 포함하고 있다. 이러한 점은 자성自性이 작용을 일으킬 때 아주 선명하게 나타날 수 있다. 올바로 운용하기만 하면 바로 모든 일체의 사물을 인식할 수 있으므로, 하나가 일체이고 일체가 하나로 되고, 오고감이 자유자재로 되어 마음에 어떤 장애도 받지 않는다. 이것이 바로 반야이다.

선지식들이여, 모든 반야의 지혜는 모두 자성에서 생긴 것이지 결코 바깥에서 얻는 것이 아니므로 마음을 잘못 사용해서는 안 된다. 이것을 곧 진여불성眞如佛性이라는 체體로부터 용用을 일으키는 것이라 한다. 진여眞如의 입장에서는 일체법이 다 진실하다는 것을 관조할 수 있다. 어리석음을 전환하여 깨달음을 여는 마음의 크나큰 일(心量大事)[78]은 수행하는 데 빈 마음으로 정좌하는 것 같은 작은 도道에 있는 것이 아니다. 입으로 종일 빈 말만 하고 마음으로 수행하지 않는 것은 일반 백성이 스스로 국왕이라 칭한다 하더라도 결국 왕이 될 수 없는 것과 같다. 이런 사람은 나의 제자가 아니다.

선지식들이여, '반야'란 무엇인가? 범어의 반야를 한어漢語로 번역하면 '지혜'라는 뜻이다. 곳곳마다 때마다 생각들마다 혼미하거나 어리석지 않아서, 항상 지혜로 모든 것을 처리하는 것이 곧 반야의

---

77 법계法界_일체 사물과 현상을 가리키거나 혹은 사물과 현상의 근원과 본질을 뜻한다. 해탈론의 의미로 말하면, 성불의 원인 및 진여眞如, 실상實相, 본성 등의 개념과 비슷하다. 여기서는 모든 사물과 현상을 가리킨다.
78 심량대사心量大事_진여심眞如心을 열어 어리석음을 깨닫게 하는 크나큰 일을 가리킨다. 크나큰 일大事은 어리석음을 전환시켜 깨우치게 하는 것을 일컫는다.

법문을 수행하는 것이다. 한 생각[一念]의 어리석음은 반야의 단절이며, 한 생각의 지혜는 반야의 생성이다. 세상 사람들은 어리석어 깨우치지 못하여 실상實相의 반야를 볼 수 없다. 종일 입으로 반야를 말하지만 마음이 도리어 어리석어 지혜를 밝히지 못하므로, 반야를 수행한다고 스스로 생각하지만 한 생각과 말하는 것 모두가 공空하고, 논하는 것이 공하며, 집착하는 것이 또한 공하여 진정한 공의 뜻을 이해하지 못한다. 반야는 형상이 없는 것으로, 지혜의 마음이 바로 반야이다. 만약 이와 같이 이해할 수 있다면, 이를 반야의 지혜라고 부른다.

그럼 또 무엇이 '바라밀(波羅蜜: pāramitā)'인가? 이것은 범어인데, 한어로 번역하면 "피안彼岸에 도달한다"는 말로서, "생멸을 떠난다"는 뜻이다. 외경外境에 집착하여 생멸의 마음이 생기는 것[79]은 파도가 출렁이는 것과 같으므로 차안이라고 한다. 바깥 경계를 뛰어 넘어서 생멸의 마음이 생기지 않으면, 파도가 일지 않고 자연히 유통하는 것을 피안이라 하며, 또한 바라밀이라고도 부른다.

선지식들이여, 어리석은 사람은 오직 입으로 읽기 때문에, 읽을 때 시비是非를 망상하는 마음이 생기게 된다. 만약 생각들마다 마음으로 행하면, 이것이 바로 진여법성眞如法性이다. 이런 법성을 깨닫는 것이 바로 반야법般若法이고, 법성에 따라 수행하는 것이 바로 반야행

---

79 외경에 집착하여 생멸의 마음이 생기는 것[著境生滅起]_사람들이 일체 바깥의 현상을 추구하여 생기는 행위, 언어와 사상 등의 '잘못된 행동'과 그로 인하여 일어나는 생사의 윤회를 뜻한다. 경境은 사람의 감각과 사유기관이 감지하고 인식하는 대상, 즉 인식하는 모든 대상을 일컫는다.

般若行이다. 이렇게 수행하지 않는다면 바로 범부[80]이며, 한 생각에서 이와 같이 수행할 수 있으면 그 사람은 본체가 바로 부처와 평등하여 부처와 다름이 없다 할 것이다.

선지식들이여, 범부는 원래 부처이고 번뇌는 바로 보리이다. 앞생각이 어리석으면 바로 범부이고, 뒷생각에 깨달으면 바로 부처이다. 앞생각이 외경外境에 집착하면 이것이 바로 번뇌[81]이고, 뒷생각에 외경을 초탈하면 이것이 바로 보리이다.

● 평석

이상에서 혜능대사는 믿는 마음이 있는 대중에게 '마하반야바라밀법을 가르치고 있다. 불교에서 반야의 사상은 제법諸法에 대하여 "자성自性은 공空하지만 헛된 환상으로 존재한다."라고 설명하며, 모든 사물은 모두 인연과 화합함으로써 이루어진 것이라 거짓되고 실답지 못하다고 본다. 본신本身은 영원히 자체적으로 존재하는 자성이 없기 때문에 '성품이 공하다[性空]'는 것이다. 그러나 자성이 공空한 것이기는 하지만 가상假象의 존재에 영향을 주고 인연의 관계가 존재하는 것에도 영향을 준다. 다시 말하면 사물은 절대적으로 존재하지 않고 가상으로서 존재하므로 환화幻化되어 실재하지 않을 뿐이다. 그러므

---

80 범부_부처와 상대되는 말이다. 마음을 밝혀 본래 성품을 보지 못하여 생사의 윤회를 초탈하지 못한 자를 일컫는다.
81 번뇌_중생의 몸과 마음을 흐리게 하여 미혹되게 하는 모든 정신작용, 욕구, 정욕, 생각의 활동을 가리킨다. 여기서 '번뇌'는 마음을 밝혀 본래 성품을 깨닫는 것과 서로 대립되는, 일체 사상과 심리상태를 일컫는다.

로 이를 '환유幻有'라고 한다. 일체 제법의 성품은 공적空寂하고, 생성되지도 소멸되지도 않으며, 하나도 아니고 둘도 아니며, 가질 것도 없고 버릴 것도 없는 무아無我이고 무소유이다. 그러므로 오직 깊고 넓은 무한의 지혜가 있어야 상相을 쓸어버리고 집착을 부수고 우주만물의 진실한 상태를 볼 수 있어 진정으로 해탈을 얻을 수 있다. 반야의 이론은 대승불법의 공통의 사상이다. 혜능대사의 남종선법은 반야의 사상 및 반야 부류의 총체적 강령인 『금강경』의 사상을 지혜의 근원으로 삼고 있다.

● 원문

善知識, 迷人口說, 智者心行. 又有迷人, 空心靜坐, 百無所思, 自稱爲大. 此一輩人, 不可與語, 爲邪見故.
善知識, 心量廣大, 遍周法界, 用卽了了分明, 應用便知一切, 一切卽一, 一卽一切, 去來自由, 心體無滯, 卽是般若.
善知識, 一切般若智, 皆從自性而生, 不從外入, 莫錯用意, 名爲眞性自用. 一眞一切眞. 心量大事, 不行小道. 口莫終日說空, 心中不修此行, 恰似凡人, 自稱國王, 終不可得, 非吾弟子.
善知識, 何名般若? 般若者, 唐言智慧也. 一切處所, 一切時中, 念念不愚, 常行智慧, 卽是般若行. 一念愚卽般若絶, 一念智卽般若生. 世人愚迷, 不見般若. 口說般若, 心中常愚. 常自言我修般若, 念念說空, 不識眞空. 般若無形相, 智慧心卽是. 若作如是解, 卽名般若智.
何名波羅蜜? 此是西國語, 唐言到彼岸, 解義離生滅. 著境生滅起, 如水有波浪, 卽名爲此岸. 離境無生滅, 如水常通流, 卽名爲彼岸,故號波羅蜜。

善知識, 迷人口念, 當念之時, 有妄有非。念念若行, 是名眞性。悟此法者, 是般若法; 修此行者, 是般若行。不修卽凡, 一念修行, 自身等佛。善知識, 凡夫卽佛, 煩惱卽菩提。前念迷卽凡夫, 後念悟卽佛。前念著境卽煩惱, 後念離境卽菩提。

3

선지식들이여, 마하반야바라밀은 지고무상하며 최고의 불법이다. 이는 머물거나 오고 감도 없고 과거·현재·미래의 삼세제불三世諸佛[82]은 모두 여기서 생긴 것이다. 마땅히 더 큰 지혜로써 오온五蘊[83]의 번뇌와 속세의 끄달림을 타파하여야 한다. 이렇게 수행하면 기필코 불도를 이룰 수 있으므로, 탐貪·진瞋·치痴의 삼독三毒을 계戒·정定·혜慧의 삼학三學[84]으로 변화시켜야 한다.

---

[82] 삼세제불三世諸佛_'삼세불'은 보통 두 가지가 있다. 하나는 과거, 현재, 미래의 삼세 부처를 일컫는다. 과거의 부처는 연등불燃燈佛이고, 현재의 부처는 석가모니불이며, 미래의 부처는 미륵불이다. 즉 이 세 부처를 '삼세불'이라고 한다. 다른 하나는 동방 정유리淨琉璃세계의 약사불, 사바세계의 석가모니불, 서방 극락세계의 아미타불이다. 이를 '횡삼세불橫三世佛'이라 일컫는다. 여기서의 '삼세제불'은 모든 부처를 다 가리킨다.

[83] 오온五蘊_'온蘊'은 적취積聚 혹은 적축積蓄의 뜻을 가지고 있다. 좁은 의미에서 '오온五蘊'은 사람을 구성하는 다섯 가지를 가리킨다. 즉 물질적 요소인 색色과 정신적 요소인 수受·상想·행行·식識의 다섯 가지이다. 넓은 의미에서 '오온'은 물질적 현상인 색과 정신현상인 수·상·행·식을 말한다. 여기서 '오온'은 사람에 대한 또 다른 명칭이다.

[84] 삼학三學_계정혜戒定慧. 수행자에게 계율을 준수하고 그릇됨을 막으며, 악을 짓지 않고 정신을 집중시켜 정려靜慮하고, 부처의 진리를 관조하여 선정을

선지식들이여, 나의 이 법문法門⁸⁵은 8만4천의 지혜를 따른다. 왜냐하면 세상 사람에게는 8만4천의 번뇌〔塵勞〕⁸⁶가 있기 때문이다. 만약 세상 사람들에게 번뇌가 없으면 반야의 지혜는 항상 현현할 것이며, 본래 가지고 있는 불성을 떠나지 않는다. 이 불법을 깨달은 사람은 무념無念을 얻은 사람으로서 돌이킴도 집착도 없으며, 기만하고 허황된 마음도 생기지 않을 것이다. 자기가 본래부터 지닌 불성과 지혜로써 모든 만물을 관조하며 그 어떤 것을 쟁취하지도 버리지도 않으면, 불성이 불도를 성취하는 것을 보게 될 것이다.

선지식들이여, 만약 더 깊이 불성과 반야삼매般若三昧⁸⁷를 알고자 하면, 반드시 반야행을 실천하여야 하며 『금강반야바라밀경』을 읽고 완전히 이해해야 한다. 그래야 자신이 본래 가지고 있는 불성을 인식하게 될 것이다.

● 평석

혜능대사는 『금강경』을 듣기 위하여 황매산黃梅山에 불법을 구하러 갔고, 홍인대사로부터 『금강경』에 있는 "마땅히 머무르는 바 없이

　　닦고, 반야의 지혜를 수행하여 의혹을 끊어 버리고 해탈을 얻으라는 뜻이다.
85　법문法門_ 불교의 교법대로 수행하여 정과正果의 지위를 얻는 것을 가리킨다. 여기서는 선종법에 따라 수행하여 마음을 밝혀 본래 성품을 보아 깨달음의 지위를 얻는 것을 일컫는다.
86　진로塵勞_ '번뇌'와 가까운 뜻으로서, 사람들이 세상 만물에 미련을 갖고 있어 속세의 번뇌에서 해탈하는데 장애를 조성하게 됨을 일컫는다.
87　반야삼매般若三昧_ 마음을 밝혀 본래 성품을 보아서 반야를 얻고, 생각생각이 어리석지 아니하여 정혜定慧가 하나가 되는 경계를 말한다. 또한 반야와 삼매의 정定은 하나이기도 하다. 삼매, 정정正定, 전주專注는 모두 동일한 경계이다.

마음을 일으켜라〔應無所住而生其心〕"라는 가르침을 듣고 크게 깨우쳤다. 그러므로『금강경』의 사상이 남종선의 종지 중의 하나임을 알수 있다. 또한 반야의 지혜는 대사에게 있어서 "최고로 존귀하고 가장 으뜸이며, 제일의 지혜"이다. 따라서 대사는 대중들에게 불법을 설파할 때『금강경』에 의지하여 견성하였다고 했던 것이다.

● 원문

善知識, 摩訶般若波羅蜜最尊最上最第一, 無住無往亦無來, 三世諸佛從中出。當用大智慧打破五蘊煩惱塵勞, 如此修行, 定成佛道, 變三毒爲戒定慧。

善知識, 我此法門, 從一般若生八萬四千智慧, 何以故? 爲世人有八萬四千塵勞, 若無塵勞, 智慧常現, 不離自性。悟此法者, 卽是無念, 無憶無著, 不起誑妄, 用自眞如性, 以智慧觀照。於一切法, 不取不捨, 卽是見性成佛道。

善知識, 若欲入甚深法界及般若三昧者, 須修般若行, 持誦金剛般若經, 卽得見性。

4

마땅히 알아야 할 것이 이 경전의 공덕은 무량무변無量無邊하다는 것이다. 경전에서 찬탄을 받는 부분들은 이제 모두 분명하게 설명했으므로 더 자세히 말하지 않겠다. 경전에서 말하는 법문은 최상승最上乘의 불법으로서, 전적으로 대근기大根器와 상등上等의 근기를 가진 사람들을 위해 한 말이다. 소근기小根器와 작은 지혜를 가진 사람들은 이 법을 들어도 믿지 않을 것이다. 그렇다면 이것은 무엇 때문인가? 이것은 마치 천상의 용이 우리가 거주하고 있는 이 사바의 세상에 큰 비를 내리게 하면, 마을의 집들이 마치 풀잎처럼 씻겨가는 것과 같다. 그러나 만약 그 빗물이 큰 바다에 떨어지면, 바닷물이 불지도 줄지도 않는 것과 같다. 만약 대승大乘의 근성根性이나 상승上乘의 근성을 가진 사람이라면 『금강경』을 듣기만 해도 마음을 알아 깨달을 것이다. 이것은 개개인의 본성에는 본래 반야가 있으며, 이것은 자기가 스스로 지혜를 운용하여 시종 관조하기 때문이지 문자와 언어를 배워서 생긴 것이 아니기 때문이다. 예를 들면 빗물이 하늘에 있는 것이 아니라 용왕이 구름을 충분히 일으켜서 비를 내리는 것과 같다. 그래서 모든 중생, 모든 초목, 모든 유정有情과 무정無情을 모두 촉촉하게 적시는 것이다. 모든 하천은 바다로 들어가 하나로 합쳐지는 것처럼 중생의 본성 속에 있는 반야도 이러한 것이다.

선지식들이여, 작은 근기小根器를 가진 사람은 이 돈교頓敎의 법을 들으면, 마치 작은 초목이 큰 비를 만난 것처럼 모두 스스로 넘어져 계속 생장할 수 없을 것이다. 근기가 작은 사람도 반야를 가짐에 있어서는 큰 지혜를 가진 사람과 다른 차별이 없는데, 법을 들은 다음에 그는 왜 스스로 깨닫지 못하는가? 이것은 모두 사견邪見의 장애가 너무 두텁고 번뇌의 뿌리가 너무 깊은 까닭이다. 마치 큰 먹구름이 태양을 덮었으나 바람이 없어 먹구름을 몰아내지 못하여 태양이 나올 수 없는 것과 같다. 반야는 크고 적음의 구별이 없지만, 모든 중생은 단지 자신의 마음을 깨닫거나 깨닫지 못함의 정도가 다를 뿐이다. 깨닫지 못하는 사람은 마음 밖의 일만 볼 수 있고 오직 마음 밖에서 수행하며 부처를 찾을 뿐이므로 자기의 성품을 인식하지 못하는 것이다. 이것이 바로 소근기를 가진 사람이다. 만약 돈교의 법을 깨닫고 모든 번뇌에 물들지 않는다면, 이것이 바로 자기가 본래 지닌 불성을 인식한 것이다.

선지식들은 안과 밖의 경계 중에서 어느 한쪽의 경계에도 집착해서는 안 된다. 가고 오는 것을 자유롭게 하고자 한다면, 집착하는 마음을 버려 일체에 얽매이지 않아 장애가 없어야 통달하게 될 것이다. 이와 같이 수행하면 바로 『반야경』[88]에서 말한 것과 근본적으로 다른 차별이 없게 되는 것이다.

선지식들이여, 지니고 있는 모든 경전(修多羅)과 문자, 대승과 소승,[89] 『십이부경十二部經』[90]은 모두 대중들의 요구에 따라 베풀어 설파한 것이고, 대중에게 지혜의 성품이 있어서 그대로 드러난 것이다. 만약 세상 사람이 없다면 모든 불법은 스스로 존재할 수 없다. 그러므로 여기서 알 수 있듯이, 모든 만법은 세상 사람을 위해 생긴

---

[88] 『반야경般若經』_ 반야부 경전을 총칭한다. 당唐 고승인 현장玄奘이 번역한 『대반야바라밀다경大般若波羅蜜多經』 600권은 반야부 경전의 종합편이다. 『반야경』은 속세의 인식 및 인식의 대상은 모두 헛되어 진실하지 못하다고 말하고, 반야를 통해 속세의 견해를 뽑아 버려야 진정으로 해탈에 도달할 수 있다고 말한다.

[89] 대소이승大小二乘_대승불교와 소승불교이다. 이 두 가지는 수행 방식과 교리에서 비교적 큰 차별이 있다. 대승불교는 기원 1세기 전후에 형성되어 자리이타自利利他, 자각각인自覺覺人을 그 중요 기치로 했으며, 중생을 제도하여 해탈시킨다고 하여 '대승'이라고 부르는 것이다. 개인의 해탈을 강조하던 원시불교와 부파불교를 낮추어 '소승'이라 하는데, 이는 작은 수레 혹은 작은 배의 뜻이다.

[90] 『십이부경十二部經』_'십이분교十二分教'라고도 하는데 경전의 열두 가지 구별을 가리킨다. 중국불교에서 『십이부경』은 모든 불교경전을 통틀어 가리킨다.

것이고, 모든 경서經書도 원래 세상 사람을 위해 있는 것이다. 세상 사람 중에는 우매한 사람도 있고 지혜로운 사람도 있으므로, 이것을 구분하여 우매한 사람을 소인小人이라 하고 지혜로운 사람을 대인大人이라 한다. 우매한 사람은 지혜로운 사람에게 법을 묻고, 지혜로운 사람은 우매한 사람을 위하여 법을 설한다. 그러나 우매한 사람이 갑자기 깨달아 마음을 열면 바로 지혜로운 사람과 차별이 없게 되는 것이다.

● 평석

이 단락에서 "만약 세상 사람이 없다면 일체 만법은 본래 있을 수 없는 것이다"라는 구절은 『법화경』의 '여래는 하나의 크나큰 일의 인연으로 세상에 출현하였다〔如來出世一大事因緣〕'라고 하는 부처님의 본지本旨와 합치되고, 더욱이 남종선이 바로 지금 세상 사람들의 삶에 관심을 두고 있다는 것을 강조하여 설명한 것이다. 또한 이는 근대와 현대의 '인간불교人間佛敎', '인생불교人生佛敎'를 계몽하는 이론으로서, 중국불교가 가지는 현실성과 인간성의 성격을 보여준다.

● 원문

當知此經功德無量無邊。經中分明讚歎, 莫能具說。此法門是最上乘, 爲大智人說, 爲上根人說。小根小智人聞, 心生不信, 何以故? 譬如大龍下雨於閻浮提., 城邑聚落, 悉皆漂流, 如漂棗葉。若雨大海, 不增不減, 若大乘人, 若最上乘人, 聞說金剛經, 心開悟解, 故知本性自有般若之智, 自用智慧, 常觀照故, 不假文字。譬如雨水, 不從天有, 元是龍能興致, 令一切衆生, 一切草木, 有情無情, 悉皆蒙潤, 百川衆流, 却入大海, 合爲一體。衆生本性般若之智, 亦復如是。
善知識, 小根之人, 聞此頓教, 猶如草木根性小者, 若被大雨, 悉皆自倒, 不能增長。小根之人, 亦復如是。元有般若之智, 與大智人, 更無差別, 因何聞法, 不自開悟。緣邪見障重, 煩惱根深, 猶如大雲覆蓋於日, 不得風吹, 日光不現。般若之智, 亦無大小。爲一切衆生, 自心迷悟不同。迷心外見, 修行覓佛, 未悟自性, 卽是小根。若開悟頓教, 不執外修, 但於自心常起正見, 煩惱塵勞, 常不能染, 卽是見性。善知識, 內外不住, 去來自由, 能除執心, 通達無礙, 能修此行, 與般若經本無差別。

善知識, 一切修多羅及諸文字, 大小二乘, 十二部經, 皆因人置。因智慧性, 方能建立。若無世人, 一切萬法, 本自不有, 故知萬法本自人興。一切經書, 因人說有。緣其人中, 有愚有智。愚爲小人, 智爲大人, 愚者問於智人, 智者與愚人說法。愚人忽然悟解心開, 卽與智人無別。

5

선지식들이여, 깨닫지 못하면 부처도 바로 중생이 된다. 한 생각에 깨달으면 중생 또한 바로 부처가 된다. 여기서 알 수 있듯이 모든 법은 각자 마음속에 있는데 왜 자신의 마음속에서 직접 진여본성眞如本性을 보지 못하는가?

『보살계경菩薩戒經』에서는 "나 자신의 성품은 본래 청정한 것"[91]이라고 하였다. 만약 자기의 본심을 인식하고 철저히 알아보기만 한다면 바로 자기의 불도를 이루는 것이다. 또한 『유마경』에서는 "홀연히 깨달으면 자기가 본래 지닌 불성에 복귀, 즉 회복할 수 있다."[92]고 하였다.

선지식들이여, 나는 홍인대사에게서 법을 들었다. 당시 나는 선 채로 깨달음을 얻어 곧바로 내 자신의 진여본성을 꿰뚫어보았다. 그래서 나는 이와 같은 돈오의 법을 후대에 전수하게 되었고, 불도를 수행하는 사람들이 보리를 입증, 터득할 수 있게 하며, 자신이 본래 지닌 불성을 깨닫게 하는 것이다.

만약 자기 스스로 깨우치지 못하면, 반드시 대선지식大善知識 혹은 최상승의 불법을 해설할 수 있는 사람을 찾아가 직접 성불하는 올바른 길을 가르침 받도록 해야 한다. 이런 대선지식은 불법과 큰 인연[93]을 가지고 있는 사람이므로 교화와 인도를 통해 누구에게나 마음을 밝혀서 성품을 보도록 할 것이다. 왜냐하면 불법은 대선지식에 의해

---

91 『보살계경菩薩戒經』_ 불교의 계율서이다. 요진姚秦의 구마라집鳩摩羅什이 번역한 『범망경梵網經』권2「보살심지계품菩薩心地戒品」에 실려 있는 내용이다. 이 경전은 대승불교의 십중계十重戒와 사십팔경계四十八輕戒를 중요시 한다.

92 『정명경淨名經』_『유마힐소설경維摩詰所說經』의 다른 이름으로 보통『유마경』이라 부른다. 본 구절은 구마라집이 번역한 『유마힐소설경』권1, 「제자품」에 실려 있다. 중국에서 번역된 『유마경』가운데 구마라집의 역본의 영향이 가장 크며 "바로 세간에서 해탈을 구하라[卽世間求解脫], 마음이 깨끗하면 세계도 깨끗하다[心淨則佛土淨]"고 하는 대승의 보살도에 대해 말하고 있다.

93 인연因緣_ '인因'은 생生의 결과를 이끌어내는 직접적이고 내재된 원인을 말하고 '연緣'은 외부에서 발생하여 서로 영향을 미치고 간접적인 보조의 작용을 일으키는 조건을 말한다. '인'과 '연'을 합하면 사물을 형성하고 인식을 일으키며 '업보' 등의 현상을 형성하는데 작용하는 모든 원인과 조건을 말한다.

전수되고 실현되기 때문이다. 삼세의 모든 부처와 12부 경전 역시 인간의 성품이 지니고 있는 것이다. 깨닫지 못한 사람은 스스로 깨우치지 못하므로 대선지식으로부터 깨우침을 받아야 견성할 수 있다.

반면에 자기 스스로 깨달을 수만 있으면 마음 밖에서 해탈을 구하기를 바라지 말아야 한다. 만약 고집스럽게 대선지식의 지도에 의하여 해탈을 구할 수 있다고 믿는다면 아무것도 이룰 수 없을 것이다. 왜냐하면 사람의 마음은 본래부터 스스로 깨달을 수 있는 지혜의 힘을 가지고 있기 때문이다. 만약 다른 사견邪見이 있어 스스로 미혹하고 망령된 생각으로 뒤집어지면 눈 밝은 스승이 가르쳐 인도한다 하더라도 해탈을 구할 수 없는 것이다. 만약 진정으로 반야가 생겨서 관조할 수 있으면 찰나刹那[94] 사이에 망령된 사념은 끊어질 것이다. 또한 자기 성품을 인식할 수 있으면 그것을 깨달아서 바로 불지佛地[95]에 들어갈 수 있다.

선지식들이여, 지혜로써 관조하면 안과 밖을 밝게 통하여 비춤으로써 자기의 본심本心을 인식할 수 있다. 만약 자기의 본심을 인식하면 바로 해탈하는 것이다. 해탈을 하면 바로 반야삼매般若三昧라고 할 수 있고, 반야삼매는 바로 무념無念이다. 그렇다면 무념이란 무엇인가? 눈으로 만사만물을 보기는 하지만 마음은 그것에 집착하거나 오염되지 않는 것을 무념이라 한다. 모든 곳에 두루 미쳐 있으나

---

94 찰나刹那_'순간'의 뜻으로, 극히 짧은 시간의 단위를 말한다.
95 불지佛地_불교에서는 수행하여 도를 이루는 과정을 열 개의 단계, 즉 십지十地로 나눈다. '불지'는 보살이 수행하여 도달할 수 있는 최종의 과위果位이다. 여기에서 '불지'와 '견성성불'은 같은 뜻이다.

모든 곳에 집착하지 않아 자기 성품을 영원히 청정하게 하면 육식六識,[96] 즉 안식眼識·이식耳識·비식鼻識·설식舌識·신식身識·의식意識이 육문六門[97]에서 벗어나게 되며, 육진六塵[98]에 물들지도 집착하지도 않으므로 가고 옴을 자유자재로 하며, 스스로 여여如如하여 머물지 않고, 걸림이 없어 통달하는 것이다. 이것이 바로 반야삼매이자 자재해탈自在解脫인 것이고, 이것을 또한 무념의 행행이라 부른다. 만약 모든 사물에 헤아리고 떠올림이 없다면 생각[念]을 끊은 것이 되고, 그렇다면 이는 곧 법에 얽매인 것[法縛]이며 한쪽에 치우친 견해[邊見]라고 부르는 것이다.

● 평석

"삼세제불과 십이부 경전은 모두 사람이 자기 성품 속에 본래부터 가지고 있는 것"과 "스스로 깨닫는 사람은 마음 밖에서 부처를 구하려 하지 않는다"라고 한다. 이 구절은 남종의 선법에 있어서 핵심적인 '자기의 마음[自心]', '자기의 성품[自性]', '스스로 믿음[自信]', '자오해탈自悟解脫'의 기치를 표명한 것이다.

---

96 육식六識_눈[眼]·귀[耳]·코[鼻]·혀[舌]·몸[身]·의지[意]의 육근六根이 그 대상인 빛깔[色]·소리[聲]·냄새[香]·맛[味]·촉감[觸]·법法의 육경六境과 인연하여 발생하는 인식을 말한다.
97 육문六門_'육근六根'이라고도 한다. 이는 눈·귀·코·혀·몸·의지라는 감각과 사유의 기관을 일컫는다.
98 육진六塵_'육경六境'이라고도 한다. 이는 눈·귀·코·혀·몸·의지의 육근이 감각하고 인식하는 여섯 가지 대상들, 즉 빛깔·소리·냄새·맛·촉감·법을 일컫는다.

●원문

善知識, 不悟卽佛是衆生。一念悟時, 衆生是佛。故知萬法盡在自心。何不從自心中, 頓見眞如本性。

菩薩戒經云: 我本元自性淸淨。若識自心見性, 皆成佛道。淨名經云: 卽時豁然, 還得本心。

善知識, 我於忍和尙處, 一聞言下便悟, 頓見眞如本性。是以將此敎法流行, 令學道者頓悟菩提, 各自觀心, 自見本性。

若自不悟, 須覓大善知識, 解最上乘法者, 直示正路。是善知識, 有大因緣。所謂化導, 令得見性。一切善法, 因善知識, 能發起故。三世諸佛, 十二部經, 在人性中, 本自具有。不能自悟, 須求善知識, 指示方見。

若自悟者, 不假外求。若一向執謂須他善知識, 望得解脫者, 無有是處。何以故? 自心內有知識自悟。若起邪迷, 妄念顚倒, 外善知識雖有敎授, 救不可得。若起正眞般若觀照, 一刹那間, 妄念俱滅。若識自性, 一悟卽至佛地。

善知識, 智慧觀照, 內外明徹, 識自本心。若識本心, 卽本解脫。若得解脫, 卽是般若三昧。般若三昧, 卽是無念。何名無念。若見一切法, 心不染著, 是爲無念。用卽遍一切處, 亦不著一切處。但淨本心, 使六識出六門, 於六塵中, 無染無雜。來去自由, 通用無滯。卽是般若三昧, 自在解脫, 名無念行。若百物不思, 當令念絶, 卽是法縛, 卽名邊見。

6

선지식들이여, 무념의 법을 몸소 깨닫는 것은 모든 불법을 통달하는 것이고, 모든 부처의 경계를 보는 것이며, 부처의 지위에 오르는 것이다.

선지식들이여, 후대 사람들이 나의 불법을 얻으면 이 돈오의 법문과 같은 견해를 얻게 되고, 견해가 같은 사람들이 모여 그것을 전수받고 완전히 깨닫기를 염원할 것이다. 이는 마치 부처를 시봉하는 것과 같고, 이처럼 일생동안 물러섬이 없이 견지하면 성스러운 지위에 도달할 수 있을 것이다. 그러나 반드시 조사에게서 전해 내려와 묵묵히 전수한[默傳]⁹⁹ 방법을 수용해야 하며 종문宗門의 정법을 감추어서는 안 된다. 만약 견해가 같지 않은 사람이나 다른 법을 신봉하는 사람에게 전수하여, 과거의 조사로부터 전해온 불법을 쓸모없게 해서는 안 된다. 더구나 어떤 어리석은 사람들은 이 법문을 이해하지 못하고 비방할 것이므로 이런 사람들은 백겁천생百劫千生토록 영원히 불성의 종자가 끊겨 성불하지 못할 것이다.

선지식들이여, 나에게 '무상송無相頌'이 있으니 여러 사람들은 염송하고 받아가도록 하라. 출가했든 안 했든 이 게송대로 수행하여야 한다. 만약 수행하지 않고 나의 말만 기억하면 그것은 아무 쓸데도 없을 것이다.

내가 염송하는 것을 들어라.

---

99 묵전默傳_ 언어나 문자에 의거하지 않고 이심전심하는 전수방법을 일컫는다.

설통說通도 하고 심통心通도 하니, 마치 태양이 허공 가운데 있는 것 같도다.

오직 견성의 법을 전하는 것만이, 삿된 종지宗旨를 부수고 세상을 벗어나는 것이라.

법에 계합하는 데는 돈점頓漸의 차이가 없고, 미오迷悟에는 늦고 빠름이 있어,

다만 여기는 견성見性의 문이니, 어리석은 사람은 알 수 없음이로다.

설함은 만 가지를 필요로 하나, 이치에 계합하면 도리어 하나로 귀결되노라.

번뇌의 어두운 집 가운데에는, 항상 지혜의 태양이 떠오르기를 바라는 터,

사견邪見이 생길 때 번뇌가 따르고, 정견正見이 생기면 번뇌가 제거되노라.

사견, 정견은 모두 소용이 없고, 청정 앞에서는 어찌할 도리가 없으며,

보리는 본래 자기 성품이니, 생각이 일어나면 곧 망상이로다.

정심淨心은 허망함 속에 있으나, 정견正見에는 삼장三障[100]이 없도다.

세상 사람이 도를 닦으려 할 때, 일체가 모두 걸림이 되지 않으며,

늘 스스로 자기의 허물을 본다면, 도와 더불어 함께하는 것이리라.

색류色類[101]에도 자기의 도가 있으니, 서로 방해하여 번뇌스럽게

---

100 삼장三障_ 수행하는데 불리한 세 가지 장애인 번뇌장煩惱障, 업장業障 및 과보장果報障을 말한다.

101 색류色類_ 각종 물질적 형태를 지닌 중생이라는 말인데, 보통 속세의 모든 사람을 가리킨다.

하지 말라.
도를 떠나서 다른 도를 찾으려 한다면, 평생토록 도를 보지 못할 것이다.
헛되이 일생을 보내면, 죽음 앞에 이르러 스스로 괴로워할 것이요, 참 도를 얻으려 한다면, 행동이 올바른 것이 바로 도이다.
만약 스스로 도를 얻으려는 마음이 없으면, 행동이 바르지 못하여 도를 보지 못하노라.
진정 수도하는 사람이라면, 세간의 허물을 보지 말라.
타인의 과실을 따지면, 자기 잘못은 더욱 더 자기를 옥조이고, 타인은 허물이 있고 자기는 허물이 없다고 하는 것은, 자기에게도 허물이 있는 것이로다.
그러나 자기의 그릇된 마음을 안다면, 번뇌를 타파하게 된다.
증애憎愛에 마음을 두지 않으면, 두 다리 뻗고 잠잘 수 있노라.
항상 다른 사람을 헤아리면, 자신이 편안하게 될 것이요,
피차 의심을 갖지 않으면, 바로 자기 성품이 나타난 것이로다.
불법은 세간에 있고, 세간을 벗어나서 깨달음이 있지 않으니, 세간을 떠나서 보리를 찾는 것은, 토끼의 뿔을 찾으려 하는 것과 같도다.
정견이 있으면 세간을 벗어날 수 있고, 사견이 있으면 세간을 벗어나지 못하노라.
사견, 정견을 모두 없애면, 보리의 성품이 확연히 나타날 터, 이 게송이 바로 돈교이니, 또한 커다란 법의 배로다.
미혹한 사람은 들어도 오랜 세월을 지나야 하고, 깨달은 사람은

찰나 사이에 아노라.

대사는 또 말하였다. "지금 나는 대범사大梵寺에서 이러한 돈교의 법문을 말하는데, 세상의 모든 중생이 바로 견성하여 성불하기를 바라노라."

당시 위사군 자사와 관료들 및 법회에 참석한 승려와 세속의 제자들은 대사의 불법을 듣고 깨달아 이해하지 못하는 사람이 없었다. 여러 사람들은 대사에게 예를 올리고 모두 찬탄하여 "영남嶺南지방에서 진정 살아있는 부처가 나타날 줄은 정말 생각지도 못했습니다."라고 말하였다.

● 평석

성불의 참된 의미는 '깨달음'에 있다. 생명과 세계의 깨달음은 인생의 지혜를 바로 나타낸다. 불교에서 반야는 인생 최고의 지혜이다. 혜능대사는 일체의 반야는 모든 사람의 자기 성품에 존재한다고 여겨서 "일체의 반야지般若智는 모두 자기의 성품을 따라 생겨나고, 외부의 인연을 따르지 않는다."라고 하였다. 다만 중요한 것은 사람들이 스스로 믿고 스스로 깨달아 스스로 입증하여 체득하면, 바로 스스로 얻고 스스로 부처가 되는 것이다. 혜능대사는 돈교頓敎의 법문으로써 사람들에게 반야를 믿는 마음을 열어 수행자에게 내재한 깨달음을 일깨워 주었다. 이것은 유학자들이 "인의예지仁義禮智는 밖으로 나를 드러내지 않지만, 나에게 원래 있는 것이다."라는 도덕적 자각성을 주장하는 것과 상응한다.

●원문

善知識, 悟無念法者, 萬法盡通。悟無念法者, 見諸佛境界。悟無念法者, 至佛地位。

善知識, 後代得吾法者, 將此頓教法門, 於同見同行, 發願受持, 如事佛故, 終身而不退者, 定入聖位。然須傳授, 從上以來, 默傳分付, 不得匿其正法。若不同見同行, 在別法中, 不得傳付。損彼前人, 究竟無益。恐愚人不解, 謗此法門, 百劫千生, 斷佛種性。

善知識, 吾有一無相頌, 各須誦取。在家出家, 但依此修。若不自修, 惟記吾言, 亦無有益。聽吾頌曰:

說通及心通, 如日處虛空。
唯傳見性法, 出世破邪宗。
法卽無頓漸, 迷悟有遲疾。
只此見性門, 愚人不可悉。
說卽雖萬般, 合理還歸一。
煩惱闇宅中, 常須生慧日。
邪來煩惱至, 正來煩惱除。
邪正俱不用, 清淨至無餘。
菩提本自性, 起心卽是妄。
淨心在妄中, 但正無三障。
世人若修道, 一切盡不妨。
常自見己過, 與道卽相當。
色類自有道, 各不相妨惱。
離道別覓道, 終身不見道。

波波度一生, 到頭還自懊。
欲得見眞道, 行正卽是道。
目若無道心, 闇行不見道。
若眞修道人, 不見世間過。
若見他人非, 自非却是左
他非我不非, 我非自有過。
但自却非心, 打除煩惱破。
憎愛不關心, 長伸兩脚臥。
欲擬化他人, 自須有方便。
勿令破有疑, 卽是自性現。
佛法在世間, 不離世間覺。
離世覓菩提, 恰如求兔角。
正見名出世, 邪見是世間。
邪正盡打却, 菩提性宛然。
此頌是頓教, 亦名大法船。
迷聞經累劫, 悟則刹那間。

師復曰: 今於大梵寺, 說此頓教, 普願法界衆生, 言下見性成佛。時, 韋使君與官僚道俗, 聞師所說, 無不省悟。一時作禮皆歎: 善哉! 何期嶺南有佛出世。

제3편 의문품疑問品

1

하루는 위자사韋刺史가 혜능대사를 위하여 대법회大會齋[102]를 마련하고 공양을 올렸다. 자사는 대사에게 법좌法座에 오르실 것을 권하고 다른 관료들과 대중[103]들은 정숙한 모습으로 혜능대사에게 다시 예배하였다. 제자들은 대사의 설법을 듣고 불가사의하고도 미묘함을 느꼈다. 그러나 그들은 아직도 의문이 많이 남아 있어 대사께서 자비를 베풀어 자신들에게 다시 해설하여 주시기를 원하였다.

대사가 말하였다. "의문이 있으면 물어 보라. 내가 너희에게 답하여 주마."

위자사가 말하였다. "대사가 말한 것은 달마대사의 종지가 아닙니까?"

---

102 대회제大會齋_대법회大法會 가운데 공양까지 겸비하는 것을 대회제라 부른다.
103 토서土庶_토족土族과 서족庶族을 말하는데 여기서는 일반 대중을 가리킨다.

이에 혜능대사는 "그렇다."라고 대답하였다.

위자사가 물었다. "제자는 보리 달마대사가 최초에 양무제梁武帝[104]를 교화할 때, 무제가 달마에게 '내가 일생 동안 많은 사찰을 짓고 스님을 득도하게 하였으며 재물을 베풀어 법회를 널리 열었는데 어떠한 공덕이 있겠습니까?'라고 묻자, 달마대사는 '실제로 아무런 공덕도 없습니다.'라고 대답하였다고 들었습니다. 제자는 지금까지 이 이야기의 도리를 알 수 없으니 대사께서 저를 위하여 말씀해 주십시오."라고 말하였다.

대사는 "너는 달마대사의 말을 의심하지 말라. 무제는 실로 아무런 공덕도 없었다. 무제는 마음에 사견邪見을 품고 있어 진정으로 불법을 깨닫지 못하였다. 사찰을 짓고 스님을 득도하게 하며 재물을 베풀고 법회를 여는 것은 복을 구하는 것이다. 복을 구하는 것을 공덕이라 말할 수는 없다. 공덕은 사람의 법신法身, 즉 자기 성품 가운데 존재하는 것이지 복의 과보果報를 바라고자 하는 베품 속에 존재하는 것이 아니다."라고 말하였다.

대사는 또 말하였다. "자기의 성품을 볼 수 있는 것이 공功이고, 불성은 사람마다 평등하다는 것을 깨닫는 것이 덕德이다. 생각생각에 장애가 없고 항상 자신의 진여본성眞如本性을 보아서 자기 성품이 진실로 오묘한 작용을 발휘하는 것이 바로 공덕이다. 내적 마음이 겸허한 것이 바로 공이고, 행위가 예를 지키는 것이 덕이다. 진여자성

---

[104] 양무제梁武帝_남북조시기에 남조의 양국梁國을 세웠던 난릉인蘭陵人을 말한다. 성은 소蕭이고 이름은 연衍, 자는 숙달叔達이다. 박식하고 학문에 능숙했으며, 불교를 충심으로 믿었다.

을 떠나지 않고서 만법萬法을 세우는 것이 공이요, 마음의 본체가 망령된 사념에 초탈해 있는 것이 덕이다. 생각에 자기 성품을 떠나지 않는 것이 공이고, 응용하나 물들어 집착하지 않는 것이 덕이다. 만약 공덕법신功德法身을 얻으려면 이런 요구에 따라 행동해야 비로소 진정한 공덕이 되는 것이다. 진정으로 공덕을 수행한 사람은 마음속에서 타인을 경시하지 않으며, 늘 모든 중생을 존경하고 널리 사랑한다. 마음속에 늘 타인을 경시하고 자아에 대한 집착을 버리지 않으면 공이 없는 것이며, 자신의 심성이 허망되고 진실하지 않으면 자연히 덕이 없는 것이다. 이것이 바로 자신에 대해 너무 높게 생각하여 모든 것을 가볍게 여기는 까닭이다. 선지식이 법성法性에 순응하여 생각생각에 단절됨이 없는 것은 공이고, 마음과 행동이 균형 있고 정직한 것이 덕이다. 자기 스스로 불성을 닦아 입증하여 체득하는 것이 공이고, 자기 스스로 법신을 수양하는 것은 덕이다. 선지식들이여, 공덕은 반드시 자기의 성품 속에서 구해야지 공양을 베푸는 것으로는 구할 수 없다. 따라서 복덕과 공덕이 다르다는 도리를 양무제가 모른 것이지 결코 달마조사가 잘못 이야기한 것이 아니다."

● 평석
혜능대사는 세속의 공리功利적인 목적을 품고 '좋은 일을 한 것'은 결코 불교의 진정한 공덕이 아니라고 생각하였다. 이러한 것들은 세속적으로 복을 구하고자 하는 행위로서, 상相이 있고 집착이 강하여 반연攀緣하는 마음이 있는 것이다. 해탈의 의미로는 공덕은 매 생각들마다에 머무름이 없으며 마음이 가는 바가 평등하고 정직해야 한다.

또한 심성을 청정히 하여 이기심이나 반연하여 일어나는 마음에서 벗어나 악한 마음이 없이 보시하고 공양을 베풀고 절을 짓고 스님을 양성하는 것이다. 그러므로 대사는 "공덕은 모름지기 자기의 성품 안에서 보아야지, 보시나 공양으로써 구하는 것이 아니다."라고 말하고 있다.

● 원문

一日, 韋刺史爲師設大會齋。齋訖, 刺史請師陞座, 同官僚士庶肅容再拜。問曰: 弟子聞和尙說法, 實不可思議。今有少疑, 願大慈悲, 特爲解說。

師曰: 有疑卽問, 吾當爲說。

韋公曰: 和尙所說, 可不是達磨大師宗旨乎。

師曰: 是。

公曰: 弟子聞達磨初化梁武帝, 帝問云: 朕一生造寺度僧, 布施設齋, 有何功德? 達磨言: 實無功德。弟子未達此理, 願和尙爲說。

師曰: 實無功德, 勿疑先聖之言。武帝心邪, 不知正法, 造寺度僧, 布施設齋, 名爲求福, 不可將福便爲功德, 功德在法身中, 不在修福。

師又曰: 見性是功, 平等是德。念念無滯, 常見本性, 眞實妙用, 名爲功德。內心謙下是功, 外行於禮是德; 自性建立萬法是功, 心體離念是德; 不離自性是功, 應用無染是德。若覓功德法身, 但依此作, 是眞功德。若修功德之人, 心卽不輕, 常行普敬。心常輕人, 吾我不斷, 卽自無功, 自性虛妄不實, 卽自無德。爲吾我自大, 常輕一切故。善知識, 念念無間是功, 心行平直是德; 自修性是功, 自修身是德。善知識, 功德須自性內見, 不是布施供養之所求也. 是以福德與功德別, 武帝不識眞理, 非我祖師有過.

2

위자사가 또 물었다. "제자는 늘 보통 재가인들이나 출가인들이 아미타불阿彌陀佛[105]의 명호를 받들어 염송하고 서방의 극락세계에 왕생하기를 바라는 것을 보곤 합니다. 대사님께 묻겠습니다. 이렇게 하면 정말 서방에 왕생할 수 있습니까? 이러한 우리의 의혹을 풀어 주십시오."

이에 혜능대사가 말하였다. "위자사는 잘 들어라. 내가 너에게 일러주마. 석가모니불이 그때 사위성舍衛城에서 극락세계를 말한 의도는 중생을 인도하고 교화하기 위한 것이다. 경전의 문장에서는 명백하게 서방의 극락세계는 여기서 멀리 떨어져 있지 않다고 하였다. 그러나 만약 형상으로서의 숫자로써 논하면 10만 8천 리가 될 것이다. 사실 여기서는 중생의 10악8사十惡八邪[106]를 상징하고 있으므로 마음속에 10악8사의 장애가 있으면 거리가 멀다고 얘기한다. 거리가 멀다

---

105 아미타불阿彌陀佛_범어 Amitabha를 음역한 것으로서, 무량광명수명각자無量光明壽命覺者를 일컫는다. 정토종의 중요한 신앙 대상으로 '서방 극락세계'의 교주로서 염불인의 왕생을 위해 '서방정토'로 인도하므로 '접인불接引佛'이라고도 부른다.

106 십악팔사十惡八邪_살생殺生·투도偸盜·사음邪淫·탐심貪心·진심瞋心·치심癡心·망어妄語·양설兩舌·악구惡口·기어綺語를 십악十惡이라 부르고, 사견邪見·사사유邪思惟·사어邪語·사업邪業·사명邪命·사방편邪方便·사념邪念·사정邪定을 팔사八邪라 부른다.

고 말하는 것은 근성根性이 열등한 사람을 위해 한 말이고, 가깝다고 한 것은 근성이 양호하고 지력智力이 우수한 사람에게 맞추어서 한 말이다.

사람의 성품에는 비록 예리함[利]과 무딤[鈍]의 두 가지가 있지만 불법에서는 이것들이 다를 것이 없다. 중생은 미혹하고 깨닫는 데 차별이 있기 때문에 견성에도 빠르거나 늦음이 있기 마련이다. 미혹하여 집착한 사람은 염불에 의존하여 서방정토에 태어나기를 구하고, 깨달은 사람은 자신의 마음이 청정하기만을 바란다. 그러므로 부처는 자신의 마음의 청정함에 의거한다고 말하였다. 이것이 불토佛土의 청정이다.

소위 위사군韋使君은 동방의 사람이나 마음이 청정하면 죄가 없다. 반대로 서방에 거주하더라도 자신의 마음이 청정하지 않으면 죄과가 있다. 동방의 사람은 죄를 지으면 염불하여 서방에서 태어나기를 구한다. 그렇다면 서방의 사람이 죄를 지으면 또 어디에 가서 태어나기를 구할 것인가?

어리석은 범부는 자기의 성품을 깨우치지 못하고 마음속에 정토가 있다는 것을 알지 못한다. 그래서 서방에서 태어날 것인가 혹은 동방에서 태어날 것인가를 공상만 하고 있다. 하지만 깨달은 사람은 어디에 있든지 모두 정토이다. 그러므로 '깨닫기만 하면 네가 어디에 있든지 영원히 안락하다.'[107]라고 부처는 말씀하셨다. 오직 너의 심지心地가

---

107 깨닫기만 하면 네가 어디에 있든지 영원히 안락함[隨所住處恒安樂]_신체가 거처하는 곳에 따른다는 뜻이다. 즉 안락의 정토安樂淨土를 이룰 수 있다는 뜻이다. 안락은 서방의 극락세계를 일컫는다. 『무량수경』에서는 서방불토西方佛土를

착하기만 하면 서방의 극락세계와 멀지 않다. 만약 마음속에 악을 품고 있으면, 하루 종일 염불하여도 정토에 왕생[108]할 수 없다. 그러나 생각들마다 성품을 본다면 행위가 특별하지 않더라도 극락세계에 가는 것은 손가락 튕기듯이 쉬운 일이다."

● 평석

'마음이 깨끗하면, 불국토가 깨끗하다'[109]라고 한 구절은 『유마힐경維摩詰經』에서 나온 말이다. "동방인이 죄를 지으면 염불하여 서방에 태어나기를 구한다고 하지만, 서방인이 죄를 지으면 어디에 가서 태어나기를 원한다는 말인가?"라고 한 혜능대사의 반문反問은 불국佛國을 서방에서 인간세상으로 끌어내었고, 또 거기에서 자신의 마음으로 끌어내었으며, 성불의 근거를 타력에서 자력으로 끌어왔던 것이다. 따라서 수행자가 인생의 안락을 얻으려면 자신에게 의지해야 됨을 인식하도록 했던 것이다.

'그 나라의 이름을 안락이라 함[其國名曰安樂]'이라고 해석한다.

108 왕생往生_정토종淨土宗의 상용어인데 사바세계를 떠나 미타의 극락정토로 향한다는 뜻이다.

109 마음이 깨끗하면, 불국토가 깨끗함[隨其心淨, 卽佛土淨]_심지心地가 청정하면 그것이 불국佛國의 정토라는 의미이다. 이 말은 『유마힐경維摩詰經』 권1의 「불국품佛國品」에서 나온 말이다. "만약 보살이 정토를 얻고자 한다면 마땅히 그 마음을 깨끗이 하라. 그 깨끗한 마음만 따르면 불토가 깨끗하다.[若菩薩欲得淨土, 當淨其心, 隨其心淨, 則佛土淨]

●원문

刺史又問曰:弟子常見僧俗念阿彌陀佛,願生西方。請和尙說,得生彼否?願爲破疑。

師言:使君善聽,惠能與說。世尊在舍衛城中,說西方引化,經文分明,去此不遠。若論相說,里數,有十萬八千,卽身中十惡八邪,便是說遠。說遠爲其下根,說近爲其上智。

人有兩種,法無兩般。迷悟有殊,見有遲疾。迷人念佛求生於彼,悟人自淨其心。所以佛言;隨其心淨,卽佛土淨。

使君東方人,但心淨卽無罪:雖西方人,心不淨亦有愆。東方人造罪,念佛求生西方:西方人造罪,念佛求生何國?

凡愚不了自性,不識身中淨土,願東願西,悟人在處一般。所以佛言,隨所住處恒安樂。使君心地但無不善,西方去此不遙:若懷不善之心,念佛往生難到。今勸善知識,先除十惡,卽行十萬,後除八邪,乃過八千。念念見性,常行平直,到如彈指,便覩彌陀。

3

"위자사가 다만 십선十善[110]을 항상 행한다면, 서방에 왕생하기를 더 바랄 필요가 뭐가 있겠는가? 그러나 만약 십악十惡의 문에서 나오지 못한다면, 부처의 법회에서 그 누가 당신을 영접하고 당신을 청하겠는가? 만약 생함[生]과 멸함[滅]이 없는 무생돈법無生頓法[111]을 깨달았

---

110 십선十善_십악十惡과 상대되는 말로, 열 가지 선행善行을 가리킨다. 즉 불살생不殺生・불투도不偸盜・불사음不邪婬・불망어不妄語・불양설不兩舌・불악구不惡口・불기어不綺語・불탐욕不貪欲・불진에不瞋恚・불사견不邪見을 말한다.

다면, 서방의 정토는 한 순간에 볼 수 있을 것이다. 만약 생멸이 없는 돈교의 법을 깨우치지 못하고, 염불에 의지하여 서방에 태어나기를 구하면 그 길이 멀고먼데 언제 왕생할 수 있겠는가? 나는 여러 사람들이 한 순간에 서방정토를 직접 볼 수 있게 하고 싶다. 여러분들은 어떠한가?"

이에 대중들이 그 자리에서 육조대사에게 오체투지五體投地[112]하고 말하였다. "만약 여기서 볼 수만 있다면 더 이상 서방에서 왕생하기를 바랄 게 뭐가 있습니까? 대사께서 자비를 베풀어 서방정토를 나타나게 하여 여러 사람들이 볼 수 있게 하여 주십시오."

그러자 혜능대사가 또한 말하였다. "여러분, 세상 모든 사람의 육신은 마치 하나의 성城과 같고 눈·귀·코·혀·몸은 그의 다섯 개의 성문과 같다. 바깥에는 이 다섯 개 문이 있고 안에는 또 한 개의 의지〔意〕의 문이 있다. 사람의 마음은 성안에 있는 토지이고, 자기의 성품은 성 안에 있는 제왕이다. 제왕은 심지心地에 거처하고 있어 자기 성품이 있으면 제왕이 있고 자기 성품을 잃어버리면 제왕도 존재하지 않는다. 자기 성품이 있으면 몸과 마음이 있고, 자기 성품이 나쁘게 변하면 몸과 마음도 못쓰게 된다. 부처를 구하려면, 반드시 자기 성품 속에서 완성을 해야지, 몸 밖에서 구할 수는 없다.

자기 성품을 잃으면 부처는 바로 중생이 되고, 자기 성품을 깨달으면 중생은 바로 부처가 된다. 마음속에 자비를 품으면 자신은 곧 관세음보

---

111 무생돈법無生頓法_『단경』에서 선양하는 교법을 가리킨다.
112 오체투지五體投地_불교의 예절로 두 팔, 두 무릎과 머리를 땅에 닿게 절하는 것을 말한다.

살이고, 보시하기를 즐기면 바로 자기 자신이 대세지보살大勢至菩薩이다. 청정할 수 있으면 석가모니가 되고, 평등하고도 정직한 마음이 있으면 아미타불이 된다. 법法과 아我의 두 가지 집착은 정도正道를 막는 수미산이고,[113] 사심邪心이 바다와 같이 크다면, 번뇌는 그 바다의 파도가 되는 셈이다. 마음에 독한 해로움을 품으면 흉악한 악룡惡龍이고, 허망해서 바로 귀신과 같은 것이다. 항상 티끌 속에서 어지러이 질주함은 자라(鼈)와 같고, 탐貪·진瞋·치癡의 세 가지 독이 일어나는 순간 스스로가 지옥을 만들어 어리석은 축생과 다를 바가 없게 되는 것이다.

　선지식이 십선을 늘 행할 수 있으면 천당에 갈 수 있고, 남과 나의 두 가지 집착(人我二執)을 제거하면 수미산도 무너뜨릴 수 있을 것이며, 사심을 제거하면 바닷물도 곧 마르게 될 것이다. 번뇌가 생기지 않으면 파도가 없어질 것이며, 해치려는 독한 마음을 잊으면 악룡도 멸종시킬 수 있을 것이다.

　자기 마음의 불성여래佛性如來를 자각해야 자기 성품이 지혜의 빛을 발산할 수 있으며, 육문六門을 청명하게 하고 깨끗하게 비추어서 욕계欲界의 육중천六重天을 모두 파멸시킬 수 있을 것이다. 탐·진·치의 세 가지 독을 깨끗이 없앨 수 있다면 지옥도 순식간에 소멸될

---

[113] 인아시수미人我是須彌_ 불교에서는 다른 사람이 손해보고 자기가 이득을 보게 하는 것, 이쪽 세계와 저쪽 세계에 불선업不善業을 하는 것은 모두 '법아이집法我二執'이 일으킨 것이며, 자기의 '아집我執', '법집法執'이 사람들에게 수미산 높이 같은 죄악을 쌓게 한다고 한다. 때문에 '인아이집'이 있는 것은 높은 산이 정도正道를 장애障碍하는 것과 같다.

것이고, 이렇게 되면 안과 밖이 밝게 통할 것이다. 이것이 바로 서방의 극락세계와 차별이 없는 것이다. 만약 이렇게 수행하지 않으면 어떻게 서방의 세계에 도달할 수 있겠는가?"

대중들이 대사의 설법을 듣고 모두 깨달았다. 그들은 함께 일어나 대사에게 예를 올리며 찬탄하였다. "참 훌륭합니다." 그리고는 다 같이 큰소리로 이렇게 노래하기 시작하였다. "온 천하의 중생 모두가 이 설법을 들은 후에 깨닫기를 바랍니다."

● 평석

혜능대사는 사람들에게 부처는 자기 성품 속에 작용하니, 몸 밖에서 구하지 말라고 강조한다. 자기 성품의 깨달음은 더 크게 사람들의 일상생활의 공부로 구체화하고, 십선을 행하고 십악을 제거하는 실제적 행동에서 현실화해야 한다. 수행자는 '마음의 평안〔心平〕', '행동의 정직〔行直〕', '은혜〔恩〕', '의로움〔義〕', '양보〔讓〕', '참음〔忍〕', '잘못을 고침〔改過〕' 등을 생활화하고, 대중에게 말할 때는 모두 친절하고 소박해야 하며, 자기 자신으로부터 시작하여 모든 대중들이 악을 짓지 말고 선을 받들어 행하여 스스로 마음을 깨끗이 하도록 하게 하면, 깨달아 해탈할 수 있다고 한 것이다.

● 원문

使君但行十善, 何須更願往生. 不斷十惡之心, 何佛卽來迎請. 若悟無生頓法, 見西方只在刹那. 不悟念佛求生. 路遙如何得達. 惠能與諸人移西方於刹那間, 目前便見, 各願見否?

衆皆頂禮云: 若此處見, 何須更願往生。願和尙慈悲, 便現西方。普令得見。

師言: 大衆, 世人自色身是城。眼耳鼻舌是門。外有五門, 內有意門。心是地, 性是王。王居心地上, 性在王在, 性去王無。性在身心存, 性去身壞。佛向性中作, 莫向身外求。

自性迷卽是衆生, 自性覺卽是佛。慈悲卽是觀音, 喜捨名爲勢至, 能淨卽釋迦, 平直卽彌陀。

人我是須彌, 貪欲是海水, 煩惱是波浪, 毒害是惡龍, 虛妄是鬼神, 塵勞是魚鱉, 貪瞋是地獄, 愚癡是畜生。

善知識, 常行十善, 天堂便至。除人我, 須彌倒。去貪欲, 海水竭。煩惱無, 波浪滅。毒害除, 魚龍絶。自心地上覺性如來, 放大光明, 外照六門淸淨: 能破六欲諸天。自性內照, 三毒卽除。地獄等罪, 一時銷滅。內外明徹, 不異西方。不作此修, 如何到彼?

大衆聞說, 了然見性。悉皆禮拜, 俱歎善哉, 唱言: 普願法界衆生, 聞者一時悟解。

4

혜능대사는 또한 말하였다. "선지식들이여, 만약 그대들이 불도를 수행하려 한다면 집에서도 마찬가지이다. 꼭 출가하여 절에 와야 하는 것은 아니다. 집에서 불도를 수행할 수 있는 것은 마치 동방인東方人이 마음자리〔心地〕가 선량한 것과 같다. 그러나 만약 출가하여 절에 있어도 수행하지 않으면, 서방의 사악한 사람과 같다. 오직 자신의 청정한 마음의 정토만이 서방 극락세계이다."

위자사가 또 물었다. "집에서는 어떻게 불도를 수행합니까? 대사께서 가르쳐 주십시오."

대사가 대답하였다. "내가 그대들에게 무상송無相頌을 들려주마. 이 게송대로 수행하면, 항상 나와 함께 있는 것과 같다. 만약 이 게송대로 수행하지 않는다면, 출가하여 스님이 되어도 불도에 무슨 좋은 점이 있겠는가?"

마음이 평등한데 어찌 수고롭게 계를 지키며, 행동이 곧은데 어찌 선禪이 필요하겠는가?
은혜를 갚을 줄 알아 부모에게 효도하고, 의로우면 곧 위와 아래가 서로 아끼고,
사양할 줄 알면 존귀한 사람과 비천한 사람이 화목하고, 참으면 모든 악행이 일어나지 않노라.
못으로 나무를 뚫을 때 불이 일어날 수 있듯이, 진흙탕에서도 반드시 홍련은 피어난다.
입에 쓴 것은 좋은 약이고, 귀에 거슬리는 것은 충언이로다.
허물을 고치면 반드시 지혜가 생기고, 단점을 감추려 하는 것은 현명하지 못하노라.
평소 타인에게 유익한 일을 하였다 하여도, 도를 이루는 것은 돈을 내어 되는 것이 아니다.
보리의 지혜는 오직 마음속에서 구해야지, 어찌 수고롭게 밖에서 그 현묘함을 찾으려 하는가?
들은 대로 수행하면, 천당이 바로 눈앞에 있노라.

대사는 또한 말을 이었다. "선지식들이여, 여러 사람들 모두 내가 위에서 말한 게송대로 수행하여, 자기가 자기 성품을 스스로 인식하여 직접 불도를 성취하여야 한다. 불법은 특별한 곳에 있지 않다. 그러므로 대중은 지금 돌아가거라. 나는 조계산曹溪山으로 돌아갈 것이니, 만약 의문이 있거든 조계산으로 와서 나에게 묻도록 하여라."

당시 자사刺史, 관료들과 강당에 있던 선남신녀들이 모두 깨달음을 얻고, 교법을 준수하고 그것을 받들어 실행하였다.

● 평석

혜능대사의 선종의 입장에서는 성불의 유일한 법문을 '견성見性'으로 간주한다. 자기 성품의 공덕을 수행하고, 자기 마음의 정토를 추구하려면, 부처가 성품 가운데에서 이루어지므로 자신의 몸 밖에서 구하지 말라고 하여, 반드시 자기 성품을 알아야만 올바르게 불도를 이룰 수 있다고 말한다. 배우는 사람들이 계율을 지키며 선禪을 닦는 것은 바로 그대로 수행의 실천이다. 마음에서 부처를 찾는 것이 중요하지 바깥에서 현묘함을 구하는 데 있지 않다고 한다. 이것이 바로 '견성성불'의 요지이다.

● 원문

師言: 善知識, 若欲修行, 在家亦得, 不由在寺。在家能行, 如東方人心善。在寺不修, 如西方人心惡。但心清淨, 卽是自性西方。

韋公又問: 在家如何修行? 願爲敎授。

師言: 吾與大衆說無相頌, 但依此修, 常與吾同處無別。若不作此修, 剃髮出家, 於道何益?

頌曰:

　心平何勞持戒, 行直何用修禪?
　恩則孝養父母, 義則上下相憐。
　讓則尊卑和睦, 忍則衆惡無諠。
　若能鑽木出火, 淤泥定生紅蓮。
　苦口的是良藥, 逆耳必是忠言。
　改過必生智慧, 護短心內非賢。
　日用常行饒益, 成道非由施錢。
　菩提只向心覓, 何勞向外求玄?
　聽說依此修行, 西方只在目前。

師復曰: 善知識, 總須依偈修行, 見取自性, 直成佛道。法不相待, 衆人且散, 吾歸曹溪。衆若有疑, 却來相問。

時, 刺史官僚, 在會善男信女, 各得開悟, 信受奉行。

제4편 정혜품定慧品

1

혜능대사는 대중들에게 가리켜 보이며 말하였다. "선지식들이여, 나의 이 법문은 정혜定慧를 근본으로 한다. 그러므로 여러분들은 미혹하여 선정[定]과 지혜[慧]가 다르다고 여겨서는 안 된다. 정定과 혜慧는 체體가 하나이지 둘이 아닌 것이다. 선정은 지혜의 본체[體]이고, 지혜는 선정의 작용[用]이다. 지혜를 발휘할 때 선정이 지혜 가운데에 있으며, 입정入定할 때 지혜는 정定 가운데에 있다. 이러한 사실을 이해하면 정과 혜는 함께 있는 것이다. 불도를 닦는 여러 사람들은 선정이 먼저 있고 그 후에 지혜가 발휘된다거나 혹은 먼저 지혜가 발휘되고 그 후에 선정이 나타난다고 한다. 이렇게 두 가지로 나누어서는 안 된다. 이러한 견해가 있는 것은 불법에 바로 두 가지 상相이 있다고 하는 것이다. 입으로 하는 이야기는 선善이지만, 마음은 악惡을 품고 있는 것이므로 정혜定慧의 텅 빈 이름을 얻게 되어 그

두 가지가 하나로 융합할 수가 없다. 만약 마음과 입이 상응하고 모두 선善하여 겉과 속이 같게 된다면, 정혜는 균등하게 하나가 되는 것이다. 이 법은 스스로 깨달아 자신이 그것을 지키는 것이 중요하지 입으로 다투어 논하는 것은 아니다. 만약 정과 혜가 어느 것이 우선하는지를 논쟁한다면 잘못된 길에 들어선 것이다. 장단점을 비교하고 이기거나 지는 것을 저울질하는 생각을 끊어버리지 않는다면, 사람과 법의 두 가지 집착〔人法二執〕이라는 망령된 생각이 생기게 되며, '나〔我〕·타인〔人〕·중생衆生·수자壽者'라는 네 가지의 상相에 대한 집착을 떨쳐버릴 수 없는 것이다."

"선지식들이여, 정과 혜의 관계는 무엇과 같은 것이겠는가? 마치 등잔과 등불 같다. 등잔이 있으면 등불이 있고, 등이 없으면 어두워지므로, 등잔은 등불의 몸체〔體〕이고, 등불은 등잔의 쓰임〔用〕이다. 비록 이름은 두 가지이나 본체의 근본은 동일한 것으로, 바로 정과 혜의 관계도 이러한 것이다."

대사는 또 대중에게 가리켜 보이며 말하였다. "선지식들이여, 일행삼매一行三昧[114]는 언제 어디서를 막론하고 행주좌와行住坐臥와 관계없이 자기가 본래 지닌 정직한 마음을 실행하는 것을 말한다. 『유마경』에서 '곧은 마음〔直心〕은 도량道場이고 정토이다."[115]라고 말한다.

---

114 일행삼매一行三昧_일종의 실상염불實相念佛의 교법이다. 이런 선정禪定을 닦을 때는 법계法界, 진여眞如, 실상實相을 관상觀想의 대상으로 하여 오로지 염불하면 즉시 부처를 친견하게 되며, 이로부터 마음을 떠나서는 다른 부처가 없다는 인식을 얻을 수 있다. 신수神秀의 북종선北宗禪은 이런 선정禪定을 주창하여 고요히 앉아 안심安心하기를 강조하였는데, 혜능대사는 수심간정守心看淨하는 것을 반대하면서 일행삼매에 대해 새로운 해석을 내린 것이다.

아첨하거나 삿된 마음을 품어서는 안 된다. 입으로는 곧음을 말하면서 일행삼매一行三昧를 행하지 않는다면 안 될 것이다. 실제적으로 진실한 마음을 좇아 행동하라. 진심을 행하려면 일체 외물外物에 집착하지 말아야 한다. 우매한 사람은 법상法相에 집착하고, 일행삼매에 집착한다. 그러므로 정좌해서 움직이지 않고 망령된 생각의 마음이 생기지 않게 하는 것이 바로 일행삼매라고 착각한다. 이런 견해를 가지는 것은 무정한 나무나 돌과 같아서 모두 도를 닦는 데에 장애가 되는 원인이 된다.

선지식들이여, 도는 본래 영명하게 통하고 흘러 나아가야 하는 것인데 왜 막혀서 통하지 않는가? 만약 마음이 법상法相에 집착하지 않으면, 도는 거침없이 유통하고 변성할 것이지만, 그렇지 않으면 스스로를 얽매이게 할 것이다. 만약 늘 앉아 움직이지 않는 것이 옳은 것이라면 숲에서 정좌靜坐하는 사리불舍利弗[116]과 같이 되어 유마維摩[117]의 질책을 받을 것이다.

---

115 구마라집鳩摩羅什이 번역한 『유마힐소설경』 권1, 「보살품」에 "직심시도량直心是道場"이 보이고, 담연湛然의 『유마경략소維摩經略疏』 권2, 「불국품佛國品」에 "직심시정토直心是淨土"라는 구절이 실려 있다.

116 사리불舍利弗 _ '사리불다라舍利弗多羅'의 약칭. 고인도의 마갈타摩揭陀국 왕사성王舍城 사람이고, 바라문족婆羅門族의 성姓을 가졌으며 석가모니의 '십대제자' 중의 하나이다. 지계다문持戒多聞하고 민첩하고 지혜로우며 불법을 설하는데 능하여 '지혜제일智慧第一'이라고 불렀다.

117 유마힐維摩詰 _ '정명淨名' 혹은 '무구칭無垢稱'의 뜻이다. '유마維摩'라고 약칭하기도 하는데, 부처님이 속세에 계실 때 바이샬리성城에 있던 재가보살이다. 그는 부처님이 문병을 보낸 문수사리文殊師利 등과 여러 차례 법을 논의하였는데, 의리가 심오하고 미묘한 깨달음의 말들을 종횡으로 주고받았다. 이 내용은

선지식들이여, 또 한 부류의 사람은 사람들에게 좌선하고 수심간정
守心看淨하여, 신체가 움직이지 않고 오래도록 좌선하는 것으로써
성불의 공덕을 쌓으라고 가르친다. 그리하여 깨닫지 못한 사람들은
정확히 납득하지 못하고, 수행하는 과정, 즉 좌선하는 것에만 집착하
여 마魔의 굴 속에 들어가서 어리석게 거꾸로 쓰러져 버린다. 이런
사람이 아주 많고, 이런 방법으로 다른 사람을 교화하는 것은 대단히
잘못되고 애석한 일이다.

● 평석

혜능대사는 등잔과 등불의 관계로써 남종선에서 정과 혜가 일체가
됨을 주장하고, 수행자에게 정과 혜를 구분하여 어느 한쪽에도 치우치
지 말라고 하였다. 정과 혜가 일체가 된다는 대사의 관점은 선문禪門의
지혜와 선정을 통괄하고 포섭하는 데에 중점을 두고, 선정禪定을
수습修習하고 격상시켜서 지혜를 개발할 것을 강조한 것이다. 이런
의미에서 남종선에서는 수심간정守心看淨, 장좌불와長坐不臥 등의 선
수행이 지혜의 해탈에 무익하고 고적枯寂한 공부라고 가르치고 있는
것이다.

● 원문

師示衆云: 善知識, 我此法門, 以定慧爲本。大衆勿迷, 言定慧別。
定慧一體, 不是二。定是慧體, 慧是定用。卽慧之時定在慧, 卽定之

『유마힐경』에 실려 있다.

時慧在定。若識此義, 卽是定慧等學。諸學道人, 莫言先定發慧, 先慧發定, 各別。作此見者, 法有二相。口說善語, 心中不善, 空有定慧, 定慧不等。若心口俱善, 內外一如, 定慧卽等。自悟修行, 不在於諍, 若諍先後, 卽同迷人。不斷勝負, 却增我法, 不離四相。

善知識, 定慧猶如何等? 猶如燈光。有燈卽光, 無燈卽闇, 燈是光之體, 光是燈之用。名雖有二, 體本同一, 此定慧法, 亦復如是。

師示衆云: 善知識, 一行三昧者, 於一切處行住坐臥, 常行一直心是也。淨名經云: 直心是道場, 直心是淨土。莫心行諂曲, 口但說直, 口說一行三昧, 不行直心。但行直心, 於一切法勿有執著。迷人著法相, 執一行三昧, 直言常坐不動, 妄不起心, 卽是一行三昧。作此解者, 卽同無情, 却是障道因緣。

善知識, 道須通流, 何以却滯。心不住法, 道卽通流, 心若住法, 名爲自縛。若言常坐不動是, 只如舍利弗宴坐林中, 却被維摩詰訶。

善知識, 又有人敎坐, 看心觀靜, 不動不起, 從此置功。迷人不會, 便執成顚, 如此者衆, 如是相敎, 故知大錯。

2

혜능대사는 또한 대중에게 가리켜 보이며 설법하였다.

"올바른 가르침〔正敎〕은 본래 돈오와 점수의 구분이 없다. 단지 인간 본성에 예리하거나 어리석음의 구별이 있을 뿐이다. 어리석은 사람은 점차 수행하며, 깨달은 사람은 홀연히 수행한다. 만약 스스로 자신의 본심을 깨달아 자기의 본성을 입증하고 체득하였다면, 돈오와 점수의 구분이 없을 것이다. 그러므로 돈오와 점수는 모두 이름을 빌린 것일 따름이다.

　선지식들이여, 나의 법문은 옛날부터 우선 무념無念을 세우는 것을 종지[宗]로 하고, 무상無相을 본체[體]로 하고 무주無住를 근본[本]으로 하였다. 이른바 무상無相이란 모든 법상法相에 있어서 모든 법상을 떠나는 것이고, 무념은 서로 이어져 생각하고 있으면서도 잡념이 생기지 않는 것을 말하며, 무주는 사람의 자기 성품을 일컫는다. 세상을 선, 악, 아름다움, 추함 등으로 시비是非하여 속이고 능멸하는 분쟁은 모든 것을 공의 환상으로 보며, 감사나 보복도 생각지 않아야 하며, 생각하면서도 과거의 일을 생각지 말아야 할 것이다. 만약 과거의 생각[前念]·현재의 생각[今念]·미래의 생각[後念]이 서로 이어져서 끊어짐이 없다면, 이것을 자신을 스스로 묶은 것이라 한다. 반대로 모든 법상에 대해 조금도 집착할 생각을 하지 않는다면, 이것은 자신을 묶는 것[繫縛][118]이 없는 것이고 무주를 근본으로 하는 것이다.

　선지식들이여, 외부의 일체 법상을 여의는 것을 무상無相이라 한다. 만약 상相을 여의면, 자기 본성 법체法體가 자연히 청정하게 되는데, 이것이 바로 무상을 체體로 하는 것이다.

　선지식들이여, 그 어떤 외경外境에 대해서도 물들지 않는 것을 무념이라 한다. 즉 자기 마음 중에서 모든 외경을 멀리하여 마주치는 경계에 생각이 움직이지 않는 것이다. 만약 다만 모든 사물을 헤아리지 않는다면 생각은 모두 다하여 사라지게 되며, 한 생각이 끊어진다면 바로 죽음이요 다른 곳에 태어날 것이니, 커다란 착각이라고 하겠다.

---

118 계박繫縛_번뇌의 다른 이름이다. 마치 끈이 몸과 마음을 묶어 자유롭지 못하게 하는 것 같다고 하여 얻어진 이름이다.

도학자道學者들이여. 생각해 보아라. 만약 정법正法의 뜻을 인식하지 못하여 자기만 틀린 견해를 갖는 것은 큰일이 아닐지 모르지만, 타인을 틀리게 권고한다면 지옥의 고통을 피하기 어려울 것이다. 자기가 미혹하여 견성하지 못할 뿐만 아니라 경전을 헐뜯기까지 하니 사실 무서운 일이다. 그러므로 무념을 종지로 해야 한다.

선지식들이여, 무엇 때문에 무념을 종지로 해야 하는가? 그것은 입으로는 견성을 말하지만, 마음이 미혹함에 집착하여 깨닫지 못한 사람들은 외경外境에 여전히 마음이 끌리는데, 이는 잘못된 관점을 만들어 내게 된다. 모든 번뇌와 망상은 모두 여기서 시작된 것이다. 자기 성품은 본래 한 법도 얻을 것이 없으니, 만약 얻은 바가 있다면 쓸데없이 화禍와 복福을 자초한 것이며, 이것은 바로 티끌 같은 사견邪見이다. 때문에 나는 무념을 종지로 할 것을 표명한다.

선지식들이여, 이른바 무無는 무엇을 없다고 하는가? 또 생각[念]은 무엇을 생각한다고 한 것인가? 무無가 가리키는 것은 차별적 대립[二相]이 없다는 것이며 각종 번뇌에 시달리는 마음이 없다는 것이고, 생각이란 진여본성眞如本性을 생각하라는 뜻이다. 진여眞如는 바로 생각의 본체[體]이므로 생각은 바로 진여불성의 작용이다. 진여본성은 자아를 일으켜서 자아를 인식하는 것이지, 눈·귀·코·혀 등 감각기관이 주체적으로 생각하는 것은 아니다. 진여불성은 사람마다 선천적으로 가지고 있는 본성이어서 마음의 일념을 만들어 낼 수 있다. 만약 진여불성이 없다면 사람의 자아본성도 없게 될 것이다. 그러면 눈은 색깔을 똑똑히 볼 수 없고, 귀도 소리를 들을 수 없으며, 여섯 가지 감각기관은 모두 소용이 없게 될 것이다.

선지식들이여, 진여자성이 생각[念]을 일으키는 것이다. 그러므로 여섯 가지 감각기관[六根]은 비록 시각과 청각의 감각과 사유의 기능을 갖고 있지만, 속세에 있는 모든 사물과 현상에 의해 각각 오염될 수 없는 것이고, 뿐만 아니라 진정한 본성은 영원히 자유자재한 것이다. 그러므로 경전에서는 '능히 모든 법상法相을 분별할 수 있지만, 불교의 궁극적 진리[第一義]에 있어서는 흔들릴 수 없는 것이다.'[119]라고 말한다."

● 평석

이 품에서는 정과 혜의 일체를 제시하면서, 체와 용이 하나라는 관계를 끌어들여 정과 혜의 관계를 설명하였다. 또한 모든 행주좌와行住坐臥에서 항상 곧은 마음으로 행하는 일행삼매一行三昧를 제창하였으며, '무념無念을 종宗으로 삼고, 무상無相을 체體로 삼으며, 무주無住를 본本으로 삼는다.'는 것을 최고의 종지로 꼽았다. 남종선에서는 홀연히 견성을 이루어 수행해야 하며, 스스로 본심本心을 알고 스스로 견성할 것을 가르치고 있다.

● 원문

師示衆云: 善知識, 本來正敎, 無有頓漸, 人性自有利鈍。迷人漸修, 悟人頓修, 自識本心, 自見本性, 卽無差別, 所以立頓漸之假名。善知識, 我此法門, 從上以來, 先立無念爲宗, 無相爲體, 無住爲本。

---

119 구마라집이 번역한 『유마힐소설경』 권2, 「불국품」에 이 구절이 실려 있다.

無相者, 於相而離相; 無念者, 於念而無念; 無住者, 人之本性, 於世間善惡好醜, 乃至冤之與親, 言語觸刺欺爭之時, 並將爲空, 不思酬害, 念念之中, 不思前境。若前念今念後念, 念念相續不斷, 名爲繫縛。於諸法上, 念念不住, 卽無縛也。此是以無住爲本。

善知識, 外離一切相, 名爲無相。能離於相, 卽法體淸淨。此是以無相爲體。

善知識, 於諸境上心不染, 曰無念。於自念上, 常離諸境, 不於境上生心。若只百物不思, 念盡除却, 一念絶卽死, 別處受生, 是爲大錯。學道者思之, 若不識法意, 自錯猶可, 更誤他人。自迷不見, 又謗佛經。所以立無念爲宗。

善知識, 云何立無念爲宗? 只緣口說見性迷人, 於境上有念, 念上便起邪見。一切塵勞妄想, 從此而生。自性本無一法可得, 若有所得, 妄說禍福, 卽是塵勞邪見, 故此法門立無念爲宗。

善知識, 無者無何事, 念者念何物? 無者無二相, 無諸塵勞之心; 念者念眞如本性, 眞如卽是念之體, 念卽是眞如之用。眞如自性起念, 非眼耳鼻舌能念, 眞如有性, 所以起念, 眞如若無, 眼耳色聲當時卽壞。

善知識, 眞如自性起念, 六根雖有見聞覺知, 不染萬境, 而眞性常自在。故經云: 能善分別諸法相, 於第一義而不動。

제5편 좌선품坐禪品

1

혜능대사는 대중에게 열어 보이며〔示衆〕[120] 말하였다. "내가 말하는 좌선은 마음을 지켜 청정함을 보는 것〔守心看淨〕도 아니고 고목처럼 앉아 움직이지 않음〔枯坐不動〕도 아니다. 만약 마음을 지킨다고 한다면, 마음은 원래부터 허망한 것이므로 집착해도 지킬 수가 없는 것이다. 만약 청정함을 본다고 말한다면, 본성은 본래부터 청정한 것인데, 망령되고 더러운 것으로 진여본성을 뒤덮는 것이 될 것이다. 망령된 생각과 사견邪見이 없다면, 자기 성품은 자연스레 청정한 것이다. 만약 일부러 마음을 일으켜 청정함을 보는 것은 바로 집착을 일으키는, 청정함을 보려는 망령된 생각이다. 망령된 생각은 본래 있을 자리가

---

[120] 시중示衆_ 선종의 용어로서 선사가 대중 등을 위하여 종요宗要를 열어 보여줌을 말한다. 수어垂語·수시垂示 등과 같은 의미이다. '시중'의 용어는 『단경』에서 최초로 등장한다.

없으나, 청정함을 보려는 집착이 바로 망령됨의 소재가 될 것이다. 청정함은 본래 형상이 없지만 지금은 청정함의 형상을 세운다. 이것을 말하는 것이 수행의 공부라 할 것이다. 이런 견해를 견지하는 사람은 자기 성품을 가로막아 오히려 청정함을 보는 것을 방해하게 될 것이다.

선지식들이여, 만약 진정한 부동不動을 수행한다면, 어떠한 사람을 볼 때에도 모두 사람의 시비, 선악, 과오와 걱정을 보지 않게 된다. 이것이 바로 자기 성품의 진정한 부동이다.

선지식들이여, 어리석은 사람은 몸은 자리에서 움직이지 않고 앉아 있지만, 입만 열면 타인의 시비와 장단, 선악, 과오 및 착오를 논의한다. 이는 정도正道와 위배되는 것이다. 이것이 바로 마음을 지켜 청정함을 보는 것[守心看淨]에 집착하는 것처럼 불도를 얻는 데에도 장애가 될 것이다."

대사는 계속하여 열어 보이며 말하였다. "선지식들이여, 무엇을 좌선이라 하는가? 나의 법문에서는 일체가 통달하고 막힘이 없게 되고, 모든 외경外境에 망령된 생각이 생기지 않는 것을 '좌坐'라 하고, 내적 마음이 스스로의 본성을 보았으나 흐트러지지 않는 것을 '선禪'이라 한다.

선지식들이여, 그럼 또 무엇을 선정禪定이라 하는가? 외물外物에 어떤 집착도 가지지 않는 것이 바로 '선禪'이고, 내적 마음을 오롯이 하여 흐트러지지 않는 것이 '정定'이다. 만약 외물에 어떤 집착을 가지고 있다면, 내적 마음은 바로 산란해진다. 외경에 조금도 집착하지 말아야 내적 마음이 흐트러지지 않는다. 인간의 본성은 원래 자정自淨·자정自定한 것이지만, 외경을 만나기 때문에 사려가 외경에 집착하여 내적 마음이 산란해진다. 만약 모든 외경을 보면서도 마음이 흐트러지지 않는다면, 이것이야말로 진정한 선정禪定이다.

선지식들이여, 밖으로 모든 상相을 떠나는 것이 선禪이고, 내적 마음이 흐트러지지 않는 것이 정定이니, 밖으로는 선하고 안으로는 정하는 것을 선정이라 한다. 『보리계경菩提戒經』에서도 나의 본성은 원래 스스로 청정한 것이라고 말한다. 선지식은 생각들마다 자기 본성이 청정함을 깨닫고 스스로 수양하여 견지하고 스스로 실행하면, 자연히 불도를 이룰 수 있다."

● 평석

본 품은 '선정禪定'에 대한 설명이다. 혜능대사는 좌선은 마음을 지켜 청정함을 보는 것[守心看淨]이지만 고좌부동枯坐不動하는 것이 아니라 외계에 집착하지 않고 내적으로 흐트러지지 않으므로, 수행할 때에나 일상생활 중에도 자기 성품이 청정함을 몸소 인식해야 하는 것이라고 생각한다. '밖으로 상을 떠난다는 것을 선이라 말하고, 안으로 흩트러지지 않음이 정定이라고 말한다.'는 구절은 선정과 반야를 연결하여 선정의 본질은 상相을 없애고 집착을 버리는 반야의 지혜를 입증하고 체득하는 것임을 지적한 것이다. 이것은 혜능대사가 정과 혜의 관계를 한걸음 더 나아가 설명한 것이며, 또한 상을 없애고 집착을 버리는 반야의 의리義理가 선법禪法 가운데 그대로 드러난 것이다.

● 원문

師示衆云: 此門坐禪, 元不著心, 亦不著淨, 亦不是不動。若言著心, 心元是妄, 知心如幻, 故無所著也。若言著淨, 人性本淨, 由妄念故, 蓋覆眞如, 但無妄想, 性自淸淨。起心著淨, 却生淨妄, 妄無處所, 著者是妄。淨無形相, 却立淨相, 言是工夫。作此見者, 障自本性, 却被淨縛。

善知識, 若修不動者, 但見一切人時, 不見人之是非善惡過患, 卽是自性不動。

善知識, 迷人身雖不動, 開口便說他人是非長短好惡, 與道違背。若著心著淨, 卽障道也。

師示衆云: 善知識, 何名坐禪? 此法門中, 無障無礙, 外於一切善惡境界, 心念不起, 名爲坐, 內見自性不動, 名爲禪。

善知識, 何名禪定? 外離相爲禪, 內不亂爲定。外若著相, 內心卽亂, 外若離相, 心卽不亂。本性自淨自定, 只爲見境思境卽亂, 若見諸境心不亂者, 是眞定也。

善知識, 外離相卽禪, 內不亂卽定。外禪內定, 是爲禪定。菩薩戒經云: 我本性元自淸淨。善知識, 於念念中, 自見本性淸淨, 自修, 自行, 自成佛道。

제6편 참회품懺悔品

1

하루는 광주廣州, 소주韶州, 그리고 사방 여러 곳에서 온 선비들이 조계산曹溪山에 모여 혜능대사에게 설법을 청하여 들었다. 대사는 법좌法座에 앉아 대중들에게 말하였다. "불도를 수행하려는 여러 선지식들이여, 이 크나큰 일은 반드시 자기 성품에 대한 깨달음으로부터 시작해야 한다. 언제든지 일념一念은 다 자기의 청정한 마음에서 나오고 스스로 수행하고 스스로 실행하는 것이다. 자기의 법신法身을 보면 자신의 불성을 보는 것이고, 스스로 자신을 제도하는 것이며, 스스로 계율을 지키는 것이다. 이렇게 하여야만 먼 곳에서 법을 들으러 여기까지 온 것이 헛수고가 되지 않을 것이다. 대중들이 먼 곳으로부터 여기까지 왔으니, 대중들은 다 인연을 지녔다. 지금부터 대중들은 호궤胡跪[121] 합장하고 예를 갖추어라. 나는 우선 대중들에게 '자성오분법신향自性五分法身香'[122]을 전수할 것이고, 다음은 '무상참회無相懺

悔'¹²³를 전수할 것이다." 그리하여 대중들은 공손하게 무릎을 꿇고 앉아서 가르침을 들었다.

대사가 말하였다.

첫째는 계향戒香이다. 이것은 바로 자신의 마음속에 허물이 없고 죄업이 없으며, 질투심이 없고 탐진심貪瞋心이 없으며 겁탈할 마음이 없는 것이다. 이를 가리켜 계향이라 한다. 둘째로는 정향定香이다. 이것은 선과 악의 경계의 상相을 보아도 자신의 마음이 흐트러지지 않는 것을 일컫는다. 셋째로는 혜향慧香이다. 이것은 자신의 마음이 집착이 없고 막힘이 없으므로 늘 지혜로써 자기 성품을 관조하며 모든 악업을 저지르지 않는 것이다. 그리고 비록 착한 일을 많이 하였다 할지라도 마음속에는 그것들에 대한 집착이 없으며, 선배를

---

121 호궤胡跪_호인胡人의 궤좌跪坐방식인데, 경의敬意를 표시하는 자세이다. 좌궤左跪, 호궤互跪, 장궤長跪의 세 가지가 있다. 불문佛門에서는 좌궤左跪의 방식을 채택하고 있다.

122 '자성오분법신향自性五分法身香'_계戒・정定・혜慧・해탈・해탈지견解脫知見 등 다섯 가지의 공덕법(功德法)으로 이루어진 불신佛身을 '오분법신五分法身'이라 부른다. 선종에서는 이 다섯 가지 공덕법으로 이루어진 불신이 자기 성품 속에 존재한다고 생각하고, 이를 '자성오분법신'이라 부른다. 오분법신향五分法身香은 계향・정향・혜향・해탈향・해탈지견향을 가리킨다.

123 무상참회無相懺悔_참회는 사람이 자기의 잘못을 얘기하여 용서받기를 바라는 것을 말한다. 불교에서 승려들은 매달 보름마다 모여서 계율을 독송하여 계율을 범한 사람들에게 참회할 기회를 주고, 참회는 전적으로 죄를 벗어 버리게 하는 것을 목적으로 한다. 이것은 일종의 종교의식이다. 그러나 여기에서는 참회 형식이나 의식을 중요시한 것이 아니라, 어떤 외적인 상에도 집착되지 않고, 개인의 심성이 밝고 깨끗해지기만을 강조하였기 때문에 '무상참회'라고 부른다.

존경하고 아랫사람을 진실로 보살피며, 외롭고 홀로 있는 사람을 불쌍히 여기고 가난한 사람을 구제하는 것을 혜향이라고 한다. 넷째는 해탈향解脫香이다. 이것은 자신의 마음이 외경外境에 아무런 반연攀緣[124]도 없으며, 선善을 생각하지도 악惡을 생각하지도 않으며, 항상 자유자재하여 막힘이 없는 것이다. 다섯째는 해탈지견향解脫知見香이다. 이는 비록 마음이 선과 악에 대하여 반연된 바는 없으나, 다만 빈 공空의 고적枯寂함에 빠져 있음을 경계하는 것뿐이다. 그리고 폭넓게 선지식을 찾아가서 배우고, 법을 많이 들어 자신의 본심을 깨달아야 한다. 그리하여 모든 불도佛道를 통달하여 사람을 다루는 것과 사물을 접하는 것이 빛이 광명을 감추고 티끌과 합치한 것처럼 나의 상相과 남의 상을 무너뜨리고, 초발심으로부터 원만한 보리를 얻을 때까지 늘 불성을 지키는 마음이 변함이 없어야 한다. 이것을 해탈지견향이라 한다.

선지식들이여, 이러한 향香은 각자 자신의 마음속에 스며 있는〔內薰〕[125] 것이므로 바깥에서 찾으려 해서는 안 된다.

이제 나는 그대들에게 무상참회無相懺悔를 전수하여 과거, 현재, 미래 삼세의 죄업을 제거하고 신身·구口·의意 세 가지 업〔三業〕[126]이

---

124 반연攀緣_사람이 주관적으로 외적인 상相을 추구하고, 외물이 변천함에 따라 자신을 변화시키는 것이, 원숭이가 나뭇가지를 따라 오르는 것과 같다 하여 생긴 말이다.
125 내훈內薰_여기서는 마치 안개 속을 걸으면 옷이 젖듯이 자신의 마음이 '훈습薰習' 된다는 것을 가리킨다.
126 삼업三業_신업身業·구업口業·의업意業을 말하며, 사람이 하는 각각의 행위·언어·사상을 가리킨다.

모두 청정하고 투명하도록 할 것이다.

● 평석

혜능대사는 마음을 밝혀 견성하고, 자성성불自性成佛하는 기치를 견지하며, 불교수행에 있어서 계향戒香·정향定香·혜향慧香·해탈향解脫香·해탈지견향解脫知見香을 자기 성품으로 끌어들여 '자성오분법신향自性五分法身香'으로 정의하였다. 그리고 수행자는 자심계自心戒·자심정自心定·자심혜自心慧로써 자신의 마음에 있는 반연攀緣과 속박을 풀어 버릴 것을 제창하였다.

● 원문

時, 大師。見廣韶洎四方士庶, 駢集山中聽法, 於是陞座告衆曰: 來, 諸善知識。此事須從自事中起。於一切時, 念念自淨其心, 自修自行, 見自己法身, 見自心佛, 自度自戒, 始得不假到此。既從遠來, 一會于此, 皆共有緣, 今可各各胡跪。先爲傳自性五分法身香, 次授無相懺悔。

衆胡跪。師曰: 一戒香, 卽自心中, 無非, 無惡, 無嫉妬, 無貪瞋, 無劫害。名戒香。二定香, 卽覩諸善惡境相, 自心不亂。名定香。三慧香, 自心無礙, 常以智慧觀照自性, 不造諸惡。雖修衆善, 心不執著, 敬上念下, 矜恤孤貧。名慧香。四解脫香, 卽自心無所攀緣。不思善, 不思惡, 自在無礙, 名解脫香。五解脫知見香, 自心旣無所攀緣善惡。不可沈空守寂。卽須廣學多聞, 識自本心, 達諸佛理, 和光接物, 無我無人, 直至菩提, 眞性不易, 名解脫知見香。

善知識, 此香各自內熏, 莫向外覓。今與汝等授無相懺悔, 滅三世罪, 令得三業淸淨。

2
선지식들이여, 대중들은 나를 따라서 염송하여라. 제자들아, 이전의 생각[前念], 지금의 생각[今念], 나중의 생각[後念]과 같이 생각들마다 어리석음과 깨닫지 못함에 오염되지 않도록 해야 한다. 이전의 모든 어리석음과 깨닫지 못함 등의 나쁜 결과를 모두 참회하여 즉시 없애고 영원히 다시는 그러한 것들을 일으키지 않도록 해라.
　제자들아, 이전의 생각, 지금의 생각, 나중의 생각 등 모든 생각들마다 교만과 거짓된 말에 물들지 않도록 해라. 이전의 모든 오만과 망언 등의 죄과를 모두 참회하여 즉시 없애고 영원히 다시는 그러한 것들을 일으키지 않도록 해라.
　제자들아, 이전의 생각, 지금의 생각, 나중의 생각 등 모든 생각들마다 질투에 물들지 않도록 해야 하며, 이전의 모든 질투 등의 죄과를 참회하여 즉시 없애고, 영원히 다시는 그러한 것들을 일으키지 않도록 해라. 선지식들이여, 이상에서 말한 법들을 무상참회無相懺悔라 부른다.
　그렇다면 무엇을 참懺이라 하고, 또 무엇을 회悔라 하는가? 참이란 자기가 이전의 죄과나 모든 악업, 어리석음, 교만함, 거짓말, 질투 등의 죄과를 모두 부처님에게 뉘우치고, 영원히 다시 범하지 않을 것을 맹세함을 말한다. 또한 지금 이후의 죄과를 끊고 깨닫고 뉘우치며 다시는 범하지 않겠다고 다짐하는 것을 회悔라 한다. 이 두 가지를 합쳐 참회라고 한다. 보통 범부는 어리석어서 자기가 이전에 범한 잘못을 참회할 줄은 알지만, 지금 이후의 잘못에 대해 끊을 줄도 뉘우칠 줄도 모르고 있다. 참회할 줄을 모르기 때문에 이전의 죄과가 아직 소멸되기도 전에, 그 다음의 잘못을 계속해서 저지르게 된다. 다시 말하면, 이전의 죄가 소멸되기도 전에 또 다른 죄과를 짓게 되므로 이것을 어찌 참회라 부를 수 있겠느냐?

선지식들이여, 지금 참회에 대한 설법을 전수하였다. 이제 계속해서 여러 선지식들에게 사홍서원四弘誓願[127]을 말하고자 하니 여러 대중들은 자세히 들으라. 내 마음속의 중생이 한량없지만 다 제도하기를 서원하노라. 내 마음속의 번뇌가 한량없지만 다 끊기를 서원하노라. 내 마음속 법문이 한량없지만 다 배우기를 서원하노라. 내 마음속의 위없는 불도를 다 이루기를 서원하노라.

선지식들이여, 대중들은 모두 '중생무변서원도衆生無邊誓願度'를 말하지 않는가? 그렇다면, 어떻게 제도濟度할 것인가? 사실상 이것은 나 혜능이 제도하는 것이 아니다.

선지식들이여, 이른바 마음속의 중생, 이것이 가리키는 것은 어리석은 마음, 거짓말하는 마음, 불선한 마음, 질투심, 악독한 마음과 같은 것들이다. 이러한 것들은 반드시 자기가 본래 지닌 불성으로써 그것들을 제도하여야 한다. 이것을 진실로 제도한다고 한다.

---

127 사홍서원四弘誓願_사홍서四弘誓, 사홍원四弘願이라고도 하는데, 대승불교의 보살이 중생을 구하기 위하여 세운 네 가지의 서약과 염원, 중생무변서원도衆生無邊誓願度, 번뇌무량서원단煩惱無量誓願斷, 법문무진서원학法門無盡誓願學, 불도무상서원성佛道無上誓願成을 말한다. 『심지관경心地觀經』에서 나오는 말인데, 선종에서는 자신의 마음, 즉 자기 성품에 맞추어 사홍서원에 새로운 뜻을 부여하였다.

그럼 또 무엇으로써 본래 자기의 불성을 자기가 제도하여 해탈한다고 하는가? 그것은 바로 자기 마음속의 사견邪見, 번뇌, 우매한 중생을 정견正見¹²⁸으로써 제도하는 것이다. 정견이 있으면, 반야의 지혜로써 우매하고 망령된 중생을 깨우쳐서 각각 자기 성품을 스스로 제도할 것이다. 사견이 생기면 정견으로써 제도하고, 미혹한 마음으로 집착하면 깨달음으로써 제도하며, 우매함이 생기면 지혜로써 제도하고, 나쁜 생각이 생기면 착한 생각으로써 제도하라. 이렇게 제도하는 것을 진실로 제도한다고 하는 것이다.

● 평석

혜능대사는 『금강경』에 있는 '상을 떠나 머무름이 없다[離相無住]'는 사상을 '무념위종無念爲宗, 무상위체無相爲體, 무주위본無住爲本'의 돈교의 법문頓敎法門으로 발전시켰으며, '참회懺悔', '사홍서원四弘誓願', '삼귀의三歸依'가 하나로 융합된 무상계법無相戒法을 새로 만들었다. 위의 문장에서 대사가 전수한 '무상참회無相懺悔'는 불교에서 통상적으로 행하는 것이다. 그는 시방제불을 청하여 명호를 예찬하고 경주經咒를 독송하며 부처님 앞에서 참회를 하거나 혹은 '참회문'을 읽는 것과 같은 일반적으로 행하는 형식을 버리고, 사람들에게 오로지 이전의 생각[前念], 지금의 생각[今念], 나중의 생각[後念]과 같이 생각들마다 어리석음, 교만함, 질투에 의해 물들지 말라고 설법하였다. 그는 과거의 죄업을 없애고 잡심雜心을 단절하여 영원히 다시

---

128 정견正見_올바른 견해.

생기지 않게 하는 것이 곧 자성참自性懺이라 하였다. 그러므로 남종선에서 강조하는 것은 내재적인 동기가 순정純正해야 하며, 신身·구口·의意 세 가지 업業 중에서 의업意業을 더욱 중시했음을 알 수 있다.

● 원문

善知識, 各隨我語, 一時道: 弟子等, 從前念今念及後念, 念念不被愚迷染, 從前所有惡業愚迷等罪, 悉皆懺悔, 願一時銷滅, 永不復起。弟子等, 從前念今念及後念, 念念不被憍誑染。從前所有惡業憍誑等罪, 悉皆懺悔, 願一時銷滅, 永不復起。
弟子等, 從前念今念及後念, 念念不被嫉妒染。從前所有惡業嫉妒等罪, 悉皆懺悔, 願一時銷滅, 永不復起。善知識, 已上是爲無相懺悔。

云何名懺, 云何名悔。懺者, 懺其前愆。從前所有惡業, 愚迷憍誑嫉妒等罪, 悉皆盡懺, 永不復起, 是名爲懺。悔者, 悔其後過, 從今以後, 所有惡業, 愚迷憍誑嫉妒等罪, 今已覺悟, 悉皆永斷, 更不復作, 是名爲悔。故稱懺悔。凡夫愚迷, 只知懺其前愆, 不知悔其後過。以不悔故, 前愆不滅, 後過又生。前愆旣不滅, 後過復又生。何名懺悔?
善知識, 旣懺悔已。與善知識發四弘誓願。各須用心正聽。自心衆生無邊誓願度。自心煩惱無邊誓願斷。自性法門無盡誓願學, 自性無上佛道誓願成。

善知識, 大家豈不道衆生無邊誓願度。恁麼道, 且不是惠能度。
善知識, 心中衆生, 所謂邪迷心, 誑妄心, 不善心, 嫉妒心, 惡毒心, 如是等心, 盡是衆生。各須自性自度。是名眞度。

何名自性自度。卽自心中邪見煩惱愚癡衆生, 將正見度。旣有正見, 使般若智打破愚癡迷妄衆生, 各各自度。邪來正度。迷來悟度, 愚來智度。惡來善度, 如是度者, 名爲眞度。

3

'번뇌무변서원단煩惱無邊誓願斷'은 자기 본성의 반야 지혜를 운용하여 허망한 사상심思想心을 제거한다는 말이다. 또한 '법문무량서원학法門無量誓願學'은 자기의 성품을 인식하고, 영원히 올바른 불법에 따라 행동하는 것을 말하는데, 이것을 진학眞學이라 한다. '무상불도서원성無上佛道誓願成'이라는 것은 정상적으로 마음속 깊이 몰입하여, 마음속의 진정한 불법에 따라 수행하며, 미혹한 집착을 제거하고, 나쁜 깨달음을 멀리하면, 항상 지혜가 생긴다. 진眞과 망妄 두 가지 중에서 어느 것도 간섭하지 않으면, 자신의 불성을 볼 수 있다. 즉 한마디로 즉시 성불하는 것이다. 이를 위해서는 항상 수행하여야 하는데, 이것이 원력願力을 발휘하는 방법이다.

선지식들이여, 지금 여러분들은 이미 '사홍서원四弘誓願'을 세웠으니, 다음은 무상삼귀의계無相三歸依戒[129]를 전수할 것이다. 선지식들이여, 깨달음에 귀의하면, 복福과 혜慧가 있어 존엄함을 얻을 수

---

[129] 무상삼귀의계無相三歸依戒_'삼귀의三歸依'는 '삼귀三歸'라 약칭하며, '삼귀계三歸戒'라고도 한다. 불문에 입문할 때 반드시 부처님과 스님 앞에서 '귀의불歸依佛, 귀의법歸依法, 귀의승歸依僧'의 삼귀의를 받아야 한다. 무상삼귀의는 자기가 자신의 마음에 귀의함을 뜻하는 것이지, 외재적인 숭배대상에 대한 귀의나 신봉은 아니다.

있다. 정견正見에 귀의하면, 악욕惡欲의 명성을 멀리 여의게 된다. 그리고 청정함에 귀의하면, 중생의 최상의 존경을 받을 것이다.

이후부터 그대들은 부처를 스승으로 모시며, 사미외도邪迷外道에 귀의하지 말라. 자신의 마음속에 부처·불법·승려의 삼보三寶로써 항상 스스로 자신을 증명하여야 한다. 나는 여러 선지식들에게 자기 성품의 삼보〔自性三寶〕에 귀의할 것을 권하고 싶다. 부처는 곧 깨달음의 의미이고, 불법은 정견正見의 의미이며, 승려는 청정함의 의미이다. 자신의 마음의 깨달음에 귀의하면, 사악함과 망령됨이 생기지 않아 욕망이 줄어들고 모든 것에 만족할 것이다. 그리하여 재물과 여색을 멀리하게 되는데, 이것은 복福과 혜慧에 모두 만족하는 존엄함을 얻은 결과이다. 자신의 마음이 정견에 귀의하면, 생각에 사견이 없게 된다. 사견이 없으면, 다른 사람을 대하는 데에 교만 혹은 방자하거나, 탐욕과 애증의 집착을 벗어나게 된다. 이것은 바로 욕망을 멀리하는 것이다. 자신의 마음이 청정함에 귀의하면, 모든 속된 수고로움과 욕망의 경계에 물들거나 집착하지 않는다. 이것을 다른 사람의 존경을 받는 존엄함이라 한다.

이것을 좇아 수행하는 것을 자성귀의自性歸依라 한다. 속세의 범부들은 이 무상귀의無相歸依의 지극한 이치를 이해하지 못하고, 아침부터 저녁까지 마음 밖에서 삼귀의계三歸依戒를 하고 있다. 마음 밖에서 부처님께 귀의하려고 한다면, 부처는 어디에 있을까? 만약 부처를 볼 수 없다면, 또한 무엇에 귀의한단 말인가? 이렇게 되면 귀의의 교법敎法은 허망한 것으로 되고 만다.

선지식들이여, 여러분들은 스스로 관찰하여 마음을 잘 써야지,

마음을 잘못 써서는 안 된다. 경전에서는 분명히 '자귀의불自歸依佛'이라고 하였지, '귀의타불歸依他佛'이라 하지 않았으니, 자신의 마음에 귀의하지 않으면, 귀의할 곳이 없게 된다.

지금 여러분들은 이미 깨달았으니 자신의 마음에 있는 삼보에 귀의하고, 안으로 심성心性을 조정하고, 밖으로 타인을 존경해야 한다. 이것이 바로 자귀의自歸依이다.

선지식들이여, 이제 여러분들은 자신의 마음의 삼보에 귀의한다는 도리를 깨달았으니, 여러 대중들은 자세히 들으라. 나는 '일체삼신자성불一切三身自性佛'을 말하여 그대들이 모두 자기 본성삼신性品三身을 보고서 자기 마음속의 불성을 깨닫기를 바란다. 나를 따라 독송하라. "자기의 색신色身에 귀의합니다. 청정법신불淸淨法身佛. 자기의 색신에 귀의합니다. 원만보신불圓滿報身佛. 자기의 색신에 귀의합니다. 천백억화신불千百億化身佛."

선지식들이여, 색신은 다만 껍데기에 불과하니, 보이는 외부의 색신에 귀의한다고 말해서는 안 된다. 법신法身·보신寶身·화신化身의 삼신불은 모두 자기 심성 속에 있으며, 세상 사람들은 누구나 가지고 있다. 단지 자기 심성이 무명無明에 미혹되어 자기가 자기 성품을 볼 수 없어, 항상 밖을 향해 삼신불을 찾고 있다. 본래 존재하지 않는 삼신불을 어떻게 찾을 수 있겠는가? 이제 그대들은 나의 말을 자세히 들으라. 나는 그대들로 하여금 자신의 마음속에 본래 가지고 있는 자기 자신의 삼신불을 보게 할 것이다. 이 삼신불은 모두 자기 자성 속에서 나온 것이지 결코 바깥에서 찾은 것이 아니다.

● 평석

혜능대사가 전수한 '무상삼귀의계無相三歸依戒'는 이전의 불·법·승의 삼보三寶에 귀의하라는 것을 개선하여, 자신의 마음의 각覺·정正·정淨에 귀의하도록 한 것이며, 밖을 향하는 신앙을 자기 성품에 대한 신앙으로 대체하였다. '자기 성품에 귀의하지 않으면, 귀의할 곳이 없다'는 구절에서 혜능은 '무상삼귀의'를 자신의 마음속에 있는 자기 성품에서 실현할 것을 주장하였다. 이렇게 함으로써 삼귀의계는 진정한 의미로서의 불성계佛性戒와 지심계持心戒가 되었다. 혜능은 자신의 마음의 삼보에 귀의한 후, 또 사람들에게 자기 성품에 있는 삼신법三身法에 귀의하라고 하였다.

남종선에서는 부처의 법신法身, 보신寶身, 화신化身은 사람의 신체 밖에 있는 것이 아니라고 여긴다. "이 삼신불은 자기 성품을 좇아서 생겨나므로 외부로부터 얻지 못한다." 이 설법은 사람을 가르쳐 인도하고, 인간이 본래 지닌 깨달음이 바로 해탈하는 근거이며, 내재한 도덕의 자각을 불러일으키고, 즉심즉불卽心卽佛의 신념을 수립하는 깨달음의 정도正道이다.

● 원문

又煩惱無邊誓願斷。將自性般若智除却虛妄思想心是也。又法門無盡誓願學。須自見性, 常行正法, 是名眞學。又無上佛道誓願成。既常能下心, 行於眞正, 離迷離覺, 常生般若, 除眞除妄, 卽見佛性。卽言下佛道成。常念修行是願力法。
善知識, 今發四弘願了。更與善知識授無相三歸依戒。善知識, 歸依覺, 兩足尊。歸依正, 離欲尊。歸依淨, 衆中尊。
從今日去, 稱覺爲師, 更不歸依邪魔外道。以自性三寶常自證明。
勸善知識, 歸依自性三寶。佛者, 覺也。法者, 正也。僧者, 淨也。自心歸依覺, 邪迷不生, 少欲知足, 能離財色, 名兩足尊。自心歸依正, 念念無邪見, 以無邪見故, 卽無人我貢高貪愛執著, 名離欲尊。自心歸依淨, 一切塵勞愛欲境界, 自性皆不染著, 名衆中尊。
若修此行, 是自歸依。凡夫不會, 從日至夜, 受三歸戒。若言歸依佛, 佛在何處。若不見佛, 憑何所歸。言却成妄。
善知識, 各自觀察, 莫錯用心。經文分明言自歸依佛, 不言歸依他佛。自佛不歸, 無所依處。
今旣自悟, 各須歸依自心三寶。內調心性, 外敬他人, 是自歸依也。
善知識, 旣歸依自三寶竟。各各志心。吾與說一體三身自性佛。令汝等見三身, 了然自悟自性。總隨我道。於自色身歸依淸淨法身佛。於自色身歸依圓滿報身佛。於自色身歸依千百億化身佛。
善知識, 色身是舍宅, 不可言歸。向者三身佛在自性中。世人總有。爲自心迷, 不見內性。外覓三身如來, 不見自身中有三身佛。汝等聽說, 令汝等於自身中見自性有三身佛。此三身佛, 從自性生, 不從外得。

4

무엇을 청정법신불淸淨法身佛이라 하는가? 우리들의 자기 성품은 본래 청정한 것이며, 만법萬法 또한 모두 이 자기 성품에 있다. 마음속에 일체 나쁜 일을 생각〔思量〕하면 나쁜 행동이 생기게 될 것이고,

마음속에 일체 좋은 일을 생각하면 선한 행동이 생길 것이다. 이렇게 모든 만법은 자기 성품에 의거한다. 자기 성품이 항상 청정하여야 온 세상이 다 청정하고 맑아 마치 해와 달이 항상 선명한 것과 같은 것이다. 그러나 그것이 먹구름에 덮이면 구름 위는 밝으나 아래는 어둡다. 홀연히 맑은 바람이 불어오면, 구름이 걷히고 태양은 밝은 모습을 드러낸다. 햇살이 비추면 만 가지 형상들은 다시 생명의 빛으로 휘감기고, 밤에는 별이 반짝이고 달이 밝아 하늘이 바다 빛깔처럼 푸르고 우주가 청정해지는 것이다. 그러나 세상 사람의 심성心性은 늘 움직여 안정되어 있지 않으므로 마치 저 하늘의 먹구름이 일어나는 것과 같다.

 선지식들이여, 지智는 태양과 같고 혜慧는 달과 같으므로, 지혜는 영원히 밝아 아름답다. 외계外界에 집착하여 외경外境에 망령된 생각이 생기면, 자기 성품은 먹구름에 가리어 맑고 깨끗하지 못할 것이다. 그러나 일단 선지식의 인도를 받거나 진정한 불법을 듣고 수행한다면, 미혹되고 망령됨은 홀연히 사라지고 자기 마음의 안과 밖이 다시 밝음을 되찾을 것이며, 모든 만법도 순식간에 나타날 것이다. 그러므로 모든 만법은 자신 마음속의 자기 성품에 있다고 하며, 이 자신의 마음과 본성이 바로 청정한 법신法身이다.

 선지식들이여, 자신의 마음으로 자기가 본래 지닌 본성에 귀의하면, 진정한 부처에 귀의한 것이다. 이른바 자귀의自歸依란 바로 자기 성품 속의 착하지 못한 마음, 질투하는 마음, 아첨하는 마음, '나'라고 생각하는 마음, 거짓말하는 마음, 남을 업신여기는 마음, 남에게 예의가 없는 마음, 삿되게 보는 마음, 오만한 마음 등 그 어떤 때든지

간에 선하지 않은 행동을 했던 모든 죄업 혹은 앞으로 지을 모든 죄를 없애는 것이다. 자주 자기의 죄과를 반성하고 다른 사람들의 좋고 나쁨을 시비하지 않는 것을 자귀의自歸依라 한다. 항상 겸손의 마음을 품고서 다른 사람을 대함에 항상 공경하며, 스스로 자기 성품에 통달하여 한결같고 조금도 막힘이 없으면, 이것 역시 자귀의이다.

그럼 또 무엇을 원만보신불圓滿報身佛이라 하는가? 하나의 등불이 천년의 암흑을 일순간에 제거하는 것처럼, 일념一念의 지혜는 만년 동안의 어리석은 미혹됨을 제거할 수 있다. 이전의 일을 생각하지 말라. 지나간 일은 다시 돌아오지 않는다. 늘 이후의 행위에 대해 생각하라. 만약 이후에 생각들마다 원만하고 선명하면, 자연히 자기의 본성을 보게 될 것이다. 선善과 악惡은 비록 다르지만, 그 둘은 본성에서는 구별이 없다. 이와 같이 둘을 구분하지 않는 본성을 진실한 본성이라 한다. 진실한 본성은 선과 악으로 물들지 않으니 이것이 바로 원만보신불이다.

자기 성품에서 만약 악한 일념一念이 생기면, 그것은 만겁 동안에 수행한 선한 행위를 일시에 소멸시키게 된다. 반면 자기 성품에 선한 일념이 생기면, 이것이 항하恒河의 모래알〔恒沙〕[130]과 같이 수많은 악업을 일시에 제거할 수 있다. 마음의 수행부터 무상보리無上菩提를 성취하기까지 생각들마다 모두 스스로 본성을 볼 수 있으므로 견성의

---

130 항사恒沙_항하恒河의 모래를 일컫는다. '항하'는 인도 문화의 중심인 갠지스강을 가리키는데, 불전佛典에서 부처님이 법을 말할 때 늘 항하의 모래로써 수량이 많다는 것을 비유하였다. 후세 사람들도 이 단어로써 계산할 수 없을 만큼 많은 수량을 설명하고 있다.

본래의 생각은 결코 잃은 것이 아니다. 이것이 바로 원만보신불이다.

무엇을 천백억 화신불千百億化身佛이라 하는가? 만약 만사만물에 얽히어도 사량思量하지 않는다면, 사람의 심성은 마치 맑은 하늘과 같을 것이다. 하지만 일념一念의 사량만 생기더라도 모든 것을 변화시킨다. 악한 일을 생각할 때 자신의 마음은 지옥의 세계로 변하며, 착한 일을 생각하면 자신의 마음은 천당의 세계로 변한다. 남을 해치려는 마음이 생기면 자신의 마음은 뱀과 같은 사악한 세계로 변하며, 자비의 마음이 생기면 자기의 마음은 보리菩提의 세계로 변한다. 자기 성품에 맑은 지혜가 넘칠 때 자기 마음은 천상의 세계로 변하며, 자기 성품이 미혹함에 집착하여 어리석을 때, 자기 마음은 지옥·아귀·축생의 하계삼도下界三道의 세계로 변한다. 자기 성품의 변화는 아주 많은데, 우매한 사람은 자기 성품을 자각하지 못하므로 생각에 나쁜 마음이 생기게 되고 악한 도道를 항상 행하게 된다. 만약 이것을 깨달음으로 전환하여 선한 마음이 일어난다면, 반야의 지혜가 생겨나는 것이다. 이것을 자성화신불自性化身佛이라 한다.

선지식들이여, 법신불法身佛은 자기 성품에 본래 갖추어져 있는 것이다. 각자의 마음에서도 다 자신의 불성을 인식할 수 있는데, 이것을 보신불報身佛이라 한다. 보신불에서 변화를 생각하게 되면, 그것이 바로 화신불化身佛이다. 스스로 깨닫고 스스로 수행하는 것을 자기 성품의 공덕이라고 하는데 이것이 귀의이다. 자기 성품에는 본래 삼신三身이 있다는 것을 깨달아야 성품불性品佛을 인식할 수 있다. 여기에 무상의 게송 한 수가 있으니 이것을 염송하고 간직한다면, 즉시에 그대들이 여러 겁 동안에 누적된 미혹되고 망령된 죄과가 순식간에 없어질 것이다.

    미혹한 사람은 복만 지으려고 할 뿐 도를 닦으려 하지 않고, 다만 복을 짓는 것이 바로 도道라고 말하네.
    공양을 베풀어 복이 끝이 없어도, 원래 마음속의 삼악三惡이 지어 낸 것이니,
    장차 복을 닦아서 죄를 없애려 하지만, 후세에 복을 얻어도 죄악은 여전히 존재하니,
    다만 자기 마음속을 향하여 죄를 없애려 한다면, 각자 본성에서 진정한 참회를 할 수 있을 것이네.
    홀연히 대승의 참된 참회법을 깨달으면, 모든 죄업은 즉시 무죄이고, 도를 배움에 늘 자기 본성을 관조하면, 바로 제불과 같으니라.
    오조五祖가 유독 이 돈법頓法만 전수함은, 널리 제불과 같이 견성하기를 바라고,
    만약 당래에 법신을 찾으려 한다면, 모든 법상을 떠나 마음을 씻어라.
    노력하여 스스로 견성에 힘써라, 후념後念이 홀연히 단절하여 한 세상이 쉬어지리라.
    대승을 깨달아 견성을 얻고자 한다면, 경건히 합장하여 지극한 마음으로 구할지어다.

    대사가 말하였다. "선지식들이여, 여러분들은 모두 앞의 게송을 염송하고 기억하여 그대로 수행하여야 한다. 만약 이 말에서 견성한다

면, 그대들은 비록 나와 천리나 떨어져 있다고 하더라도 늘 내 곁에 있는 것과 같을 것이다. 그러나 만약 이 말에서 깨달음을 얻지 못하면 나와 얼굴을 맞대고 있어도 천리만리 떨어져 있는 것과 같으므로, 고생스럽게 여기에 와서 불법을 구할 필요가 무엇이 있겠느냐? 각자가 자중하고 잘 돌아들 가거라."

여러 대중들은 혜능대사의 불법을 듣고 마음이 해탈하여 기쁜 마음으로 이것을 믿고 받들어 행하였다.

● 평석

본 품에서는 '자성오분법신自性五分法身', '무상참회無相懺悔', '사홍서원四弘誓願' 등과 '무상삼귀의계無相三歸依戒', '일체삼신자성불一體三身自性佛' 등을 설파한다. 이것들은 모두 불교의 참회의 한 형식이다. 또한 전면적으로 남종선법南宗禪法의 내용을 드러내고 있다. 그 주제는 자기 성품의 깨달음, 자신의 마음의 깨달음이 자기 마음속에 있는 죄의 인연을 제거하는 진정한 참회로 귀결된다는 것이다. 그리고 더 나아가 선법禪法이 심성을 깨닫는 불심종佛心宗의 품격을 강조한다고 함으로써 전통적인 불법을 혁신하려는 것을 체현한다. 이렇게 하여 불법승의 삼보로 귀의하는 것을 귀의각歸依覺·귀의정歸依正·귀의정歸依淨이라는 자성삼보自性三寶로, 삼신불을 자기 성품의 의미에서 법신불法身佛로, 지혜의 의미에서 보신불報身佛로, 행위의 의미에서 화신불化身佛로 바꾸어 선종에서 말한 일체삼신자성불이 되었던 것이다. 다시 계율에 의거해서 말하면, 혜능대사의 선법에서는 계율은 내적 마음에 있다고 했고, 성불에 의거해서 말하면, 부처는 자신의 마음에 있는 자기 성품에 있다는 것을 강조하고 있다.

● 원문

何名淸淨法身佛? 世人性本淸淨, 萬法從自性生。思量一切惡事, 卽生惡行, 思量一切善事, 卽生善行。如是諸法在自性中, 如天常淸, 日月常明, 爲浮雲蓋覆, 上明下暗, 忽遇風吹雲散, 上下俱明, 萬象皆現。世人性常浮游, 如彼天雲。

善知識, 智如日, 慧如月, 智慧常明, 於外著境, 被妄念浮雲蓋覆自性, 不得明朗。若遇善知識, 聞眞正法, 自除迷妄, 內外明徹, 於自性中萬法皆現, 見性之人, 亦復如是, 此名淸淨法身佛。

善知識, 自心歸依自性, 是歸依眞佛。自歸依者, 除却自性中不善心, 嫉妬心, 諂曲心, 吾我心, 誑妄心, 輕人心, 慢他心, 邪見心, 貢高心, 及一切時中不善之行, 常自見己過, 不說他人好惡, 是自歸依。常須下心, 普行恭敬, 卽是見性通達, 更無滯礙, 是自歸依。

何名圓滿報身? 譬如一燈能除千年闇, 一智能滅萬年愚。莫思向前, 已過不可得, 常思於後, 念念圓明, 自見本性。善惡雖殊, 本性無二。無二之性, 名爲實性, 於實性中, 不染善惡, 此名圓滿報身佛。自性起一念惡, 滅萬劫善因, 自性起一念善, 得恒沙惡盡, 直至無上菩提, 念念自見, 不失本念, 名爲報身。

何名千百億化身? 若不思萬法, 性本如空, 一念思量, 名爲變化。思量惡事, 化爲地獄, 思量善事, 化爲天堂。毒害化爲龍蛇, 慈悲化爲菩薩, 智慧化爲上界, 愚癡化爲下方, 自性變化甚多, 迷人不能省覺, 念念起惡, 常行惡道, 迴一念善, 智慧卽生, 此名自性化身佛。

善知識, 法身本具, 念念自性自見, 卽是報身佛, 從報身思量, 卽是化身佛. 自悟自修自性功德, 是眞歸依. 皮肉是色身, 色身是宅舍, 不言歸依也. 但悟自性三身, 卽識自性佛. 吾有一無相頌, 若能師持, 言下令汝積劫迷罪, 一時銷滅. 頌曰:

　迷人修福不修道, 只言修福便是道;
　布施供養福無邊, 心中三惡元來造.
　擬將修福欲滅罪, 後世得福罪還在;
　但向心中除罪緣, 名自性中眞懺悔.
　忽悟大乘眞懺悔, 除邪行正卽無罪;
　學道常於自性觀, 卽與諸佛同一類.
　吾祖惟傳此頓法, 普願見性同一體;
　若欲當來覓法身, 離諸法相心中洗.
　努力自見莫悠悠, 後念忽絶一世休;
　若悟大乘得見性, 虔恭合掌至心求.

　師言: 善知識, 總須誦取, 依此修行, 言下見性, 雖去吾千里, 如常在吾邊. 於此言下不悟, 卽對面千里, 何勤遠來, 珍重好去.

一衆聞法, 靡不開悟, 歡喜奉行.

제7편 기연품機緣品

1

혜능대사는 황매산에서 홍인대사의 돈교법문을 전수받은 후 소주韶州의 조후촌曹侯村에 돌아왔으나 아무도 이 일을 아는 사람이 없었다. 당시 유지략劉志略이라는 선비가 대사를 알뜰히 보살펴 주었다. 유지략에게는 비구니인 고모가 있었다. 그녀의 법명法名은 무진장無盡藏인데, 항상 『대열반경大涅槃經』을 읽었다. 대사는 그 말을 듣자 경전에 있는 오묘한 뜻을 깨닫도록 그녀에게 강의와 해석을 해주고 설법을 베풀었다. 그녀가 경서를 들고 와서 그 내용을 물으니 대사가 말하였다. "나는 글은 잘 모르나 경전의 뜻은 나에게 물어도 된다."

비구니가 "글도 모르는데 어떻게 뜻을 이해한다는 말입니까?"라고 물었다.

그러자 대사는 "삼세제불의 미묘한 깨달음은 문자와 관계가 없다."라고 대답하였다.

비구니는 그 말을 듣고 매우 놀라서 마을의 웃어른께 알리면서, "이 분은 깨달음이 깊은 분이니 마땅히 청하여 잘 공양해야 합니다."라고 말하였다.[131]

얼마 지나지 않아 위무후魏武侯의 후예 조숙량曹叔良과 부근의 주민들이 앞을 다투어 혜능대사에게 예를 올리고 참배하였다. 그 당시에 보림사寶林寺는 수隋 말기의 전쟁 때문에 이미 폐허가 되었다. 여러 사람들이 옛 절터에 사찰을 다시 건립하여 대사에게 그곳에 머물기를 청했고, 그래서 그곳은 곧 불법을 널리 선양하는 성지聖地가 되었다.

대사는 절에서 9개월을 지내고, 또 악당들에게 쫓기게 되어 앞산에 숨었다. 악당들이 불을 질러 초목을 태우면서 대사를 해치려 하였지만 대사는 몸을 큰 돌 틈에 숨겨 다행히 목숨을 건졌다. 그 돌에는 지금까지 육조가 결가부좌했던 무릎의 흔적과 의복의 무늬가 남아 있다. 후세사람들은 그 돌을 '피난석避難石'이라 부른다. 대사는 홍인대사가 "'회懷'자의 이름을 지닌 지방에 가면 머물고, '회會'자의 이름을 지닌 지방에 가면 숨어라."라고 했던 분부가 떠올라 회집懷集과 사회四會 두 곳에서 은거하였다.

● 평석

'제불의 오묘한 도리는 문자와 관계가 없다'라고 한 말은 문자는 불교의

---

131 이 부분은 『조계대사별전曹溪大師別傳』의 내용과 유사하다. 『별전』은 당唐 덕종德宗의 건중년간(建中年間; 780~783)에 이루어졌고, 종보본은 원元 세조世祖 28년(1291년)에 완성된 것이므로 이 대목은 『별전』을 인용하여 작성한 것으로 추정할 수 있다.

진리를 표현하는 데 한계가 있다는 것이다. 이 사상은 중국의 전통문화에서 말하는 "도를 도라고 부르면, 이미 도가 아니고, 이름을 이름이라 부르면, 이미 이름이 아니다.",[132] "토끼를 잡고나면 덫을 잊어라. 물고기를 이미 잡았으면 통발을 잊어라.",[133] "언어로는 뜻을 다 나타내지 못한다."[134]는 사상들과 통한다. 선종에서는 개인이 입증하여 깨닫는 것과 불교 경전에 있는 문자를 대립시킴으로써 경전의 권위를 부인하였다. 이런 경향은 초기부터 선종에서 유난히 분명하게 드러나고 있었다. 그러나 당대唐代 이후에는 어느 정도 바뀌어 선禪과 교敎를 결합하고, 심지어 '불립문자不立文字'로부터 '불리문자不離文字'로 방향을 바꾸어 갔다.

● 원문
師自黃梅得法, 回至韶州曹侯村, 人無知者。時有儒士劉志略, 禮遇甚厚。志略有姑爲尼, 名無盡藏, 常誦大涅槃經, 師暫聽卽知妙義, 遂爲解說。尼乃執卷問字。
師曰: 字卽不識, 義卽請問。
尼曰: 字尙不識, 焉能會義。
師曰: 諸佛妙理, 非關文字。
尼驚異之, 遍告里中耆德云: 此是有道之士, 宜請供養。
有魏武侯玄孫曹叔良及居民, 競來瞻禮。時, 寶林古寺, 自隋末兵火,

---

132 『노자老子』, "道可道, 非常道, 名可名, 非常名."
133 『장자莊子』, "得兎忘蹄, 得魚忘筌."
134 『주역周易』의 「계사전繫辭傳」, "言不盡意."

已廢, 遂於故基重建梵宇, 延師居之, 俄成寶坊。
師住九月餘日, 又爲惡黨尋逐, 師乃遯于前山, 被其縱火焚草木, 師
隱身挨入石中得免。石今有師趺坐膝痕, 及衣布之紋, 因名避難
石。師憶五祖懷會止藏之囑, 遂行隱于二邑焉。

2

승려 법해法海는 소주韶州 곡강현曲江縣 사람이다. 그가 처음 혜능대사를 참배할 때 대사에게 물었다. "무엇을 즉심즉불卽心卽佛이라 하는지 대사께서 제시하여 인도해 주십시오."

그러자 대사가 말하였다. "이전의 생각에 머물지 않는 것이 마음이고 그 다음에 떠오르는 생각이 계속 끊어지지 않는 것이 바로 부처이다. 만법을 이루는 모든 상相은 바로 마음이고, 만법을 이루는 모든 상을 떠나는 것은 바로 부처이다. 구체적으로 말하자면 많은 세월을 거쳐도 다하지 못할 것이니, 나의 게송을 들어라."

'즉심卽心'은 지혜〔慧〕를 말하고,
'즉불卽佛'은 바로 선정〔定〕이라.
정과 혜를 평등하게 얻어 지니면 뜻이 청정할지니,
이 법문을 깨달으려 한다면, 너희의 성품을 닦아야 하고,
본래 태어남이 없는〔無生〕도리를 써서 정과 혜를 함께 닦는 것이
바름〔正〕이다.

법해는 대사의 가르침을 듣고 활연히 깨달아, 그도 한 수의 게송을

지어 찬탄하였다.

'즉심卽心'이 원래 부처인데,
그것을 깨닫지 못하는 것은 스스로 비굴한 것이다.
나는 정과 혜의 원인을 알고 있으니,
같이 닦아 어떤 물건도 떠날 것이다.

승려 법달法達은 강서江西에 있는 홍주洪州 사람이다. 그는 7살 때 출가했고, 늘『법화경』을 읽었다. 그는 혜능대사를 참배할 때 머리가 땅에 닿지 않았다.

대사는 큰소리로 꾸짖으며 말하였다. "참배하면서 머리가 땅에 닿지 아니하니 참배하지 않는 것과 같다. 너는 마음속에서 필연적으로 물건에 집착하고 있을 것이니 평소에 무엇을 닦고 배웠느냐?"

법달이 말하였다. "저는 이미『법화경』을 3천 번이나 읽었습니다."

그러자 대사가 말하였다. "만약 네가 만 번을 읽고 경전의 뜻을 깨우쳐 타인을 능가한다고 오만하지 않으면, 나와 함께 불법을 공부할 수 있다. 그러나 너는 지금『법화경』을 3천 번 읽었음을 자부하고 있으면서도 자기의 과실을 조금도 모르고 있구나. 너는 나의 게송을 들어라."

예禮는 본래 오만한 마음을 없애는 것인데,[135]

---

135 예본절만장禮本折慢幢_만장慢幢은 오만한 마음이 높이 솟은 석주石柱와 같다는 말이다. 예禮는 본래 오만한 심리를 없앤다는 뜻이다.

머리가 어찌 땅에 닿지 않을 수가 있는가?
아상我相이 있으면 즉시 죄가 생기는데,
공功과 복福을 잃는 것보다 더하도다.

대사가 또 물었다. "너의 이름이 무엇이라고 했느냐?"
그러자 법달이 대답하였다. "법달이라 합니다."
이에 대사는 "너는 법달이라고 말했는데, 그럼 도대체 무슨 법을 통달하였느냐?"라고 물으면서 또 한 수의 게송을 설파하였다.

너는 지금 이름이 법달이라 하고,
경을 부지런히 염송하였구나.
공명하게 염송하여 그 소리만을 따라도,
마음이 맑아 보살이라 부를 수 있을 것이로다.
너는 오늘 인연이 있어 나와 만났으니,
내가 이제 너를 위하여 설법할 것이로다.
부처는 말 없는 가운데 있고,
연화蓮華는 입에서부터 발아發芽하노라.

법달은 대사의 게송를 듣고 참회, 사죄하며 말하였다. "지금부터 저는 반드시 겸손하고 공경하게 모든 것을 대하겠습니다. 제자가 『법화경』을 염송한 것은 경전에 있는 의미를 몰라서가 아니라 마음속에 늘 의혹이 생겨서입니다. 대사는 지혜가 많고 해박하시니 저에게 대략 경전에 있는 뜻[義理]을 가르쳐 주십시오."

대사가 말하였다. "법달이여, 불법은 이미 통달되어 있으나, 너의 마음이 통달하지 못한 것이다. 경전의 종지 또한 본래 의문이 없다. 너의 마음속에 의혹이 저절로 생긴 것이다. 너는 경전을 읽고 깨달은 것이 무엇이냐?"

법달이 대답하였다. "제자는 근성이 우둔하여 경문을 염송하기만 했지, 도대체 종지가 무엇인지 모르겠습니다."

● 평석

이 단락에서는 '법달法達'이라는 이름에서 혜능대사가 재치 있는 언어로써 사람들에게 마땅히 불법을 통하여 마음속을 공고히 하고, 오만한 낡은 습관을 버리도록 가르친 것이다. 경전을 읽기만 해서는 안 되며, 참답게 법을 이해하여 진정한 대의를 깨닫지 못하면 불문의 지혜에 통달하지 못함을 가르친 것이다.

● 원문

僧法海, 韶州曲江人也。初參祖師。
問曰: 卽心卽佛, 願垂指諭。
師曰: 前念不生卽心, 後念不滅卽佛。成一切相卽心, 離一切相卽佛。吾若具說, 窮劫不盡, 聽吾偈曰:
 卽心名慧, 卽佛乃定。
 定慧等持, 意中淸淨。
 悟此法門, 由汝習性。
 用本無生, 雙修是正。

法海言下大悟。以偈讚曰：

　卽心元是佛, 不悟而自屈。

　我知定慧因, 雙修離諸物。

僧法達, 洪州人。七歲出家, 常誦法華經。來禮祖師, 頭不至地。

師訶曰：禮不投地, 何如不禮。汝心中必有一物, 蘊習何事耶?

曰：念法華經已及三千部。

師曰：汝若念至萬部, 得其經意, 不以爲勝, 則與吾偕行。汝今負此事業, 都不知過。聽吾偈曰：

　禮本折慢幢, 頭奚不至地。

　有我罪卽生, 亡功禮無比。

師又曰：汝名什麼?

曰：法達。

師曰：汝名法達, 何曾達法。復說偈曰：

　汝今名法達, 勤誦未休歇。

　空誦但循聲, 明心號菩薩。

　汝今有緣故, 吾今爲汝說。

　但信佛無言, 蓮華從口發。

達聞偈, 悔謝曰：而今而後, 當謙恭一切。弟子誦法華經, 未解經義, 心常有疑。和尙智慧廣大, 願略說經中義理。

師曰：法達, 法卽甚達, 汝心不達。經本無疑, 汝心自疑。汝念此經, 以何爲宗?

達曰：學人根性闇鈍, 從來但依文誦念, 豈知宗趣?

3

혜능대사가 말하였다. "나는 문자를 알지 못하니 너는 『법화경』을 나에게 한 번 읽어다오. 그러면 내가 너에게 해석해 주마."

법달은 높은 소리로 경문을 읽었다. 「비유품譬喩品」[136]을 읽을 때 대사가 말하였다. "여기서 멈추어라. 이 경전은 원래 부처가 크나큰 일의 연유로 세상에 출현한 것을 종지로 한 것이니 아래에서 반드시 많은 비유譬喩를 말하게 되지만, 그러나 이 종지를 벗어나지 않는다. 무엇을 연유라 하느냐? 경전에서는 제불諸佛 세존世尊은 다만 크나큰 일의 인연으로 세상에 출현하였다고 하였는데, 이른바 크나큰 일이란 바로 부처의 진정한 지견知見을 말하는 것이다.

속세의 사람들은 밖으로는 상相에 집착하고 안으로는 공空에 집착한다. 만약 일체의 상相에 있으면서 일체의 상을 떠나고, 실상實相에 있으면서 실상을 떠나면, 이것이 바로 안팎을 모두 집착하지 않는 것이다. 이러한 불법을 깨닫는 것처럼, 한 생각〔一念〕의 마음이 열리니, 이것이 바로 불지견佛智見[137]이 열리는 것이다.

부처는 깨달음과 같다. 이는 네 가지로 나눌 수 있다. 첫째, 각지견覺知見의 문을 열고〔開〕, 둘째, 각지견을 끄집어내 보이며〔示〕, 셋째, 각지견을 깨닫게 하고〔悟〕, 넷째, 각지견에 들어가게〔入〕 한다. 만약 들어서 보이면〔開示〕, 즉시 깨달아 들어갈 수 있음〔悟入〕을 각지견이

---

136 비유품譬喩品_『법화경』의 제3편이 「비유품」이다. 여기에서는 화택삼거火宅三車로 불법을 설파함을 비유한다. 그러나 여기에서 언급하고 있는 내용은 「비유품」에 나오는 것이 아니라 제2편인 「방편품方便品」에 나온다.

137 불지지견佛之知見_부처의 지혜를 일컫는다.

라 한다. 이때 마음속에 본래 있던 진실한 본성도 나타나 보이게 된다.

　너는 경전의 종지를 잘못 이해하지 않도록 주의해야 할 것이다. 경전에서 중생들을 위하여 열어 보이며 깨우쳐 들게 함〔開示悟入〕이 나타난다. 이는 부처의 지견知見이니, 나와 같은 세속의 범부와 무관하다고 여겨서는 안 된다. 만약 이런 식으로 이해하면 경전을 훼손하는 것이다. 너는 이미 부처이고 불지견佛知見을 본래 갖고 있는데, 왜 또 다시 불지견을 열려 하는가? 불지견이라는 것은 너 자신의 마음이며, 마음 밖에 다른 불지견이 없다는 것을 알아야 한다. 오직 자기 마음속에 번뇌하는 중생 때문에 본래의 밝고 맑은 심성을 덮어버린 것이다. 그리고 외경外境과 육진六塵을 탐하고 집착하니, 밖으로는 외경에 반연攀緣하고 안으로는 망령된 생각에 어지러이 흔들리게 되어, 티끌 같은 수고로움의 채찍대로 움직이게 되는 것이다. 그러나 부처에게 의존하여 중생의 탐애貪愛 등 망령된 생각에 집착하는 것을 멈추고 마음 밖에서 망령되이 깨달음을 구하지 않으면, 부처와 구별이 없는 경지를 얻을 수 있다고 권고하였다. 그러므로 '불지견을 연다'라고 말한다.

　나도 항상 모든 사람들에게 자기 마음속에서 자주 불지견을 열기를 권고한다. 세상 사람들은 마음이 바르지 못하고 어리석어 미혹에 집착하면서 여러 가지 죄과를 저지르고 있다. 입으로는 선한 말을 하지만 악의惡意, 탐진貪瞋과 질투, 아부하고 오만함을 마음에 품고 있어 사람을 괴롭히고 물건을 해치게 된다. 이것은 그들 스스로 중생의 세속적 견해를 연 것이다. 만약 마음을 단정히 한다면 늘 지혜가 생겨 자기의 심성을 관조할 것이니, 악행을 저지르지 않고 선을 행하게 될 것이다. 이것은 스스로 불지견을 여는 것이다.

　반드시 생각들마다 모두 불지견이어야 하고, 중생의 세속적인 지견知見[138]이어서는 안 된다. 불지견을 열면 티끌 같은 속세를 초탈할 것이나, 반면 중생의 세속적인 지견知見을 열면 인간 세상에 떨어지게 된다. 네가 만약 고생스럽게 경전의 문장을 염송하는 것을 도를 닦는 업적으로 생각한다면 이것은 검은 소가 자기의 꼬리털을 사랑하는 것[139]과 별 다를 게 뭐가 있느냐?

● 평석

이 단락에서는 『법화경』「방편품」에 나오는 '여래출세如來出世'의 일대사인연一大事因緣'인 중생들을 위하여 '불지견佛知見'을 열어〔開〕 보이고〔示〕 깨닫게 하여〔悟〕 들어가게〔入〕 한다는 것을 설명하고 있다. 특히 혜능대사가 이를 바로 자심自心으로 전환하여 이른바 '자심견성自心見性'으로 설하고 있음이 돋보인다. 이는 남종선의 분명한 특징이고 『법보단경』의 커다란 주제이다.

---

138 중생지견衆生知見_세속적인 지식과 지혜를 가리킨다.
139 검은 소가 자기의 꼬리털을 사랑하는 것〔犛牛愛尾〕_'니우犛牛'는 히말라야산 일대에서 서식하고 있는 꼬리털이 긴 소로, 이 소는 자기의 꼬리를 극히 사랑한다고 한다. 여기에서는 사람이 소가 자기의 긴 꼬리를 사랑하는 것처럼 미혹함에 집착하여 깨닫지 못하고 눈먼 사람처럼 탐내지 말아야 할 물건을 탐내는 것을 일컫는다.

●원문

師曰: 吾不識文字, 汝試取經誦一遍, 吾當爲汝解說。

法達卽高聲念經, 至譬喩品, 師曰: 止, 此經元來以因緣出世爲宗。縱說多種譬喩, 亦無越於此。何者因緣? 經云: 諸佛世尊, 唯以一大事因緣出現於世。一大事者, 佛之知見也。

世人外迷著相, 內迷著空。若能於相離相, 於空離空, 卽是內外不迷。若悟此法, 一念心開, 是爲開佛知見。

佛, 猶覺也。分爲四門, 開覺知見, 示覺知見, 悟覺知見, 入覺知見。若聞開示, 便能悟入, 卽覺知見, 本來眞性而得出現。

汝愼勿錯解經意, 見他道開示悟入, 自是佛之知見, 我輩無分。若作此解, 乃是謗經毀佛也。彼旣是佛, 已具知見, 何用更開。汝今當信佛知見者, 只汝自心, 更無別佛。蓋爲一切衆生, 自蔽光明, 貪愛塵境, 外緣內擾, 甘受驅馳, 便勞他世尊, 從三昧起, 種種苦口, 勸令寢息, 莫向外求, 與佛無二。故云開佛知見。

吾亦勸一切人, 於自心中, 常開佛之知見。世人心邪, 愚迷造罪。口善心惡, 貪瞋嫉妬, 諂佞我慢, 侵人害物, 自開衆生知見, 若能正心, 常生智慧, 觀照自心, 止惡行善, 是自開佛之知見。

汝須念念開佛知見, 勿開衆生知見。開佛知見, 卽是出世; 開衆生知見, 卽是世間。汝若但勞勞執念, 以爲功課者, 何異犛牛愛尾?

4

법달이 말하였다. "그렇게 말한다면, 경전의 이치를 이해하기만 하면 경전을 읽을 필요가 없지 않습니까?"

그러자 혜능대사가 말하였다. "경문 자체에 무슨 과오가 있겠느냐? 그러니 네가 염송하는 데 방해가 되는 것이 무엇이냐? 미혹에 집착하거나 깨닫는 것은 개인에 의한 일이므로 손해와 이익은 자기에게 달린 일이다. 입으로 경문을 읽고 마음이 그 뜻을 행한다면 경문을 끌어낸 것이고, 입으로 경문을 염송하나 마음이 그 뜻을 행하지 못한다면 경문에 끌려가는 것이 된다. 너는 나의 게송을 들으라."

마음이 미혹되면 법화에 의해 굴림을 당하고〔法華轉〕,
마음이 깨달으면 법화를 굴릴 수 있도다〔轉法華〕.[140]
경을 독송해도 계속 명확하지 않으면,
그 뜻과 원수를 맺게 되노라.
무념無念의 염송은 곧 청정이고,
유념有念의 염은 곧 사견을 이룰 것이니라.
유무有無 모두를 따지지 않으면,
오래도록 흰 소의 수레〔白牛車; 一佛乘을 의미〕를 타게 되노라.

법달은 게송을 듣고 감격하여 울면서 그 말씀에서 바로 깨달아 물러나며 말하였다. "과거부터 지금까지 저는 실제로 『법화경』을 굴리지 못하고 『법화경』에 의해 굴림을 당해 왔습니다." 그리고는

---

[140] "마음이 미혹되면 법화에 의해 굴림을 당하고, 마음이 깨달으면 법화를 굴릴 수 있도다〔心迷法華轉, 心悟轉法華〕"라는 구절은 이후 선가禪家에서 즐겨 사용하는 용어가 된다. 송대宋代의 간화선看話禪 제창자로 유명한 대혜大慧선사의 『정법안장正法眼藏』을 비롯하여 『선종송고련주통집禪宗頌古聯珠通集』, 『법원주림法苑珠林』 등 수많은 선종 전적에 이 구절이 등장한다.

또한 그는 대사에게 물었다. "경전에서는 일체 대성문大聲聞, 심지어 보살까지도 모두 열심히 공부하여 부처의 지혜를 헤아려 보았지만, 부처의 지혜를 가늠하지 못했습니다. 지금 일반 범부에게 자기의 심성을 깨달으라 하고 이것을 부처의 지견知見이라 하였는데, 만약 상등上等의 근성을 가진 사람이 아니라면 의혹이 생기고 장애가 생기는 것을 면하기 어렵지 않습니까? 또한 경전에서는 세 가지 수레[車乘],[141] 즉 양 수레[羊車]·사슴 수레[鹿車]·소 수레[牛車]가 있고 그 외에 또한 하얀 소 수레[白牛車]가 있다고 합니다. 그들 사이에 어떤 구별이 있습니까? 대사께서 가르쳐 주십시오."

이에 대사가 말하였다. "경문의 뜻은 본래 아주 명확한 것이나 너 자신이 미혹에 집착하여 그것과 어긋난 것이다. 삼승인三乘人[142]이 부처의 지혜를 헤아리지 못한 것은 헤아림 그 자체가 틀린 것이다. 그들이 마음을 합하여 헤아리지만, 그러나 그 결과는 부처의 지혜와 점점 멀어지는 것이다. 경전은 본래 자신이 부처임을 깨닫지 못한 범부를 위해 베풀어 설파한 것이지, 부처가 부처 자신을 위해 말한 것이 아니다. 만약 이 도리를 믿지 않는다면 그들은 백우거白牛車에 같이 타고 있으면서도 자기가 원래 백우거에 타고 있었다는 것을 모르고, 문 밖에서 양·사슴·소의 세 수레를 다시 찾게 된다. 게다가

---

141 삼거三車_『법화경法華經』은 삼거三車로 '삼승三乘'을 비유하였다. 즉 중생을 인도하여 해탈하는 세 가지 교법이다. 양거羊車는 '성문聲聞'을 비유하고 녹거鹿車는 '연각緣覺'을, 우거牛車는 '보살菩薩'을 비유하는데, 삼승三乘을 합하여 '일불승一佛乘' 혹은 '대백우거大白牛車'라 한다.

142 삼승인三乘人_성문聲聞, 연각緣覺, 보살菩薩을 가리킨다.

경문經文은 명백히 너에게 알려주지 않았느냐! 일불승一佛乘만 있을 뿐 결코 다른 교승教乘은 없다고 한다. 그러므로 두 대의 승乘 혹은 세 대의 승, 심지어 수 없는 방편으로써 법문法門을 설파하는 것과 가지가지 인연의 비유 등을 설파한 이런 법전法典은 모두 일불승一佛乘을 위해 베풀어진 것이다. 너는 무엇 때문에 세심히 성찰하지 않느냐? 양 수레·사슴 수레·소 수레, 세 가지 수레는 모두 가설적인 비유이며, 부처가 과거에 자기가 본래 부처의 실상實相을 잃어버린 중생을 위하여 설치한 방편이다. 큰 백우거야말로 부처가 진실하게 말하는 일승실상법一乘實相法이니, 현재의 중생을 위하여 설치한 것이다. 이것들은 모두 너에게 가짜를 버리고 진실한 것을 간직하라고 가르치고 있다. 실상의 부처로 돌아간 뒤에는 진실로 이름조차도 세우지 아니할 것이다. 마땅히 모든 진귀한 재물은 전부 자기 자신에게 속하는 것이므로 자기 자신이 스스로 향유하게 되는 것이다. 이것을 부친의 재산이라 생각하지 말고, 아들의 재산이라 생각하지도 말며, 재산을 사용할 생각은 더구나 말아라. 이래야만 진정으로 『법화경』을 받아 지니는 것이다. 이전의 겁劫에서 현재의 겁, 그리고 나중의 겁까지 손에서 경전을 놓지 말고 낮이든 밤이든 수시로 그것을 지녀 독송하여라."

법달은 대사의 설법을 듣고 마음이 열려 뛸 듯이 기뻐하며 게송 한 수를 지어 찬송하였다.

경을 삼천 번 염송하여도, 조계의 한마디에 잊어버리니,
  출세出世의 종지를 알지 못하면, 여러 생을 미친 듯이 즐기기만 원하며,

양·사슴·소 수레의 방편을 줄곧 선양하였지만,[143]
화택火宅[144] 안에 법중왕法中王[145]이 본래 계실 줄을 누가 알겠는가?

대사가 말하였다. "이제부터 너는 참으로 경전을 지녀 독송하는 스님으로 불릴 수 있다."

법달은 여기에서 『법화경』의 깊은 종지를 깨달았으며 경전 읽기를 멈추지 않았다.

● 평석

"화택 안에 법중왕이 본래 계실 줄을 누가 알겠는가?〔誰知火宅內, 原是法中王〕"라는 구절에서 혜능대사의 남종선은 사람들에게 화택 안의 번뇌, 속세가 원래는 인생의 초월을 실현하는 청량淸凉한 도량이라는 것을 가르친다.

● 원문

達曰: 若然者, 但得解義, 不勞誦經耶?
師曰: 經有何過, 豈障汝念. 只爲迷悟在人, 損益由己。口誦心行, 卽是轉經; 口誦心不行, 卽是被經轉. 聽吾偈曰:

---

143 초중후선양初中後宣揚_ 초선初善은 성문聲門의 교법敎法이고, 중선中善은 연각緣覺의 교법, 후선後善은 보살의 교법이다. 여기에서 선법禪法은 최종적으로 '일불승一佛乘'으로 통일된다.
144 화택火宅_ 중생이 거치는 생사의 윤회에 있는 삼계三界를 비유하는 말이다.
145 법중왕法中王_ 장기간의 수행을 거쳐 생사의 윤회를 초탈한 수행자를 일컫는다.

心迷法華轉, 心悟轉法華,

　　誦經久不明, 與義作讎家。

　　無念念卽正, 有念念成邪,

　　有無俱不計, 長御白牛車。

達聞偈, 不覺悲泣。言下大悟, 而告師曰: 法達從昔已來, 實未曾轉法華, 乃被法華轉。再啓曰: 經云, 諸大聲聞乃至菩薩, 皆盡思共度量, 不能測佛智, 今令凡夫但悟自心, 便名佛之知見, 自非上根, 未免疑謗。又經說三車, 羊鹿牛車, 與白牛之車, 如何區別? 願和尙再垂開示。

師曰: 經意分明, 汝自迷背。諸三乘人, 不能測佛智者, 患在度量也。饒伊盡思共推, 轉加懸遠。佛本爲凡夫說, 不爲佛說。此理若不肯信者, 從他退席, 殊不知坐却白牛車, 更於門外覓三車。況經文明向汝道, 唯一佛乘, 無有餘乘, 若二若三, 乃至無數方便, 種種因緣, 譬喩言詞, 是法皆爲一佛乘故。汝何不省, 三車是假, 爲昔時故; 一乘是實, 爲今時故。只敎汝去假歸實, 歸實之後, 實亦無名。應知所有珍財, 盡屬於汝, 由汝受用, 更不作父想, 亦不作子想, 亦無用想。是名持法華經。從劫至劫, 手不釋卷, 從晝至夜, 無不念時也。

達蒙啓發, 踊躍歡喜, 以偈讚曰:

　　經誦三千部, 曹溪一句亡,

　　未明出世旨, 寧歇累生狂,

　　羊鹿牛權設, 初中後善揚,

　　誰知火宅內, 元是法中王。

師曰: 汝今後方可名念經僧也。

達從此領玄旨, 亦不輟誦經。

5

승려 지통智通[146]은 수주壽州 안풍현安豊縣 사람이다. 그는 『능가경楞伽經』을 천 번도 넘게 읽었지만, 삼신사지三身四智[147]의 뜻을 이해하지 못하여 혜능대사를 참배하고, 대사에게 그 종지의 뜻을 해석해 주기를 간청하였다.

대사가 말하였다. "이른바 삼신三身에서 청정법신清淨法身은 너의 본성을 말하고, 원만보신圓滿報身은 너의 지혜를 말하며, 천백억화신千百億化身은 너의 행위를 일컫는다. 만약 너 자신의 불성을 떠나서 그 외의 어떠한 삼신을 말하는 것은 신체는 있으나 지혜가 없는 것이다. 만약 삼신에 자기 본성이 없다는 것을 깨달으면 바로 사지보리四智菩提이다. 나의 게송을 들으라."

자성은 삼신三身을 지니고 있어, 밝은 사지四智를 이루고,
보고 듣는 인연을 떠나지 않고, 초연히 불지佛地에 오르노라.

---

[146] 지통智通_『경덕전등록景德傳燈錄』 5권에 전하는데 지금의 안휘에 있는 수현壽縣 사람이다.

[147] 사지四智_인도의 유가瑜伽행파와 중국의 유식종唯識宗에서는 수행을 거쳐 범부는 번뇌가 있는 팔식八識을 '사지四智'로 전환한다고 생각한다. 즉 네 가지 지혜, 눈, 귀, 코, 혀, 몸의 오식五識이 '성소작지成所作智'로 전환하고, 제6식第六識인 의식이 '묘관찰지妙觀察智'로 전환하며, 제7식第七識인 말나식末那識이 '평등성지平等性智'로, 제8식第八識인 아뢰야식阿賴耶識이 '대원경지大圓鏡智'로 전환하는 것이다. 네 가지 지혜를 구비하면 불과佛果에 도달할 수 있다.

내가 이제 너를 위해 설법하니, 진리를 믿으면 영원히 미혹하지
않을 것이니,
급히 학문을 구하려는 사람을 모방하여, 종일 보리만 말하여서는
아니 되노라.

지통智通은 또 물었다. "그럼, 사지四智의 뜻이 무엇인지 저한테
가르쳐 주십시오."

대사가 대답하였다. "너는 이미 삼신三身의 의미를 깨달았으니
자연히 사지의 뜻을 알게 될 것인데, 또 물을 것이 무엇이냐? 만약
삼신을 떠나서 그 외의 사지를 논하면, 그것을 가리켜 유지무신有智無
身이라 하니, 지혜가 있어도 지혜가 없는 것과 마찬가지라는 것이다."
대사는 또 게송 한 수를 읊었다.

대원경지大圓鏡智의 본성은 청정한 것이고,
평등성지平等性智의 마음엔 병이 없으며,
묘관찰지妙觀察智의 견견은 공空이 아니고,
성소작지成所作智는 대원경지와 같도다.
오팔육칠의 결과는 인연으로 굴러나온 것[148]이니,
다만 명언名言을 사용함에 실다운 본성은 없으며,

---

148 오팔육칠의 결과는 인연으로 굴러나온 것〔五八六七果因轉〕_8식八識 중의 처음
5식五識과 제8식은 반드시 불과佛果를 성취할 때 성소작지成所作智와 대원경지
大圓鏡智로 전환되는데 이것을 '과상전과上轉'이라 한다. 제6식과 제7식은 중생
이 불과에 도달하지 않았을 때에 묘관찰지妙觀察智와 평등성지平等性智로 전환
할 수 있다는 것이다. 이것을 '인중전因中轉'이라 한다.

만약 굴러나오는 곳에 머무는 바가 없다면,
비록 번잡한 세속에 있지만 마음은 선정〔定〕을 품고 있노라.[149]

지통은 게송을 듣고 자기가 본래 지닌 불성의 지혜를 깨달았다. 그리고 게송 한 수를 지어 대사에게 보여드렸다.

삼신三身은 원래 나의 신체이고,
사지四智는 근본 마음의 밝음이라.
신체와 지혜의 융합은 장애가 없고,
사물에 응함에는 그의 형상을 따르도록 하여야 하니,
닦으려고 하는 것은 모두 망령된 행동이라.
머묾을 지키는 것도 진정眞精이 아니로세.
묘지妙旨를 스승의 가르침으로 깨닫고,
마침내 더러운 이름을 벗었노라.

● 평석

『단경』에서는 여러 곳에서 유식唯識의 사상을 인용했으며, 유식사상과 남종선의 이해를 관철시켰다. 이 단락에서 혜능대사는 지통에게 삼신과 사지의 내재된 이치를 설법하며, 자기 본성은 삼신의 본성이

---

[149] 비록 번잡한 세속에 있지만 마음은 선정을 품고 있노라〔繁興永處那伽定〕_'번흥繁興'은 번잡하고 산란한 세속의 세계를 말하고, '나가那伽'는 '용龍'으로 음역되는데 '잠복'의 뜻을 가지고 있다. 이 구절은 비록 번잡한 세계에 있지만 마음은 용이 깊은 연못에 숨어 있듯이 격변하는 세상에서 정력定力을 잃지 않는다는 뜻이다.

고, 사지는 자기 본성의 표현이라고 지적하였다. 내적 마음이 오염되지 않으면 곧 불과佛果를 성취할 수 있다는 것이다.

● 원문

僧智通, 壽州安豐人, 初看楞伽經, 約千餘遍, 而不會三身四智, 禮師求解其義.

師曰: 三身者, 淸淨法身, 汝之性也; 圓滿報身, 汝之智也; 千百億化身, 汝之行也. 若離本性, 別說三身, 卽名有身無智. 若悟三身無有自性, 卽明四智菩提. 聽吾偈曰:

　自性具三身, 發明成四智,
　不離見聞緣, 超然登佛地,
　吾今爲汝說, 諦信永無迷,
　莫學馳求者, 終日說菩提.

通再啓曰: 四智之義, 可得聞乎?

師曰: 旣會三身, 便明四智. 何更問耶? 若離三身, 別談四智, 此名有智無身, 卽此有智, 還成無智. 復說偈曰:

　大圓鏡智性淸淨, 平等性智心無病,
　妙觀察智見非功, 成所作智同圓鏡,
　五八六七果因轉, 但用名言無實性,
　若於轉處不留情, 繁興永處那伽定.

通頓悟性智. 遂呈偈曰:

　三身元我體, 四智本心明.
　身智融無礙, 應物任隨形.

起修皆妄動, 守住匪眞精.

妙旨因師曉, 終亡染汚名.

6

지상智常스님은 신주信州[150] 조계현縣曹溪 사람이다. 그는 어릴 때 출가하여 마음을 밝혀 본성을 볼 것을 다짐하고는 어느 날 혜능대사를 참배하러 왔다.

대사는 그에게 물었다. "너는 어디에서 왔으며 무엇을 배우고 싶으냐?"

이에 지상이 대답하였다. "저는 최근에 홍주洪州에 있는 백봉산白峰山에 가서 대통화상大通和尙[151]께 예배했습니다. 그가 가르치는 견성성불의 설법을 들었으나 마음속의 의혹이 채 가시지 않아서, 먼 곳에서 특별히 여기로 참배하러 왔으니 대사께서 자비를 베풀어 저를 이끌어 주십시오."

대사가 말하였다. "대통화상이 무슨 설법을 하더냐? 너는 나한테 예를 들어 얘기하도록 하여라."

지상이 아뢰었다. "저는 거기에 3개월쯤 머물렀지만 여전히 깨우침의 가르침을 얻지 못하였습니다. 불법을 구할 마음이 급하여 어느

---

150 신주귀계信州貴溪_지금의 강서江西 귀계貴溪이다.
151 대통화상大通和尙_신수神秀가 입적한 후의 시호가 '대통大通'이다. 생전에는 이 칭호가 있을 수 없다. 옛 당서唐書의 신수전神秀傳 및 모든 서적에서 신수는 백봉산白峰山에 거주한 적이 없다고 기재하고 있다. 이는 『조계대사별전曹溪大師別傳』의 저자가 잘못 기재하였으며, 설숭契嵩이 『단경』을 인용할 때는 고증이 되지 않은 상태였다고 생각된다.

날 저녁 저는 단독으로 방장실方丈室에 들어가 대통화상에게 가르침을 청하였습니다. '무엇이 저의 본래 심성心性입니까?' 그러자 그는 '너는 허공을 본 적이 있느냐?'고 물었습니다. 제가 있다고 대답하니 그는 또 허공의 모양을 보았느냐고 물었습니다. 저는 '허공은 상相이 없는 것인데 어디에 모양이 있단 말입니까?' 하고 되물으니 그는 다음과 같이 말했습니다. '너의 본성은 허공과 같이 요연하여 볼 수 있는 사물이 없는 것을 바로 정견正見이라 한다. 또한 한 물건도 알 수 있는 것이 없다는 것을 진지眞知라 부른다. 푸르거나 누렇고 길거나 짧은 것이 없이 본원이 청정하고 각체覺體가 원명圓明함을 볼 수 있다면, 이것을 견성성불이라 하고 또는 여래지견如來知見이라고도 한다.' 저는 비록 이 말을 들었지만 마음속의 의혹을 떨칠 수 없으니 대사께서 깨우쳐 주십시오."

대사가 말하였다. "그 스승이 말한 것은 여전히 일부분의 지견知見을 유보하고 있으므로 네가 철저히 이해하지 못한 것이다. 지금 너에게 게송 한 수를 들려주마."

일법一法에서 볼 것이 없음〔無見〕을 보지 못하는 것은,
뜬 구름이 한 면을 가린 것과 같고,[152]
일법이 공지空知를 지키는 것을 모르면,[153]

---

152 '일법에서 볼 것이 없음을 보지 못하는 것[不見一法存無見]'은 위의 문장에서 대통화상이 말한 '허공과 같이 요연하여 볼 수 있는 사물이 없는 것[無一物可見]'을 가리키는데, 만약 '허공과 같이 요연하여 볼 수 있는 사물이 없는 것'이라면 여전히 '볼 것이 없음[無見]'을 마음속에 두고 있어 마음을 밝혀 본래 성품을 보는데 장애가 되어 '뜬 구름이 한 면을 가린 것과 같다[浮雲遮一面]'는 것이다.

마른하늘에 번개가 치는 것과 같도다.
이 지견知見은 잠시 뛰어난 것 같으나,
잘못 안 것이니 어찌 방편을 해석할 것인가?[154]
네가 일념에 자기의 틀린 점을 깨닫는다면,
너의 불성〔靈光〕[155]이 늘 현현할 것이로다.

지상은 게송을 듣고 마음이 맑게 열려 자신도 게송 한 수를 지었다.

끊임없이 지견知見을 일으켜
상相에 집착하고 보리를 구하노라.
자기가 깨달았다고 생각하는 하나의 망정妄情이 존재하니,
어떻게 과거의 미혹을 뛰어 넘을 것인가?
자기 성품은 원체源體를 깨달으니,
잘못하여 옮기면서 흘러감을 관조하노라.
조사실祖師室에 들어오지 않았으면,

---

153 '일법이 공지를 지키는 것을 모름[不知一法守空知]'은 위의 문장에서 대통화상大通和尙이 말한 '한 물건도 알 수 있는 것이 없음[無一物可知]'을 가리킨다. 즉 혜능대사는 '한 물건도 알 수 있는 것이 없음'이라는 말은 여전히 '공지空知'에 집착한 것이라고 보고 있는 것이다.
154 '잘못 안 것이니 어찌 방편을 해석할 것인가?[錯認何曾解方便]'는 말은 '한 물건도 볼 수 없음[無一物可見]', '한 물건도 알 수 있는 것이 없음[無一物可知]' 등의 표현이 외재의 모든 현상에 대한 집착을 소멸한다고 잘못 이해하여 끌어낸 것임을 지적하는 것이다. 만약 이 점을 알지 못한다면 '공지空知', '무견無見'을 추구하는 것이기에 여전히 틀렸다고 지적한다.
155 영광靈光_여기서는 사람마다 고유한 불성이 있다는 것을 가리킨다.

아득히 양변兩邊을 헤맸을 것이로다.

하루는 지상이 대사에게 물었다. "부처는 성문聲門·연각緣覺·보살菩薩의 삼승三乘 불법을 말하고, 또 최고의 성불의 방법은 일불승一佛乘이라 하였는데, 제자는 이것을 잘 이해할 수가 없습니다. 대사께서 저를 위해 깨우쳐 주십시오."

이에 대사가 말하였다. "너는 자기 본성에 있는 진심을 관조하라. 심성 밖의 법상法相에 집착해서는 안 된다. 불법에는 사승四乘의 분별이 없다. 단지 사람의 마음에 등급의 차별이 있을 따름이다. 견문見聞에 의거하여 경전을 바꿔 외우고 해탈성불解脫成佛하는 것은 소승이고, 불법의 의미를 깨달을 수 있는 것은 중승中乘이며, 불법의 의미를 깨닫기도 하고 또한 불법대로 수행할 수도 있는 사람이 대승이다. 만법이 모두 통하고 완벽하게 갖추어 어떠한 것에도 오염되지도 집착하지도 않으며, 모든 법상法相을 멀리하여 아무것도 얻으려 하지 않는 것이야말로 최상승最上乘이라 할 수 있다. 승乘은 실어 나르는 행위를 의미하는 것이지 구두상의 논쟁에서 터득되는 것이 아니다. 너는 반드시 스스로 수행할 것이며 더 이상 나에게 묻지 말라. 자기 성품은 여여如如하다."

지상은 감사의 예를 올리고 혜능대사가 입적할 때까지 대사를 받들어 모셨다.

● 평석

"너의 본성은 허공과 같이 요연하여 볼 수 있는 사물이 없는 것을

바로 정견正見이라 한다. 또한 한 물건도 알 수 있는 것이 없다는
것을 진지眞知라 부른다."라고 하는 가르침은 여전히 상相에 집착하는
것이고, 선종은 모든 것에 오염되지도 않고 집착하지도 않아, 지니고
있는 모든 법상法相을 멀리하며 무엇도 얻으려 하지 않는다는 것이
최상승법最上乘法이라 가르친다. 이 단락에서 혜능대사는 지상에게
견성성불하는 법을 전수하여, 지상의 의혹을 풀어준다. 이것은 제
법상諸法相을 멀리하여 일체에 오염되지 않아야 진정으로 견성성불할
수 있다는 것을 설명한 것이다.

● 원문
僧智常, 信州貴溪人。髫年出家, 志求見性。一日參禮。
師問曰: 汝從何來, 欲求何事?
曰: 學人近往洪州白峯山禮大通和尙, 蒙示見性成佛之義, 未決狐
疑。遠來投禮, 伏望和尙慈悲指示。
師曰: 彼有何言句, 汝試擧看。
曰: 智常到彼, 凡經三月, 未蒙示誨, 爲法切故, 一夕獨入丈室, 請問
如何是某甲本心本性。大通乃曰: 汝見虛空否? 對曰: 見。彼曰: 汝
見虛空有相貌否? 對曰: 虛空無形, 有何相貌? 彼曰: 汝之本性, 猶如
虛空, 了無一物可見, 是名正見。無一物可知, 是名眞知。無有靑黃
長短, 但見本源淸淨, 覺體圓明, 卽名見性成佛, 亦名如來知見。學
人雖聞此說, 猶未決了, 乞和尙開示。
師曰: 彼師所說, 猶存見知, 故令汝未了, 吾今示汝一偈。
　不見一法存無見, 大似浮雲遮日面。

不知一法守空知, 還如太虛生閃電。

此之知見瞥然興, 錯認何曾解方便。

汝當一念自知非, 自己靈光常顯現。

常聞偈已, 心意豁然。乃述偈曰:

無端起知見, 著相求菩提。

情存一念悟, 寧越昔時迷。

自性覺源體, 隨照枉遷流。

不入祖師室, 茫然趣兩頭。

智常一日問師曰: 佛說三乘法, 又言最上乘, 弟子未解, 願爲教授。

師曰: 汝觀自本心, 莫著外法相。法無四乘, 人心自有等差。見聞轉誦是小乘; 悟法解義是中乘; 依法修行是大乘; 萬法盡通, 萬法俱備, 一切不染, 離諸法相; 一無所得, 名最上乘。乘是行義, 不在口爭, 汝須自修, 莫問吾也。一切時中, 自性自如。

常禮謝執侍, 終師之世。

7

승려 지도志道는 광주廣州 남해南海[156] 사람이다. 그는 혜능대사에게 가르침을 청하며 말하였다. "저는 출가한 후에 『열반경』을 십여 년 넘게 읽었으나 아직도 이 경전의 크나큰 뜻을 잘 알지 못하니, 대사께서 지적하고 가르쳐 깨우쳐 주시기를 바랍니다."

대사가 말하였다. "너는 어느 부분을 잘 이해하지 못하겠느냐?"

---

156 광주남해廣州南海_지금의 광주廣州 불산佛山이다.

지도가 말하였다. "경전 속에 게송 한 수가 있는데 이렇게 말했습니다. 모든 행위는 무상無相하니, 이는 생함[生]과 멸함[滅]의 법이다. 생함과 멸함이 다 없어지는 것을 적멸락寂滅樂이라[157] 한다. 저는 이에 대해 의혹을 품고 있으나 해석할 수 없습니다."

대사가 물었다. "그럼 너는 무엇 때문에 의혹이 생긴 것이냐?"

그러자 지도가 말하였다. "모든 중생은 두 가지 신신身, 즉 색신色身과 불신佛身이 있다고 하였습니다. 색신은 무상無常하여 생겨날 수도 있고 죽을 수도 있으나, 불신은 영원히 존재할 것이고 무지무각無知無覺한 것입니다. 경에서는 '생함과 멸함이 모두 없어지는 것을 적멸락寂滅樂'이라고 했는데, 저는 어떠한 신身은 적멸寂滅하고 또 어떠한 신은 수락受樂하는지를 알지 못하겠습니다. 만약 색신을 말하였다면 색신이 훼손되어 없어질 때 땅·물·바람·불의 네 가지 커다란 화합의 육신肉身은 모두 분산될 것입니다. 이것은 전부 고통이고, 고통이면 즐거움을 말할 수 없는 것이 아닙니까? 만약 불신佛身이 적멸에 처한다면 그것은 초목와석草木瓦石과 같이 무지無知한 것입니다. 누가 향락을 하게 되는 것입니까? 그 밖에 불성은 생함과 멸함의 본체이고 색色·수受·상想·행行·식識의 오온五蘊은 생함과 멸함의 작용이니, 일체가 이 5가지를 쓰면 생함과 멸함은 항상 존재하는 것입니다. 생함은

---

157 제행무상諸行無常, 시생멸법是生滅法, 생멸멸이生滅滅已, 적멸위락寂滅爲樂_이 게송은 『열반경』 14권에 나타난다. 이를 '제행무상게諸行無常偈' 또는 '설산게雪山偈'라 부른다. 속세의 만물은 옮기면서 흘러가 변화무상하니 그것이 생함[生]과 멸함[滅]의 법이자 고통이다. '무생무멸無生無滅'은 적멸이고 즐거움이라는 의미이다.

체體에서 용用을 일으킨 것이고, 멸함은 바로 용을 거두어 체로 돌아간 것입니다. 만약 그들이 다시 생겨난다면 유정중생有情衆生은 끊임없이 생함과 멸함을 할 수 있는 것입니다. 만약 그들을 다시 생겨나지 못하게 한다면 그것은 영원히 적멸에 돌아가는 것이므로, 초목와석 등 무정無情의 사물들과 마찬가지가 되는 것입니다. 이와 같다면 일체 불법은 모두 열반에 들어가 다시 생겨남이 불가능한 것이니, 어떻게 즐거움이 있을 수 있습니까?"

대사가 말하였다. "너는 부처의 제자인데 왜 외도外道의 단절과 영원함 따위의 편협한 논의로써 최상승의 불법을 배우려 하느냐? 너의 말대로 색신이 법신과 구별이 된다면, 어찌하여 색신의 생함과 멸함을 떠나 법신의 적멸을 구하며, 또 그것으로써 열반이 항상 즐겁다는 것을 논하여 신체가 그 쾌락을 받아들인다고 말하는가! 이것은 여전히 삶과 죽음에 집착하고 인색하며 속세의 향락에 빠져들어 있는 것이다. 너는 여전히 일체 깨닫거나 깨닫지 못한 사람에게 오온五蘊의 화합이 자신의 모양을 이룬다고 생각해서, 각기 모든 불법을 외진外塵의 모양으로 망령되이 기억하여 삶을 탐내고 죽음을 싫어하며, 망령된 생각을 옮기면서 흘러가 속세의 모든 것이 헛되고 진실하지 못하다는 것을 모르고 있다. 따라서 공연히 생사윤회의 고통을 당하게 된다는 것을 알아야 한다. 반대로 영원한 쾌락이 열반의 고상苦相이 된다고 해도 종일 속세의 쾌락을 찾아 구하려고 할 것이다. 부처님은 어리석은 사람을 연민하여 열반의 진정한 즐거움을 보여주었다. 찰나에는 생함의 상相이 없고 멸함의 상相도 없어져 다시 어떤 생함과 멸함이 없어질 것도 없어서, 그러한 생함과 멸함 속에서 열반의 세계가 눈앞에 나타나게 될 것이다. 그것이 출현할 때 또 무엇이 드러날 것인가? 그것이 바로 영원한 쾌락이다. 이런 쾌락은 그것을 받는 사람이 없고, 그것을 받지 않는 사람도 없으니, 어떻게 일체 오용五用이라는 이름이 있을 수 있느냐? 하물며 너는 아직 열반이 모든 것을 다시 생겨나지 못하게 가두어 감추고 있다고 말하는데, 이것은 이미 불법을 훼손하고 비방하는 것이다. 너는 나의 게송을 들어라."

천상의 대열반大涅槃은 원만하고 밝아 늘 고요하게 비추지만,
범부는 곧 죽는 것이라 하고, 외도外道는 집착하여 그것을 단멸斷滅
이라 하는구나.
모든 이승二乘을 구하는 사람은 보는 것을 무작無作으로 오해하노라.
모두 정情의 계탁計度하는 바에 속하고, 육십이견六十二見[158]이
그 근본이로다.
헛되이 허망한 거짓 이름을 세우니, 무엇을 진실한 의미라 할
것인가?
오직 뛰어난 사람만이 통달하여 어느 것도 취하지도 버리지도
않을 것이로다.
오온법五蘊法을 아는 사람은, 오온 가운데 자기를 알 것이로다.
외계에 나타나는 여러 색상은 낱낱이 음성상音聲相이나,
평등은 꿈과 같아, 범성凡聖의 견해가 생기지 않으며,
열반의 알음알이를 짓지 않아도, 이변삼제二邊三際[159]가 단절되나니,

---

[158] 육십이견六十二見_불교에서 말하는 외도外道의 62가지 틀린 관점이다. 여기에서는 모든 잘못된 관점들을 통틀어 말한다.

항상 모든 근기에 응하여 사용하나, 사용한다는 생각을 일으키지
않고,
일체법을 분별하나, 분별하는 마음을 일으키지 않는구나.
겁화劫火는 바다 밑을 태우고, 바람이 일어 산을 때려 치네.
참됨은 항상 적멸락寂滅樂하고, 열반상涅槃相도 그러하도다.
오늘 내가 굳이 말함은 네가 사견邪見을 버리도록 하기 위함이니,
너는 언어를 따라 해석하지 말 것이며, 네가 조금 아는 것은 허용하
노라.

지도志道는 게송을 듣고 활연豁然하게 깨달음을 얻고 뛸 듯이 기뻐하
며 예를 올리고 돌아갔다.

● 평석
이 단락에서 혜능대사는 지도의 제행무상게諸行無常偈에 대한 의문에
답한다. 그는 속세의 만물은 옮기면서 흘러 다니는 것으로서 무상無常
하고, 적멸의 세계는 생함[生]과 멸함[滅]이 없으며, 열반은 항상
즐거운 것이라고 하였다.

● 원문
僧志道, 廣州南海人也。請益曰: 學人自出家, 覽涅槃經十載有餘,
未明大意, 願和尙垂誨。

---

159 이변삼제二邊三際_이변二邊은 무이변無二邊을 말하고, 삼제三際는 과거·현재·
미래의 삼세, 혹은 밖·안·중간의 삼처三處를 일컫는다.

師曰: 汝何處未明。

曰: 諸行無常, 是生滅法。生滅滅已, 寂滅爲樂。於此疑惑。

師曰: 汝作麼生疑?

曰: 一切衆生皆有二身, 謂色身法身也。色身無常, 有生有滅, 法身有常, 無知無覺。經云: 生滅滅已, 寂滅爲樂者, 不審何身寂滅, 何身受樂? 若色身者, 色身滅時, 四大分散, 全然是苦, 苦不可言樂。若法身寂滅, 卽同草木瓦石, 誰當受樂? 又, 法性是生滅之體, 五蘊是生滅之用。一體五用, 生滅是常。生則從體起用, 滅則攝用歸體。若聽更生, 卽有情之類, 不斷不滅; 若不聽更生, 則永歸寂滅, 同於無情之物。如是, 則一切諸法被涅槃之所禁伏, 尙不得生, 何樂之有?

師曰: 汝是釋子, 何習外道斷常邪見, 而議最上乘法? 據汝所說, 卽色身外別有法身, 離生滅求於寂滅, 又推涅槃常樂, 言有身受用, 斯乃執恪生死, 耽著世樂。汝今當知佛爲一切迷人, 認五蘊和合爲自體相, 分別一切法爲外塵相, 好生惡死, 念念遷流, 不知夢幻虛假, 枉受輪迴, 以常樂涅槃, 翻爲苦相, 終日馳求。佛愍此故, 乃示涅槃眞樂, 刹那無有生相, 刹那無有滅相, 更無生滅可滅, 是則寂滅現前。當現前時, 亦無現前之量, 乃謂常樂。此樂無有受者, 亦無不受者, 豈有一體五用之名? 何況更言涅槃禁伏諸法, 令永不生。斯乃謗佛毀法。聽吾偈曰:

　無上大涅槃, 圓明常寂照。

　凡愚謂之死, 外道執爲斷。

　諸求二乘人, 目以爲無作。

　盡屬情所計, 六十二見本。

妄立虛假名, 何爲眞實義。
惟有過量人, 通達無取捨。
以知五蘊法, 及以蘊中我。
外現衆色象, 一一音聲相,
平等如夢幻, 不起凡聖見,
不作涅槃解, 二邊三際斷,
常應諸根用, 而不起用想。
分別一切法, 不起分別想。
劫火燒海底, 風鼓山相擊。
眞常寂滅樂, 涅槃相如是。
吾今彊言說, 令汝捨邪見。
汝勿隨言解, 許汝知少分。
志道聞偈大悟, 踊躍作禮而退。

8

행사行思[160] 선사는 강서江西의 길주 안성吉州 安城[161]에 있는 유劉씨 집에서 태어났다. 그는 조계산에서 혜능대사가 불법을 널리 알린다는

---

160 행사行思_ 길주吉州 노릉(盧陵; 지금의 江西 吉安) 사람으로 성은 유劉인데, 혜능의 문하에서 법을 이은 제자 중의 한 사람이다. 후에 길주 청원산青原山의 정거사淨居寺에서 선법禪法을 널리 전하고 청원가青原家 가문의 선풍을 일으켰는데, 조동曹洞, 운문雲門, 법안法眼의 세 갈래로 분화하였다. 그의 제자로는 석두石頭, 희천希遷 등이 있다. 당唐 희종僖宗은 행사에게 '홍제대사弘濟大師'라는 시호를 하사하였다.
161 길주안성吉州安城_ 강서성江西省의 길안吉安에 소속되어 있다.

무성한 소문을 듣고 참배하러 왔다.

행사는 대사에게 물었다. "마땅히 어떻게 수행하여야 단계적인 구분이 있는 점수의 법문(漸修法門)에 빠져들지 않을 수 있습니까?"

대사가 말하였다. "너는 예전에 무슨 일을 하였느냐?"

그러자 행사가 말하였다. "저는 성제聖諦도 닦지 않았습니다."

대사가 말하였다. "그럼, 너는 또 어느 단계에 떨어졌다는 것이냐?"

행사가 말하였다. "성제도 수행하지 않았는데 무슨 단계적 순서가 있겠습니까?"

대사는 행사를 깊이 신임하여 그에게 첫 번째 자리에 앉게 하였다. 하루는 대사가 그에게 말하였다. "너는 마땅히 한 지방을 맡아 정법正法이 단절되거나 손실 또는 왜곡되지 않게 하여야 한다."

행사는 돈교불법을 얻고 길주吉州의 청원산靑原山으로 돌아와 불법을 선양하고 중생을 교화하였다. 원적圓寂한 후에 홍제선사弘濟禪師라는 시호를 받았다.

회양懷讓선사[162]는 금주金州[163] 두杜씨의 아들이다. 그는 숭산嵩山에 가서 혜안국사慧安國師[164]를 배알하였다. 혜안국사는 그에게 조계산曹

---

162 회양선사懷讓禪師_금주金州의 안강(安康; 지금은 섬서陝西에 속함) 사람이다. 성은 두杜씨고 10살 때부터 불교책을 즐겨 읽었으며, 후에 형주荊州의 옥천사玉泉寺에서 출가하여 숭산嵩山에서 선禪을 배우고 소주韶州에서 혜능에게 참배하였다. 혜능이 입적한 후 그는 남악南岳의 반야사般若寺에서 선법을 선양하여 세상 사람들은 남악회양南岳懷讓이라 불렀다. 그의 제자 마조도일馬祖道一 당시에 남악일계南岳一系가 대단히 흥성하였다. 당말에 남악의 계파는 위앙潙仰과 임제臨濟의 두 파로 나누어졌다. 당의 경종敬宗은 회양에게 '대혜선사大慧禪師'라는 시호를 주었다.

163 금주金州_지금의 섬서陝西에 있는 안강安康을 일컫는다.

溪山에 가서 혜능대사를 참배하게 하였다. 그가 조계산에 이르러 대사에게 예를 올렸다.

대사가 물었다. "너는 어디에서 왔느냐?"

그러자 회양이 대답하였다. "저는 숭산에서 왔습니다."

대사가 또 물었다. "어떤 물건이며 무엇 때문에 왔느냐?"

회양이 대답하였다. "설사 한 물건이라 하여도 맞지 않습니다."[165]

대사가 물었다. "그럼, 수양하여 입증하고 체득할 수 있느냐?"

회양이 대답하였다. "수양하여 입증하고 체득한다는 것이 가능하지 않은 것은 아닙니다. 하지만 오염이 되지 않았으니 아무것도 얻지 못할 것입니다."

대사가 대답하였다. "오염되지 않았다는 것은 모든 부처가 공동으로 유지하고 보호하여야 하는 것이다. 네가 그래야 할 뿐만 아니라 나 역시도 그래야 하느니라. 서천축의 반야다라법사般若多羅法師는 이전에 예언하였다. 너의 문하에 작은 말 한 필이 나타날 것이니〔汝足下出一馬駒〕,[166] 그의 지혜는 종횡으로 치달려 천하의 사람을 정복할

---

164 안국사安國師_혜안慧安을 말하는데, 성은 위衛씨이고, 형주荊州 지강枝江 사람이며 홍인대사의 제자이다. 무후조武侯朝 때 그는 신수神秀와 함께 성에 초대받아 스승의 예로서 대접받았고 '안국사安國師'라 불리웠다.

165 '설사 한 물건이라 하여도 맞지 않음〔說似一物卽不中〕'_마음의 불성이 그 어느 것과도 비교할 수 없음은 일체의 형상을 초월하여 말로 표현할 수 없다는 것과 같다.

171 '너의 문하에 작은 말 한 필이 나타날 것〔汝足下出一馬駒〕'_세상 사람들을 정복한다〔踏殺〕는 뜻이다. 회양 문하에 마조도일馬祖道一이 출현하여 더 흥성할 것을 예언한 것이다. 마조도일은 회양을 따라 십년을 배우고 후에 강서江西 남창南昌 부근 종능鐘陵의 개원사開元寺에서 선을 전수하였는데, 배우는 무리들이 많아

것이다. 이 예언을 너의 마음에 간직하고 급히 말하려 하지 말라."

그리하여 회양은 활연히 깨닫고 대사의 주변에서 15년을 머물렀으며, 그의 수행이 날로 심원하여 오묘한 세계에 이르게 되었다. 후에 남악南岳의 형산衡山에서 선종을 선양하였다. 그는 원적한 후 대혜선사大慧禪師라는 시호를 받았다.

● 평석

위의 문장에서 "서천축의 반야다라법사는 이전에 예언하였다. 너의 문하에 작은 말 한 필이 나타날 것이니, 그의 지혜는 종횡으로 치달려 천하의 사람을 정복할 것이다."라는 단락은 돈황본『단경』에는 없다. 문장 중의 '말[馬]'은 후일의 마조도일馬祖道一을 암시한다. 이 단락에서는 남악의 회양懷讓 계파의 학인들이 늘어날 것이라는 것을 예상하고 있다. 이 예를 든 것은 후세에 중국에서 제일 많이 유통된 종보본宗寶本『단경』을 설명하기 위한 것이라고 생각된다. 적지 않은 내용이 혜능의 후학들에 의해 연역되고 첨가된 산물이기 때문이다. 따라서 이는 순수한 의미에서 혜능대사의 사상을 기록한 것이 아니라 전체적인 남종선 사상을 집중적으로 반영한 것이다. 즉 이는 전체적인 남종선 사상의 결정체이다. 이러한 의미에서 종보본『단경』은 돈황의 판본에 비해 내용이 풍부하므로 혜능대사의 후학들이 남종 경전의 큰 뜻을 발전시켰음을 보여주고 있다.

홍주종洪州宗으로 불렸으며, 청원행사青原行思와 함께 당나라 말기의 가장 영향력 있는 선승이었다.

●원문

行思禪師, 生吉州安城劉氏。聞曹溪法席盛化, 徑來參禮。

遂問曰: 當何所務, 卽不落階級。

師曰: 汝曾作什麽來?

曰: 聖諦亦不爲。

師曰: 落何階級?

曰: 聖諦尙不爲, 何階級之有。

師深器之, 令思首衆。一日, 師謂曰: 汝當分化一方, 無令斷絶。思旣得法, 遂回吉州靑原山, 弘法紹化。諡弘濟禪師

懷讓禪師, 金州杜氏子也。初謁嵩山安國師, 安發之曹溪參扣。讓至禮拜。

師曰: 甚處來?

曰: 嵩山。

師曰: 什麽物? 恁麽來?

曰: 說似一物卽不中。

師曰: 還可修證否?

曰: 修證卽不無, 汚染卽不得。

師曰: 只此不汚染, 諸佛之所護念, 汝旣如是, 吾亦如是。西天般若多羅讖: 汝足下出一馬駒, 踏殺天下人, 應在汝心, 不須速說。

讓豁然契會。遂執侍左右一十五載, 日臻玄奧。後往南嶽, 大闡禪宗。勅諡大慧禪師

9

영가永嘉 현각선사玄覺禪師[167]는 온주溫州 대戴씨의 아들이다. 그는 어릴 적부터 경론을 배웠으며 천태종의 지관법문止觀法門[168]에 조예가 깊었다. 그는 『유마힐경維摩詰經』을 읽어 심성이 밝았다. 하루는 우연히 혜능의 제자 현책玄策이 영가를 방문하였다. 두 사람은 불교의 도리에 대해 토론하였다. 현각의 견해는 제불 조사가 말한 도리와 합치되고 있었다.

현책이 물었다. "너는 누구를 스승으로 모시고 법을 얻었는가?"

그러자 현각이 말하였다. "나는 『대승경론大乘經論』을 배웠는데, 후에 『유마힐경維摩詰經』을 읽고 불심佛心의 종지를 깨달았다. 그러나 지금껏 인가를 얻지 못하고 있다."

현책이 말하였다. "위음왕불威音王佛[169]이 출가하기 전에는 스승

---

167 영가永嘉 현각선사玄覺禪師 _ 현각(玄覺, 665~713)은 온주溫州 영가(永嘉; 지금의 절강浙江) 사람으로서 어려서 출가하여 처음에는 천태지관법天台止觀法을 배웠고, 후에는 혜능을 스승으로 모셨다. 그는 천태와 선종의 사상을 융합할 것을 제창하였다. 혜능의 문하에서 하룻밤만에 깨달았다고 하여 '일숙각一宿覺'이라 부르기도 한다. 『영가집永嘉集』을 펴냈는데 그의 『영가증도가永嘉證道歌』는 세상에 널리 알려져 있다.

168 천태지관법문天台止觀法門 _ 중국불교 종파의 하나로 천태종 지의智顗가 개창한 지관쌍수법문止觀雙修法門이다. 천태종은 일체 만상은 모두 불성 진여眞如의 표현이라 주장하며 '일념삼천一念三千'과 '삼제원융三諦圓融'을 병용倂用하여 발휘하였다. 천태는 지止-정정・관觀-혜慧 쌍수雙修를 주장하였다. 따라서 '지관법문止觀法門'으로 천태종의 이론과 실천을 종합할 수 있다.

169 위음왕威音王 _ 과거 장엄겁莊嚴劫의 최초의 부처님으로 이전에는 부처님이 없었다. 선종은 이 부처님으로 멀고 먼 고대를 표시하며, '위음왕이전威音王已前'으로 인류가 본래 가지고 있는 순정純正한 정신세계를 비유하여 학인들이 자기의

없이 스스로 깨닫는 것이 가능했지만, 그가 출가한 후로는 스승 없이 깨닫는 것은 외도外道이다."

현각이 물었다. "그럼, 네가 나를 위하여 인가해다오."

현책이 말하였다. "나는 부족한 점이 많고 말이 가벼우니, 원한다면 우리 같이 조계산曹溪山의 혜능대사를 찾아가세. 사방에서 배우려는 사람들이 구름같이 모여드는데, 그들은 모두 정법正法을 얻은 사람들이라네."

그래서 현각은 현책을 따라 조계산에 가서 혜능대사를 만나 뵙고 예배하였다. 현각은 도착하자마자 대사의 주변을 세 바퀴 돌고 난 다음 석장〔振錫〕170을 들고 서 있었다.

대사가 말하였다. "출가인은 삼천위의三千威儀와 팔만세행八萬細行171이 있어야 하는데, 너는 어디에서 왔기에 나에게 이토록 방정스럽고 공손치 못하느냐?"

현각이 말하였다. "삶과 죽음의 문제는 아주 큰 문제입니다. 무상無常은 오는 것이 빠르니 미처 대사를 참배하지 못했습니다."

대사가 말하였다. "생사가 없는 진리를 깨닫지 못하면서, 무엇 때문에 무상의 신속함은 이해하느냐?"

본래 면목을 보도록 한다. '부모미생이전父母未生以前', '천지미개이전天地未開以前', '공겁이전空劫以前' 등과 같은 말이다.

170 진석振錫_석錫은 승려가 호신에 쓰는 석장으로, 진석振錫은 석장을 들고 다닌다는 말이다.

171 삼천위의三千威儀, 팔만세행八萬細行_삼천, 팔만은 수량이 많다는 것을 형용한 것인데, 스님이 준수해야 할 계율 이외의 많은 세밀한 의칙儀則, 의궤儀軌를 가리킨다.

현각이 대답하였다. "자기 본성은 곧 자기 성품 본체本體로서 생사가 없으니 변화가 신속한 것은 무소유가 아니겠습니까?"

대사가 대답하였다. "그래, 그렇구나."

현각은 그제야 용모를 단정히 하고 대사에게 예배하고는 곧바로 대사와 작별하려고 하였다.

대사가 말하였다. "네가 이렇게 돌아가는 것은 너무 빠르지 않느냐?"

그러자 현각은 말하였다. "본체의 자기 본성은 동動과 부동不動이 없으니 빠르고 늦음은 무소유無所有한 것이 아니겠습니까?"

대사가 물었다. "그럼 누가 움직이지 않는다는 것을 아느냐?"

현각이 말하였다. "대사의 마음에서 일어나는 분별입니다."

대사가 말하였다. "너는 이미 삶이 없다는 진정한 의미를 깊이 깨달았구나."

현각이 말하였다. "삶이 없다는 것은 아직도 의념이 남아 있다는 말입니까?"

대사가 말하였다. "생각이 없다는 것은 또 누가 분별하느냐?"

현각이 말하였다. "그럼 분별의 마음이 있고 없고가 아니지 않습니까?"

대사가 말하였다. "참 잘 말하였다. 하루라도 묵어 가거라."

이를 두고 당시 사람들은 '일숙각一宿覺'이라 불렀다. 후에 현각선사 玄覺禪師는 『영가증도가永嘉證道歌』을 지어서 세간에 유행시켰다. 현각선사는 적멸 후 무상대사無相大師라는 시호를 받았다. 당시 사람들은 그를 진각眞覺이라 불렀다.

● 평석

현각선사는 선종의 심법心法을 깨달은 후, 조계산에 찾아가 혜능대사의 인가를 받았으며 의문에 대한 해답을 얻었다. 당시 사람들은 이 단락의 기연機緣을 '일숙각一宿覺'이라 하였다. 현각선사는 증득을 기록하여『영가증도가永嘉證道歌』로 묶어 출간(705년)하였다. 후대에 이 책은 선문학禪文學의 진수로 평가되었고, 또한 널리 애독되었다.

● 원문

永嘉玄覺禪師, 溫州戴氏子。少習經論, 精天台止觀法門, 因看維摩經, 發明心地。偶, 師弟子玄策相訪, 與其劇談, 出言暗合諸祖。
策云: 仁者得法師誰?
曰: 我聽方等經論, 各有師承。後於維摩經, 悟佛心宗, 未有證明者。
策云: 威音王已前卽得, 威音王已後, 無師自悟, 盡是天然外道。
曰: 願仁者爲我證據。
策云: 我言輕。曹溪有六祖大師, 四方雲集, 並是受法者。若去, 則與偕行。
覺遂同策來參。繞師三匝, 振錫而立。
師曰: 夫沙門者, 具三千威儀, 八萬細行。大德自何方而來, 生大我慢。
覺曰: 生死事大, 無常迅速。
師曰: 何不體取無生, 了無速乎。
曰: 體卽無生, 了本無速。
師曰: 如是如是。
玄覺方具威儀禮拜, 須臾告辭。

師曰: 返太速乎?

曰: 本自非動, 豈有速耶?

師曰: 誰知非動?

曰: 仁者自生分別.

師曰: 汝甚得無生之意.

曰: 無生豈有意耶?

師曰: 無意誰當分別?

曰: 分別亦非意.

師曰: 善哉, 少留一宿.

時謂一宿覺. 後著證道歌, 盛行于世. 諡曰無相大師. 時稱爲眞覺焉

10

지황智隍선사는 처음에는 홍인대사를 참례하여 바른 종지〔正宗〕를 전수받았다〔正受〕[172]고 생각하였다. 그리하여 절에서 장기간 좌선을 하였는데 그 기간이 이십년이라 한다. 혜능대사의 제자 현책玄策이 만행〔遊方〕하다가 하삭河朔이라는 지역에 이르러 지황의 이름을 듣고 그가 거처하는 암자를 방문하여 그에게 물었다. "그대는 여기서 무엇을 하는가?"

---

[172] 정수正受_정심定心하여 삿되고 어지러움을 멀리하는 것을 '정正'이라 하고, 무념무상無念無想하여 불법을 마음으로 받아들이는 것을 수受라 한다. 밝은 거울과 같은 무심無心이 사물을 나타내고 생각은 모두 멈춰지고, 인연의 고리가 함께 없어지는 삼매三昧와 상응하는 선정禪定이다.

그러자 지황이 대답하였다. "나는 여기서 좌선하여 선정禪定에 들고 있다."

현책이 그 말을 듣고 말하였다. "네가 들은 선정은 유심입정有心入定이냐, 아니면 무심입정無心入定이냐? 만약 무심입정이라면 소유의 생명이 없는 초목와석草木瓦石들도 다 입정入定할 수 있을 것이고, 만약 유심입정이라면 모든 정이 있고 의식이 있는 사람은 모두 입정할 수 있지 않느냐?"

지황이 대답하였다. "나는 입정할 때 마음의 '유무有無'를 발견하지 못하였다."

현책이 또 말하였다. 마음의 생각에 '유무有無'를 발견하지 못하였다는 것은 네가 줄곧 좌선을 하고 있다는 것을 설명하는 것일 뿐, 출입을 더 말할 것이 있느냐? 만약 출입에 대해서 논한다면 그것은 완전히 입정에 들지 못한 것이다."

지황은 더 이상 할 말을 찾지 못하였다. 한참 후 지황은 현책에게 물었다. "당신은 어느 스승을 모시고 있는가?"

이에 현책이 대답하였다. "나는 조계산에서 선종의 육조인 혜능대사를 스승으로 모시고 있다."

지황이 물었다. "혜능대사는 무엇을 선정禪定으로 하고 있는가?"

현책이 대답하였다. "나의 스승이 말하는 선정은 이런 것이다. 법신法身은 원만하여 융화하고 깊고 깊어 청정하고 늘 고요하며, 그 성상性相의 체體와 용用은 하나와 같다. 오온五蘊은 본래부터 공空이니, 육진六塵은 원래부터 있지 않다. 나오지 아니했는데 어찌 들어가며, 움직인 적이 없는데 어찌 어지러울 것인가. 선의 본성〔禪性〕은 본래 머물러 있는 것이 아니기에 선적禪寂에 머무름을 멀리하며, 또한 본래 무소유한 것이니 선의 생각(禪想)이 생겨나는 것을 멀리하며, 마음은 허공과 같아 형용할 수도 없다."

지황은 현책의 말을 듣고 직접 혜능대사를 참배하였다.

대사가 물었다. "너는 어디서 왔느냐?"

지황은 현책을 만나게 된 인연을 구체적으로 설명하였다.

대사가 말하였다. "현책이 말한 것과 같이 마음이 허공과 같아야 하고, 또한 공견空見에 집착하지 않아야 마땅히 일을 하고 사물에 접촉함이 통달하고 걸림이 없어진다. 동動이나 정靜은 그 뜻이 마음에 존재하는 것이 아니니, 범부의 정情과 성스러운 경지를 잊어야만 능소能所[173]의 상相을 깨끗하게 끊을 수 있으며, 그래야만 근본과 상相이 하나가 되는 것이고, 무시무각無時無覺의 선정禪定 속에 있게 된다."

지황은 이 말을 듣고 활연히 깨달으니, 이십년 수행하여 얻은 바가 마음속에서 흔적 없이 사라졌다. 그리하여 그날 밤 하북河北지역 사람들은 모두 공중에서 이런 소리를 들었다. "지황선사는 오늘 불도를 이루었다."

이후에 지황은 대사와 고별하고 하북河北으로 돌아와 사부대중[174]

---

173 능소能所_불교에서는 심식心識을 능연能緣이라 하는데, 심식心識의 대상이 수연隨緣이다. 마치 육근六根과 육진六塵에 비교하면 육근六根은 능연能緣이고 육진六塵은 수연隨緣인 것과 같다. '능能'은 인식의 주체에, '소所'는 인식의 대상에 해당한다.

174 사부대중四部大衆_사중四衆이라고도 한다. 비구·비구니·우바새·우바이로, 우바새 우바이는 남녀 재가신도를 가리킨다.

을 교화하였다.

● 평석

이 단락에서는 지황이 20년 동안 좌선을 하였으나 깨달음을 얻지 못하다가, 나중에 혜능대사의 제자 현책에 의해 조계산에 가서 대사를 배알하고 한 번의 가르침에 즉시 깨달음을 얻어 불도를 이룬 것을 말하고 있다.

● 원문

禪者智隍, 初參五祖, 自謂已得正受, 菴居長坐, 積二十年。師弟子玄策, 游方至河朔, 聞隍之名, 造菴問云: 汝在此作什麼?
隍曰: 入定。
策云: 汝云入定, 爲有心入耶? 無心入耶? 若無心入者, 一切無情草木瓦石, 應合得定; 若有心入者, 一切有情含識之流, 亦應得定。
隍曰: 我正入定時, 不見有有無之心。
策云: 不見有有無之心, 卽是常定, 何有出入? 若有出入, 卽非大定。
隍無對。良久, 問曰: 師嗣誰耶?
策云: 我師曹溪六祖。
隍云: 六祖以何爲禪定?
策云: 我師所說, 妙湛圓寂, 體用如如, 五陰本空, 六塵非有, 不出不入, 不定不亂。禪性無住, 離住禪寂, 禪性無生, 離生禪想, 心如虛空, 亦無虛空之量。
隍聞是說, 徑來謁師。

師問云: 仁者何來?

隍具述前緣。

師云: 誠如所言, 汝但心如虛空, 不著空見, 應用無礙, 動靜無心, 凡聖情忘, 能所俱泯, 性相如如, 無不定時也。

隍於是大悟, 二十年所得心, 都無影響。其夜河北士庶聞空中有聲云: 隍禪師今日得道。隍後禮辭, 復歸河北, 開化四衆。

11

한 승려가 혜능대사에게 물었다. "황매산 홍인대사의 불법과 의발은 누가 얻었습니까?"

그러자 대사가 대답하였다. "불법을 아는 사람이 얻었다."

승려가 또 물었다. "그럼, 스승께서 얻었습니까?"

대사가 말하였다. "나는 불법을 모른다."

하루는 대사가 홍인대사에게 물려받은 법의法衣를 씻으려 하였으나 부근에 좋은 샘터가 없어서 절 뒤의 5리쯤 떨어진 먼 곳까지 갔다. 그곳에서 산림초목이 청청하고 무성하며 상서로운 기氣가 맴도는 것을 보았다. 대사가 석장錫杖을 땅위에 세워 꽂으니, 샘물이 솟아나고 얼마 지나지 않아 못으로 바뀌어 물이 고였다. 그는 땅위에 꿇어 앉아 돌 위에서 법의를 씻었다. 이때에 별안간 한 스님이 대사를 참배하며 말하였다. "저는 방변方辯이라 하는데 서속西屬 사람입니다. 어제 남천축국天竺國에서 보리달마대사를 보았는데 저에게 이렇게 분부하였습니다. '너는 속히 당唐으로 가거라. 내가 물려받은 대가섭大迦葉의[175] 정법안장正法眼藏[176]과 승가리僧伽梨[177] 중의 하나인 구조

가사九條袈裟를 지금 6대조사六代祖師에게 전하였다. 그는 소주韶州의 조계산曹溪山에 있으니 너는 그를 친견하고 예를 올려라.' 그래서 저는 오늘 먼 곳에서부터 달마조사가 전수한 의발을 보려고 찾아왔습니다."

그리하여 대사는 법의를 가져다 그에게 보이며 물었다. "상인上人은 무슨 일을 하고 있는가?"

그러자 방변이 말하였다. "저는 불상을 조각하는 데 능합니다." 대사가 엄숙하게 말하였다. "그럼, 나에게 조각하여 보여주게."

방변은 어쩔 줄 몰라 하였다. 며칠이 지나 그는 불상 한 존尊을 조각하였는데, 높이가 7척이나 되고 곡선미가 있으며 기묘하였다.

---

175 대가섭大迦葉_ '마하가섭摩訶迦葉'으로 부처님의 십대제자 중의 한 사람이다. 선종의 책인 『연등회요聯燈會要』 1권의 기록에 의하면, 부처님 영산靈山의 법회에서 대범천왕大梵天王이 금색 바라화波羅花를 공양으로 바치자 '꽃을 들어 대중에게 보였는데', 대중은 이해하지 못하고 오직 가섭만이 '파안미소破顔微笑' 하였다. 그때 부처님이 말하였다. "나에게 '정법안장正法眼藏, 열반묘심涅槃妙心, 실상무상實相無相, 미묘법문微妙法門, 불립문자不立文字, 교외별전教外別傳'이 있다. 이 교법을 마하가섭에게 부촉付囑하노라." 그래서 선종에서는 가섭을 서천西天의 초대 조사로 존칭하였다.

176 정법안장正法眼藏_ '청정법안清淨法眼'이라고도 한다. 석가가 전하는 '열반묘심涅槃妙心' 혹은 선종의 '이심전심以心傳心'의 자심불성自心佛性에 사용하여, 이 마음이 불지佛智의 전체이며 만덕萬德을 함장含藏한다는 뜻으로 불교의 진정한 교법을 통틀어 가리키기도 한다.

177 승가리僧伽梨_ 세 가지 승의僧衣 중의 하나인데 아홉 조각, 또는 열다섯 조각의 천을 재봉하여 만든 것이다. 왕궁이나 촌락에 들어갈 때 입는 옷으로, 대의大衣, 구조九條, 구품대의九品大衣라고 부르기도 한다. 그 외 오조의五條衣와 칠조의七條衣가 있다.

대사는 웃으며 말하였다. "너는 특성만 조각했을 뿐 불성을 이해하지는 못하였다."

대사는 방변의 머리를 쓰다듬으며 말하였다. "영원한 천상의 복전을 지었도다."

그리고는 그는 법의로써 방변에게 사례를 하였다. 방변은 법의를 받자 세 부분으로 갈라 한 부분은 불상에 걸치고, 한 부분은 자신에게 남기고, 다른 한 부분은 땅에 묻고 나서 맹세하였다. "이 법의를 얻는 때는 내가 세상에 다시 태어날 때가 될 것이다. 나는 이제 여기에서 머무르며 사찰을 다시 건립할 것이다."

송宋 가우嘉祐 8년, 유선惟先이라는 스님이 절을 수리하느라 땅을 파다가 그대로 보존된 법의를 얻었다. 불상은 고천사高泉寺에 있으며 기도하면 즉시 성취한다고 하였다.

하루는 한 선사가 와륜臥輪선사[178]의 게송 한 수를 읽었다.

와륜은 재능이 있어, 백 가지 망상을 단절할 수 있으니,
경계를 당하여 마음이 일어나지 않으며, 보리가 나날이 자라는구나.

대사가 듣고 말하였다. "이 게송은 아직 불법의 참다운 의미를 깨우치지 못했으니, 이 게송대로 수행하면 더 속박될 것 같구나."

그리하여 다른 게송 한 수를 지어 그에게 보였다.

---

178 와륜선사臥輪禪師 _ 행장이 전하지 않는다.

혜능은 재능이 없어 백 가지 망상을 단절할 수 없고,
경계를 당하여 마음이 자주 일어나니, 어떻게 보리가 자라겠는가.

◉ 평석

혜능대사가 법을 얻은 후 조계산에서 널리 교화하자, 여러 학인들이 법을 물었고, 그 가운데 많은 수가 스승과 제자 사이가 되기도 하고, 서로 합치되어 대사에게 귀의하는 기연機緣이 있었다는 내용이다. 또 여기에서는 '제불묘리諸佛妙理, 비관문자非關文字', '즉심즉불卽心卽佛', '견성성불見性成佛', '불락계급不落階級' 등 남종선의 종지를 천명하고 있다.

◉ 원문

一僧問師云: 黃梅意旨, 甚麽人得?

師云: 會佛法人得。

僧云: 和尙還得否?

師云: 我不會佛法。

師一日欲濯所授之衣, 而無美泉, 因至寺後五里許, 見山林蔚茂, 瑞氣盤旋。師振錫卓地, 泉應手而出, 積以爲池, 乃跪膝浣衣石上。忽有一僧來禮拜, 云: 方辯是西蜀人, 昨於南天竺國, 見達磨大師, 囑方辯速往唐土, 吾傳大迦葉正法眼藏, 及僧伽梨, 見傳六代, 於韶州曹溪, 汝去瞻禮。方辯遠來, 願見我師傳來衣鉢。

師乃出示。次問: 上人攻何事業?

曰: 善塑。

師正色曰: 汝試塑看。

辯罔措。過數日, 塑就眞相, 可高七寸, 曲盡其妙。

師笑曰: 汝只解塑性, 不解佛性。

師舒手摩方辯頂. 曰: 永爲人天福田。師仍以衣酬之。辯取衣分爲三, 一披塑像, 一自留, 一用椶裹瘞地中。誓曰: 後得此衣, 乃吾出世, 住持於此, 重建殿宇。宋嘉祐八年, 有僧惟先, 修殿掘地, 得衣如新。像在高泉寺, 祈禱輒應。

有僧擧臥輪禪師偈曰:

　臥輪有伎倆, 能斷百思想,

　對境心不起, 菩提日日長。

師聞之, 曰: 此偈未明心地, 若依而行之, 是加繫縛。

因示一偈曰:

　惠能沒伎倆, 不斷百思想,

　對境心數起, 菩提作麼長。

제8편 돈점품頓漸品

1

한때 혜능대사는 조계산의 보림사에 거처하고 있었고, 신수대사神秀大師는 형남荊南[179]의 옥천사玉泉寺에 살고 있었다. 당시 양대 종파가 모두 흥성하여 사람들은 '남능북수南能北秀'라고 불렀다. 그런데 남과 북의 두 종파는 돈오頓悟와 점오漸悟의 차이점이 있었다. 그러나 배우는 사람들은 보통 두 파의 종지와 의향을 이해하지 못하고 있었다. 혜능대사는 대중에게 말하였다. "불법은 본래 하나의 종지이지만 불법을 전하는 사람들에게 남과 북의 구별이 있고, 깨치고 견성함에 빠르거나 늦음이 있는 것이니, 어떻게 돈오와 점수를 따로 구분하여 부를 수 있겠느냐? 불법은 돈점頓漸의 구분이 없으나, 사람의 근기가 예리하거나 둔한 것이 있어 돈오와 점오의 구분이 생긴 것이다."

---

179 형남荊南_지금의 호북湖北성에 있는 당양현當陽縣이다.

그러자 신수 사문의 제자들이 늘 그를 풍자하여 말하였다. "혜능은 한 글자도 모르는데 무엇으로 장점을 취할 수 있단 말인가?"

신수대사는 그 말을 듣고 말하였다. "혜능대사는 스승 없이 스스로 도통하고 지혜를 얻어 깊고 깊은 깨달음으로써 최상승最上乘의 경지에 도달하였으니, 나는 그를 능가하지 못한다. 또한 나의 스승인 5조五祖 홍인대사弘忍大師는 의발과 불법을 그에게 전수하였으니, 이것은 결코 우연이 아니다. 다만 내가 그를 찾아가 함께 깨우칠 수 없는 것이 한限인데, 쓸데없이 나라가 나에게 은혜를 주는구나.[180] 너희들은 내 신변에서 지체하지 말고 조계산에 가서 혜능대사를 참배하여 의심나는 마음을 해결하도록 하여라."

하루는 신수대사가 제자 지성志誠[181]에게 말하였다. "너는 총명하고 지혜가 많으니 나를 대신하여 조계산에 가서 불법을 배워다오. 그리고 그 배운 것들을 모두 기억하였다가 돌아와 나에게 말해다오."

지성은 스승의 뜻을 받들어 조계산에 도착하여 대중들과 함께 참배하였으나 신분을 밝히지 않았다. 하루는 혜능대사가 대중에게 말하였다. "지금 이 법회에 불법을 훔쳐 듣는 한 사람이 있다."

지성은 그 말을 듣고 급히 예참하며 사건의 자초지종을 상세히 진술하였다.

---

180 허수국은虛受國恩_ 당 황제가 신수神秀에게 행한 특별한 예의를 일컫는다. 구시久視 원년(700)에 측천무후則天武后는 신수를 경성에 불러 황실 내도량內道場에서 공양하였다. 또한 신수는 '양경법주兩京法主, 삼제국사三帝國師'로 존경받았다.
181 지성志誠_ 길주吉州 태화太和 사람으로, 어릴 적에 당양當陽의 옥천사玉泉寺에서 신수를 스승으로 모셨고, 후에 혜능의 문도가 되었다.

대사가 말하였다. "너는 옥천산에서 왔으니 첩자가 아니냐?"

그러자 지성이 말하였다. "아닙니다."

대사가 물었다. "어째서 아닌가?"

지성이 대답하였다. "제가 온 뜻을 말하기 전에는 그렇다고 말할 수 있지만, 이를 설명한 다음에는 아니지 않습니까?"

대사가 물었다. "너의 스승은 어떻게 대중을 가르치느냐?"

지성이 대답하였다. "신수대사는 늘 여러 사람들에게 자기의 본심을 지키며, 본심의 청정함을 정관靜觀할 것을 가르치며, 긴 시간 동안 정좌靜坐하고 눕거나 엎드려서는 안 된다고 지도합니다."

대사가 말하였다. "정신을 집중하여 생각하고, 호흡을 멈추고 내관內觀하여 청정함의 경지에 도달하는 주심관정住心觀淨[182]은 문제가 있으므로 진정한 선은 아니다. 항상 정좌하여 움직이지 않는 것은 신체를 상하게 할 뿐 무익하니 너는 나의 게송을 들으라."

태어나서부터 앉기만 할 뿐 눕지 않고, 죽어서는 눕기만 할 뿐 앉지 않는다면,
한 구의 썩은 뼈다귀로, 어떻게 공과功課를 이룰 수 있는가?

---

182 주심관정住心觀淨_정신을 집중하여 생각하고 호흡을 멈추어 내관內觀하여, 청정함의 경지에 도달하기를 바라는 것을 일컫는다. 장설張說의 『대통선사비大通禪師碑』 중에서는 신수神秀의 선법을 '망념은 잘못된 생각으로 하는 것이니, 정성을 다해서 거둔다.', '선정을 넘기 전에는 만 가지 인연이 열려 있거나 혹은 닫혀 있다. 일단 지혜가 나온 뒤에는 일체가 모두 같다.', '미혹한 마음을 관심할 수 있으면 진여와 상등하다.'고 하였다.

● 평석

중국의 선법에는 돈오와 점수의 구분이 있다. 혜능대사는 돈오頓悟를, 신수대사는 점오漸悟를 주장하고 있다. 하지만 남종의 혜능과 북종의 신수가 결코 서로 함께 존재할 수 없는 것은 아니다. 위 글에서 신수대사는 사문의 제자들에게 조계산에 가서 혜능대사를 참배하고 법을 청하여 들으라고 분부한다. 위 문장 중의 대화에서 신수의 북종에서는 좌선하는 수행과정을 강조하여 장기간 좌선할 것을 주장하며, 이것이 해탈에 도달하는 한 가지 수단이라고 여긴다. 반면 혜능의 남종에서는 좌선만으로 수행하는 과정을 비난하며, 어느 곳에서나 행주좌와行住坐臥의 어떤 자세를 하든지 간에 마음을 밝혀 견성見性하는 것이 가능하다고 말한다.

● 원문

時, 祖師居曹溪寶林, 神秀大師在荊南玉泉寺, 于時兩宗盛化, 人皆稱南能北秀, 故有南北二宗頓漸之分, 而學者莫知宗趣。師謂衆曰: 法本一宗, 人有南北; 法卽一種, 見有遲疾。何名頓漸? 法無頓漸, 人有利鈍, 故名頓漸。

然秀之徒衆, 往往譏南宗祖師, 不識一字, 有何所長?

秀曰: 他得無師之智, 深悟上乘, 吾不如也。且吾師五祖, 親傳衣法, 豈徒然哉。吾恨不能遠去親近, 虛受國恩, 汝等諸人毋滯於此, 可往曹溪參決。

一日, 命門人志誠曰: 汝聰明多智, 可爲吾到曹溪聽法。若有所聞, 盡心記取, 還爲吾說。

志誠稟命至曹溪, 隨衆參請, 不言來處。時, 祖師告衆曰: 今有盜法之人, 潛在此會。志誠卽出禮拜, 具陳其事。師曰: 汝從玉泉來, 應是細作。

對曰: 不是。

師曰: 何得不是?

對曰: 未說卽是, 說了不是。

師曰: 汝師若爲示衆?

對曰: 常指誨大衆, 住心觀靜, 長坐不臥。

師曰: 住心觀靜, 是病非禪。長坐拘身, 於理何益。聽吾偈曰:
　生來坐不臥, 死去臥不坐,
　一具臭骨頭, 何爲立功課。

2

지성은 거듭 정례頂禮하며 말하였다. "제자는 신수대사에게서 9년이나 도를 배웠으나 깨닫지 못했습니다. 오늘 대사의 말을 듣고 곧 본심에 계합하여 깨달은 바가 있습니다. 제자는 삶과 죽음을 해탈하는 것이 큰일이오니, 스승께서 대자대비로 저에게 가르침을 주십시오."

혜능대사가 말하였다. "나는 너희 스승이 너희들에게 계정혜戒定慧의 불법을 가르친다고 들었는데,[183] 스승이 어떻게 말했는지 한번 얘기해 보아라."

지성이 대답하였다. "신수대사께서는 모든 악을 짓지 않는 것을

---

183 계정혜행상戒定慧行相_계정혜戒定慧의 의리義理에 대한 이해와 여기에 맞추어 수행하는 것을 말한다.

계戒라고 가르치고, 모든 선을 받들어 행하는 것을 혜慧라고 가르치며, 스스로 마음이 깨끗한 것을 정定이라고 가르쳤습니다. 신수대사께서는 이렇게 설법하였는데, 대사께서는 또한 무엇으로 여러 사람들을 교화하고 있습니까?"

대사가 말하였다. "만약 나에게 불법이 있어 사람들에게 법을 가르친다면, 그것은 너를 기만하는 것이다. 단지 근기根器에 따라 방편을 이용하여, 속박 받는 사람들을 해탈시킨다고 한다면, 삼매三昧의 가명假名을 위탁할 수 있지만, 너의 스승이 말하는 계정혜戒定慧란 조금 이상하구나. 내가 이해하는 계정혜는 그것과는 판이하게 다르다."

지성이 말하였다. "계정혜는 마땅히 한 가지만 있어야 하는 것인데, 어찌 차이가 있습니까?"

대사가 대답하였다. "너의 스승이 말하는 계정혜는 대승大乘을 끌어들인 것이고, 나의 계정혜는 최상승最上乘을 끌어들인 것으로, 서로간에 깨달음과 이해의 정도가 다르다. 이것은 마음을 알고 견성함에 빠르거나 늦음이 있기 때문이다. 너는 나의 말을 듣고 너의 스승이 말한 것과 같은가 비교해 보아라. 내가 말하는 불법은 자신의 마음, 즉 자기 본성을 떠나지 않는다. 만약 자성, 즉 자기 성품을 떠나서 불법을 말한다면, 그것은 상相에 집착한 설법이라 한다. 이렇게 하면 오히려 자기 성품은 더욱 미혹되니, 마땅히 일체 만법은 자기 성품 가운데 일어나고 상相이 발용된다는 것을 알아야 한다. 이것이 바로 계정혜이다. 나의 게송을 들으라."

마음자리[心地]에 그릇됨이 없는 것은 자성계自性戒이고,

마음자리에 어리석음이 없는 것은 자성혜自性慧이며,
마음자리에 산란함이 없는 것은 자성정自性定이로다.
증가하는 것도 감소하는 것도 없어 금강金剛이라 하니,[184]
몸이 가고 마음이 오는 것은 본래 삼매이로다.[185]

지성이 듣고 깨우쳐 고마움을 표시하고 그도 게송 한 수를 바쳤다.

오온五蘊의 화신化身은 허환虛幻한 것이니, 구경법신究竟法身이 어디 있는가?[186]
진여眞如의 본성에 회귀하려 하니, 법은 오히려 청정하지 않구나.[187]

대사가 옳은 말이라고 치사하였다. 그리고 지성에게 말하였다.
"너의 스승이 말한 계정혜는 소근기小根器를 가진 사람들에 대한 것이

---

184 부증불감자금강不增不減自金剛_ 자기 본성은 원래 일체를 가지고 있는 것이어서 증가하지도 감소하지도 않고 생기지도 멸하지도 않아, 금강이 파괴되지 않는 것과 마찬가지라는 뜻이다.
185 신거심래본삼매身去心來本三昧_ 형체가 있는 신체는 가고 옴이 있고 동작이 있으나 여전히 선정禪定중에 있다는 뜻이다.
186 오온환신五蘊化身, 환하구경幻何究竟_ 색色·수受·상想·행行·식識 5가지 물질과 정신요소를 합하여 이루어진 신체는 허황된 환상인 것이니, 어찌 구경법신究竟法身과 비교할 수 있느냐는 말이다. 구경究竟은 실상진여實相眞如, 구경법신을 가리킨다.
187 회취진여回趣眞如, 법환부정法還不定_ 진여자성眞如自性으로 회귀한다는 뜻이다. 즉 진여자성을 떠나지 않고 계정혜를 말해야 한다. 선법禪法의 진리가 마음속에 본래 구족하게 갖추어져 있으니, 청정함을 볼 필요가 없음을 깨닫는 것이다.

고, 내가 말한 계정혜는 대근기大根器를 가진 사람들에 대한 것이다. 만약 자기 성품을 잘못 이해하면 보리와 열반을 다시 세울 필요가 없으며, 해탈에 관한 인식과 견해도 건립할 필요가 없다. 실제로 아무 불법도 없는 경지에 도달하여야 자기 성품에 의한 만법萬法을 건립할 수 있다. 이 의미를 이해해야 '불신佛身', '보리菩提', '열반涅槃', '해탈지견解脫知見' 등 불법의 명칭을 세울 수 있다. 자기 성품을 인식한 사람은 사실 이런 불법의 명칭을 세워도, 또 세우지 않아도 될 것이다. 그러한 사람은 자유자재하여 막히는 장애가 없으며, 쓸모가 있을 때 인연을 따라서 사용하고, 말하려 할 때 인연을 따라서 응답할 수 있다. 모든 화신化身은 널리 현현하지만, 자기 성품을 떠나지 않고, 곧 자재하고 신통하며,[188] 유희삼매遊戱三昧[189]를 즐기는 그런 경지에 도달하는 것을 견성見性이라 한다."

지성은 재차 대사에게 가르침을 청하며 말하였다. "불립불법不立佛法의 의미는 무엇입니까?"

대사가 말하였다. "자기 성품은 본래 잘못됨이 없고 어리석음도 없으며 혼란함도 없다. 각각 하나의 마음은 모두 지혜로 관조한다. 사물의 형상을 멀리하여 자유자재하며, 종횡으로 이미 사용하는데 더 이상 무슨 불법을 세운다는 말이냐? 자기 성품을 스스로 깨우치면 돈오頓悟는 돈수頓修가 될 것이요, 선후의 순서 또한 필요가 없다.

---

[188] 자재신통自在神通_뜻대로 변화하고 자재自在하여 막힘이 없는 신통력을 말한다. 소승小乘은 신통자재神通自在의 경지는 증득證得하여 얻는 것이라 여기지만, 대승大乘은 보살이 중생을 널리 제도하는 방편법方便法이라 여긴다.

[189] 유희삼매遊戱三昧_자유자재하게 선정禪定 중에서 유희하며 즐긴다는 말이다.

그러므로 그 어떤 불법을 세울 필요도 없다. 모든 불법은 적멸寂滅한 것이니 어디에 순서가 있단 말인가?"

지성은 예를 올리며 대사를 받들어 모시겠다는 뜻을 밝히고, 밤낮으로 일하며 정진하였다.

● 평석

'마음자리〔心地〕에 그릇됨이 없는 것은 자성계自性戒'라는 구절에서, 혜능대사는 계정혜戒定慧는 모두 자아 본성 속에 선천적으로 가지고 있는 것이기에 계정혜에 '자성自性'이라는 이름을 부여하였다. 이것은 수계受戒는 구체적인 계율의 조문을 준수하는 데서 표현되는 것이 아니라 자기의 심리적 활동에서 표현된다는 것을 일컫는다. 만약 마음속에 시비是非의 생각이 없다면, 곧 '자성계'에 도달한 것이며, 정定과 혜慧도 마찬가지이다. 여기서 남종선에서는 형식이나 계율을 중시하여 얽매이는 것을 헛된 것이라고 하였다.

● 원문

志誠再拜曰: 弟子在秀大師處, 學道九年, 不得契悟。今聞和尙一說, 便契本心。弟子生死事大, 和尙大慈, 更爲敎示。
師云: 吾聞汝師敎示學人戒定慧法, 未審汝師說戒定慧行相如何? 與吾說看。
誠曰: 秀大師說, 諸惡莫作名爲戒, 諸善奉行名爲慧, 自淨其意名爲定。彼說如此, 未審和尙以何法誨人?
師曰: 吾若言有法與人, 卽爲誑汝, 但且隨方解縛, 假名三昧。如汝師所說戒定慧, 實不可思議。吾所見戒定慧又別。

志誠曰: 戒定慧只合一種, 如何更別?

師曰: 汝師戒定慧接大乘人, 吾戒定慧接最上乘人, 悟解不同, 見有遲疾。汝聽吾說, 與彼同否? 吾所說法, 不離自性, 離體說法, 名爲相說, 自性常迷。須知一切萬法, 皆從自性起用, 是眞戒定慧法。聽吾偈曰:

心地無非自性戒,

心地無癡自性慧,

心地無亂自性定,

不增不減自金剛,

身去身來本三昧。

誠聞偈, 悔謝。乃呈一偈曰:

五蘊幻身, 幻何究竟,

迴趣眞如, 法還不淨。

師然之。復語誠曰: 汝師戒定慧, 勸小根智人, 吾戒定慧, 勸大根智人。若悟自性, 亦不立菩提涅槃, 亦不立解脫知見, 無一法可得, 方能建立萬法。若解此意, 亦名佛身, 亦名菩提涅槃, 亦名解脫知見。見性之人, 立亦得, 不立亦得, 去來自由, 無滯無礙, 應用隨作, 應語隨答, 普見化身, 不離自性, 卽得自在神通, 游戲三昧, 是名見性。

志誠再啓師曰: 如何是不立義?

師曰: 自性無非, 無癡, 無亂, 念念般若觀照, 常離法相, 自由自在。縱橫盡得, 有何可立。自性自悟, 頓悟頓修, 亦無漸次。所以不立一切法。諸法寂滅, 有何次第?

志誠禮拜, 願爲執侍, 朝夕不懈。

3

지철志徹스님은 강서江西 사람이다. 그의 성은 장張이고 이름은 행창行昌이다. 소년시절부터 의협심이 강하고 정의로웠다. 선종이 남북으로 갈라지자 두 분의 종주宗主가 비록 서로 구별되지 않지만, 제자들 사이에는 친소親疎의 마음이 생겼다. 당시 북종의 사람들은 독자적으로 신수대사를 선종 제6대 조사로 세웠으나,[190] 제5대 조사인 홍인대사가 법의를 혜능대사에게 전한 일이 천하에 알려질까 봐 꺼림칙해 하였다. 그래서 그들은 행창行昌을 시켜 혜능대사를 암살하라고 하였다.

대사는 마음의 신통력으로 이미 이 일을 예견하고, 열두 냥의 은전을 잠자리에 놓아두었다.

그날 밤, 행창은 대사의 방에 잠입하여 대사를 살해하려 하였다. 대사는 이 사실을 미리 알고 병풍 뒤에 숨었다가 나타나서 스스로 목을 들이대고 행창에게 여러 번 베도록 했는데 대사는 어떠한 손상도 입지 않았다.

---

190 이옹李邕이 신수神秀의 제자인 보적普寂를 위해 쓴 「대조선사탑명大照禪師塔銘」에 근거하자면, 보적普寂은 임종 전에 이렇게 말하였다. '달마로부터 혜가慧可에게 전하고, 혜가는 승찬僧璨에게 전하고, 승찬은 도신道信에게 물려주고, 도신은 홍인대사에게 전하고, 홍인대사는 대통大通에게 전수하고, 대통은 나에게 넘기니, 지금의 칠엽이 되었다. 신회神會는 숭원법사崇遠法師의 물음에 대답하여 말하였다. "신수선사가 세상에 계실 때에, 제6대 전법가사가 소주에 있다고 하며, 스스로 6대라고 자칭하지 않았는데, 이제 와서 보적선사가 제7대라고 자칭하며 망령되이 신수대사를 제6대로 세우니, 인정할 수가 없다.' 이런 기록에서 북종北宗의 문인이 신수神秀를 제6대 조사로 세웠다는 사실을 알 수 있다.

대사가 말하였다. "올바른 검은 사악하지 않고 사악한 검은 바르지 않은 법이니, 나는 너에게 전생에 금전을 빚졌을 뿐 목숨을 빚지지는 않았다." 행창은 너무 놀라 쓰러졌다가 한참 후에야 깨어났다. 그는 깨어난 다음에 대사에게 잘못을 뉘우치고 새롭게 살겠다고 애원하며 출가하기를 원한다고 말하였다.

대사는 그에게 돈을 주며 말하였다. "너는 잠시 여기를 떠나거라. 나의 제자들이 오히려 너를 해칠까 두려우니 어느 정도 시간이 지난 후 너는 변장을 하고 다시 오너라. 그때 나는 너를 제자로 받아들일 것이다."

행창은 대사의 뜻을 깨닫고 밤을 틈타 도망쳤다. 후에 사원으로 다시 와 출가, 스님이 되어 구족계具足戒[191]를 받고 열심히 정진, 수행하였다.

하루는 행창이 대사가 한 말이 생각나 멀리서 찾아가 대사를 뵙고 예를 올렸다.

그러자 대사가 말하였다. "나는 항상 너를 생각하곤 하였다. 그런데 너는 왜 이제야 왔느냐?"

행창이 말하였다. "저번에는 대사께서 자비를 베풀어 저의 죄과를 용서하여 주셨습니다. 이제 저는 비록 출가하여 꾸준히 수행하나 늘 대사의 은덕에 보답하지 못한다고 생각했습니다. 그래서 저는 대사를 따라 불법을 널리 펴서 중생을 제도 해탈하게 하는 것만이 그 은혜를 보답하는 길이라 생각하고 있습니다. 저는 항상 『열반경』을

---

[191] 구족계具足戒_구족계는 출가한 사람이 받는 계율을 말하는데, 계품戒品이 구족具足하다 하여 붙여진 이름이다.

읽고 있으나 '상무상常無常'¹⁹²의 의미를 깨닫지 못하고 있습니다. 스승께서 자비를 베풀어 저를 깨우쳐 주십시오."

대사가 말하였다. "무상無常은 불성을 가리키고, 이른바 유상有常은 모든 선과 악의 사물을 분별하는 분별심을 일컫는다."

행창이 말하였다. "무엇 때문에 스승이 설명하는 '상무상常無常'은 경문과 크게 위배됩니까?"

대사가 말하였다. "나는 석가모니불이 마음에서 마음으로 서로 인가하는 불법을 전수하고 있으니, 어찌 감히 경전을 위배하랴?"

행창이 말하기를 "경문에서 불성은 상常이라고 하였으나 스승께서는 무상無常이라 하였고, 모든 선과 악의 사물과 깨달음의 마음은 무상無常인데 스승께서는 상常이라고 하였으니, 경문과 어긋나 저를 더 의혹스럽게 합니다."

대사가 말하였다. "『열반경』은 과거에 비구니 무진장無盡藏에게서 들은 적이 있다. 후에 나는 그에게 가르쳤을 때에도 모두 경문과 부합되지 않는 것이 없었다. 방금 너에게 말한 것과도 같은 설법이다."

행창이 말하였다. "저는 앎이 옅으니 스승께서 인도하여 주시기를 바랍니다."

대사가 말하였다. "알고 있느냐? 만약 불성이 상常이라면, 무엇 때문에 다시 각종 선과 악의 일을 말하며, 심지어 오랫동안 그것을

---

192 상무상常無常 _ 상常은 영원히 변하지 않고 진실하여 허환虛幻한 것이 아니라는 뜻이고, 무상無常은 변동하여 멈추지 않아 실다움이 없다는 말이다. 대화에서 행창이 말한 것은 『열반경』의 경문經文이나, 혜능이 말한 것은 선종의 교의教義에 의한 『열반경』 이해이다.

체득한 사람이 없었느냐? 그러므로 불성은 무상無常으로서, 부처가 말한 진실상眞實相의 불성이다. 다시 말하지만, 만약 일체 사물이 다 무상이라면 그것은 만사만물은 다 자기 성품, 포용력, 삶과 죽음의 변화를 이어서 받아들일 수 있다는 것을 설명하지만, 진실하게 존재하는 불성은 모든 곳에 널려 있을 수가 없다. 그리하여 나는 상常이라 하였다. 이것이 부처가 말한 진정한 무상의 의미이다. 속세의 사람과 외도外道들은 무상한 사물을 진실하고도 항상 존재하는 것으로 생각한다. 성문聲聞과 연각緣覺의 두 가지 승乘의 사람들은 또한 진실하고 항상 존재하는 불성을 무상으로 본다는 것을 염두에 두었기 때문에, 상常·낙樂·아我·정淨·비상非常·비락非樂·비아非我·비정非淨 8가지의 거꾸로[193]된 망견妄見을 만들어 낸다. 그러므로 『열반경』의 요의교了義敎[194]에서는 이 편견을 깨고 무엇이 사덕四德[195]인가를 지적하여 밝혔다. 지금 네가 경문에 있는 문자에만 근거하여 경문의 뜻을 위반하

---

193 팔도八倒_여덟 가지 전도顚倒된 틀린 견해를 말한다. 우매愚迷한 범부는 생사윤회의 무상無常·무락無樂·무아無我와 부정不淨을 상常·낙樂·아我·정淨으로 여기는데, 이것은 범부의 '사도四倒'이다. 성문聲聞과 연각緣覺 2승인二乘人은 열반의 상·낙·아·정을 무상無常·무락無樂·무아無我·무정無淨으로 여기는데, 이것을 2승인의 '사도'라 하니 이를 합쳐 '팔도'라고 한다.

194 요의교了義敎_여기서는 대승경大乘經에서 말한 경전의 뜻을 알고, 구경究竟의 실제 이치를 강설하는 것을 '요의교'라 하고, 소승경小乘經에서 말하는 끝이 없고 은밀한 실제의 뜻의 방편설方便說은 요의교로 할 수 없다는 것이다. 대승법大乘法의 '생사를 싫어하고[厭背生死], 열반을 좋아한다[欣樂涅槃]'는 것은 '요의'가 아니라 하고, '생사와 열반이 서로 차별이 없다'는 것을 '요의'라고 생각한다.

195 진상眞常_진락眞樂·진아眞我·진정眞淨을 말한다.

였다고 말하는 것은 현상現象이 단절된 것을 무상이라 하고, 경직되어 생명력을 잃은 것을 상常이라고 하는 것이다. 그렇다면 석가모니의 궁극적인 오묘한 진리와 미묘한 말씀을 잘못 이해한 것이다. 이와 같다면, 네가 경전을 천 번 읽은들 무슨 소용이 있겠느냐?"

이와 같은 설법을 듣고 행창은 활연히 깨달아 게송 한 수를 지었다.

무상심無常心을 지키기 위하여, 부처는 유상성[有常性]을 말하니,
방편법을 모르는 사람은, 봄날 연못에서 자갈을 주우려 하는 것과 같도다.
나는 오늘 공부를 특별이 하지 않았는데도, 불성이 내 앞에 나타났으니,
스승의 가르침이 없었더라면, 나는 역시 아무것도 깨닫지 못했을 것이로다.

대사가 말하였다. "너는 이제 철저하게 깨우쳤으니, 마땅히 이름을 지철志徹이라 고쳐야 할 것이다."

지철은 고맙다고 예를 올리고 선당禪堂을 떠났다.

● 평석
'무상심을 지키기 위하여, 부처는 유상성을 말한다[因守無常心, 佛說有常性]'는 구절은 혜능이 이전에 했던 논의에 대한 총정리이다. 범부와 이승인二乘人은 항상 상常을 무상無常으로, 무상을 상常으로 잘못 여기는데, 부처는 이런 전도顚倒된 인식을 버리기 위하여 진상眞常과

진무상眞無常을 분별하였다는 것이다. 선종에서 보자면, 부처가 말한 상 혹은 무상은 모두 특정의 착오를 겨냥한 방편으로서 말한 것이므로, 그 어느 하나에도 집착해서는 안 된다고 한다.

● 원문

僧志徹, 江西人。本姓張, 名行昌。少任俠。自南北分化, 二宗主雖亡彼我, 而徒侶競起愛憎。時, 北宗門人, 自立秀師爲第六祖, 而忌祖師傳衣爲天下聞。乃囑行昌來刺師。

師心通, 預知其事。卽置金十兩於座間。時夜暮, 行昌入祖室, 將欲加害。師舒頸就之。行昌揮刃者三, 悉無所損。

師曰: 正劍不邪, 邪劍不正, 只負汝金, 不負汝命。

行昌驚仆, 久而方蘇。求哀悔過。卽願出家。師遂與金, 言: 汝且去, 恐徒衆翻害於汝。汝可他日易形而來, 吾當攝受。行昌稟旨宵遁。後投僧出家, 具戒精進。

一日, 憶師之言, 遠來禮覲。師曰: 吾久念汝, 汝來何晚?

曰: 昨蒙和尙捨罪。今雖出家苦行, 終難報德。其惟傳法度生乎。弟子常覽涅槃經, 未曉常無常義。乞和尙慈悲, 略爲解說。

師曰: 無常者, 卽佛性也。有常者, 卽一切善惡諸法分別心也。

曰: 和尙所說, 大違經文。

師曰: 吾傳佛心印, 安敢違於佛經。

曰: 經說佛性是常, 和尙却言無常。善惡之法乃至菩提心, 皆是無常, 和尙却言是常。此卽相違。令學人轉加疑惑。

師曰: 涅槃經, 吾昔聽尼無盡藏讀誦一遍, 便爲講說, 無一字一義不合經文。乃至爲汝, 終無二說。

曰: 學人識量淺昧, 願和尙委曲開示。

師曰: 汝知否? 佛性若常, 更說什麽善惡諸法, 乃至窮劫, 無有一人發菩提心者。故吾說無常, 正是佛說眞常之道也。又一切諸法若無常者, 卽物物皆有自性, 容受生死, 而眞常性有不遍之處。故吾說常者, 正是佛說眞無常義。佛比爲凡夫, 外道執於邪常, 諸二乘人於常計無常, 共成八倒。故於涅槃了義敎中, 破彼偏見, 而顯說眞常眞樂眞我眞淨。汝今依言背義, 以斷滅無常, 及確定死常, 而錯解佛之圓妙最後微言。縱覽千遍, 有何所益。

行昌忽然大悟。說偈曰:

因守無常心, 佛說有常性。

不知方便者, 猶春池拾礫。

我今不施功, 佛性而現前。

非師相授與, 我亦無所得。

師曰: 汝今徹也, 宜名志徹。

徹禮謝而退。

4

신회神會[196]라 부르는 한 동자가 있었다. 그는 양양현襄陽縣에 있는

---

196 신회神會_지금의 호북湖北 양양현襄陽縣 사람으로, 성은 고高씨이다. 그는 어릴 때부터 총명하여 배우기를 즐겨하였으며, 처음에는 유교와 도교의 책을 읽었고, 후에는 출가하여 신수를 배알하였다가 다시 혜능을 스승으로 모셨다. 혜능이 돌아가신 후 그는 북방으로 가 남양南陽에 있는 용흥사龍興寺에서 살았다.

고高씨의 아들이다. 그는 열세 살 때에 신수대사가 주지로 있는 옥천사玉泉寺에서 수행하다가 다시 혜능대사를 찾아와 예를 올리고 도를 물었다.

대사가 물었다. "선지식은 멀리서 여기까지 오느라 수고가 많았다. 사물의 진면목을 인식할 수 있는가? 만약 사물의 진면목을 인식한다면 마땅히 사물의 주체를 인식하여야 하니, 너는 그것에 대하여 말해 보아라."

신회가 말하였다. "사물의 진면목은 머무는 곳이 없어서 영원히 멈출 수가 없습니다. 이것을 아는 것이 곧 주체입니다."

대사가 말하였다. "너 사미沙彌[197]는 어찌 그렇게 경솔한 말을 할 수가 있는가?"

그러자 신회가 물었다. "스승은 좌선하면서 불성을 보셨습니까?"

대사는 주장자로 신회를 세 번 때리고는 물었다. "내가 너를 때리니 너는 아픈 것이 느껴지느냐?"

신회가 대답하였다. "아프기도 하고 아프지 않기도 합니다."

대사가 대답하였다. "나도 불성이 보이기도 하고 보이지 않기도 한다."

그는 개원 20년(732년)에 활대滑臺에 있는 대운사大雲寺에서 무차대회無遮大會를 열어 혜능의 계파를 선종의 여러 종파들 중에서 최고인 정종(正宗)의 지위로 올려놓았다. 그가 낙양洛陽에 있는 하택사荷澤寺에 상주했기 때문에, 세상 사람들은 그를 '하택대사荷澤大師'라 불렀다.

[197] 사미沙彌_ 범어梵語 śrāmaṇeraka를 음역한 것이다. 7세 이상 20세 이하의 남자 아이로 십계十戒를 받아 출가한 스님을 말한다. 속칭으로 '소화상小和尙'이라고도 한다.

신회는 혜능대사에게 물었다. "어떻게 보이기도 하고 안 보이기도 합니까?"

대사가 대답하였다. "내가 보인다고 하는 것은, 내가 정상적으로 자기의 잘못됨을 볼 수 있기 때문이나, 다른 사람의 옳음, 거짓, 좋음, 나쁨을 볼 수 없으니, 또한 보이지 않는다고 말한 것이다. 이러하니 보이기도, 보이지 않기도 하는 것이다. 너는 아프기도, 아프지 않기도 하다고 말했는데, 이것은 어찌 한 말이냐? 만약 네가 아프지 않다면 그것은 나무나 돌멩이와 같은 것이고, 만약 아프다면 그것은 범부와 마찬가지여서 원한의 마음이 생긴 것이다. 네가 앞서 말한, 보이고 보이지 않는 것은 두 가지 편견이고, 아픈 것과 아프지 않은 것은 생함과 멸함의 법〔生滅法〕이다. 너는 아직 자신이 본래 갖고 있던 불성을 인식하지 못했으면서 어찌 감히 다른 사람을 놀리느냐?"

신회는 예배하고 자기의 잘못됨을 인정하였다.

대사는 또 말하였다. "만약 너의 마음이 깨닫지 못하여 자기 성품을 이해하지 못한다면 마땅히 선지식에게 길을 물어야 하고, 만약 너의 마음을 깨달아서 자기 성품을 알았다면 너는 너의 방식대로 수행하면 될 것이다. 그러나 지금 너는 마음을 깨닫지 못하여 자기의 정직한 참마음을 인식하지도 못하면서, 나에게 불성을 보았는지 물었다. 어찌 너의 깨닫지 못함을 바꿀 수가 있단 말이냐? 네가 만약 자기 성품을 보았다고 해도, 내가 불성을 보았는지 아닌지는 스스로 알 수가 있으나, 내가 깨닫지 못함을 바꿀 수는 없을 것이다. 무엇 때문에 자기를 인식하여 스스로 자기의 불성을 발견하지 않고, 나에게 불성을 보았는지를 묻느냐?"

신회는 다시 한 번 더 혜능대사에게 예를 올리고, 백 번도 넘게 절하여 대사가 너그럽게 잘못을 용서하여 주기를 바랐다. 그때부터 그는 대사를 모시고 잡일을 하면서 대사 곁을 떠나지 않았다.

하루는 대사가 대중에게 말하였다. "나에게 한 물건이 있는데, 그것은 머리가 없고 꼬리도 없으며, 이름도 없고 이름을 대신해서 부를 글자도 없으며, 등[背]도 없고 얼굴도 없다. 그대들은 이것이 무엇인지 알겠느냐?"

신회가 나서서 말하였다. "바로 제불諸佛의 본원[198]이고 신회의 불성입니다."

대사가 말하였다. "너는 내가 이미 이름도 없고 글자도 없다고 했는데, 그것을 본원이다 불성이다 했으니, 너는 이후에 주지가 되어도 지해종도知解宗徒[199]밖에 할 수 없을 것이다."

대사가 원적圓寂한 후, 신회는 경성인 장안長安과 낙양洛陽에서 혜능대사의 돈교법문頓敎法門을 널리 펼쳤고, 『현종기顯宗記』[200]를 저술하여 그것을 세상에 알렸다.

혜능대사는 종파들이 각각 서로 질책하며 죄악의 마음을 내는 것을 보고, 여러 번 제자들을 모아 놓고 그들을 연민하며 여러 사람들

---

198 본원本源_본심本心, 자기 성품을 일컫는다.
199 지해종도知解宗徒_학문을 하는 승려. 이는 자신의 수행과 깨달음에 중심을 두어 지혜를 높이려 하지 않고 경전의 문자를 학습하고 이해하는 것을 중요한 수행으로 삼는 화상和尙을 일컫는다.
200 현종기顯宗記_『돈오무생반야송頓悟無生般若頌』이라고도 하는데, 혜능이 제창한 돈오의 법문頓悟法門을 널리 펴기 위하여 쓴 저작이다.

에게 말하였다. "불도로써 마음을 닦는 사람은 모든 착한 생각과 악한 생각을 모두 깨끗이 제거하여야 한다. 본래 이름을 붙일 수 없지만, 하나의 명칭이 굳이 있다고 한다면 그것이 바로 '자성自性'이다. 이렇게 독보적으로 가지고 있는 불성이 바로 '실상의 본성〔實性〕'이다. 이 실상의 본성을 기초로 하여 건립된 모든 교법은 모두 신속히 자기 성품을 보는 것이다."

대중들은 대사의 설법을 듣고 일제히 예를 올리고 그를 스승으로 모실 것을 간절히 원하였다.

● 평석

하택신회荷澤神會가 활대滑臺대회에서 남종선의 정통적 지위를 올려놓은 사실은 큰 공적이다. 그러나 선종의 사상사에서 볼 때, 그가 '지知라고 하는 한 자는 뭇 오묘한 도리를 나타내는 문〔知之一字, 衆妙之門〕'이라고 주장한 것은 남종선의 근본적 종지에 어긋났다고 본다. 하택荷澤의 이러한 사상적 경향은 황룡사심黃龍死心선사로부터 '지知라고 하는 한 자는 뭇 화근의 문〔知之一字, 衆禍之門〕'이라고 비판을 받았다고 전한다. 총괄적으로 말해, 본 품에서는 선문禪門에서 돈오頓悟와 점오漸悟로 나누어 구분한다는 것과, 남종과 북종 사이에 서로 왕래가 있었다는 것을 서술하고 있다. 사실 우리는 돈오와 점오를 구분하는 것이 일찍부터 시작되었을 것이라고 생각한다. 축도생竺道生의 돈오설頓悟說을 보면 대략 이것을 예측할 수 있다. 수대隋代의 지의智顗선사는 불법을 '오시팔교五時八教'로 귀납시켰고, 팔교八教 중에서 돈교頓教와 점교漸教를 나란히 사용하고 있다. 남종선에서는 돈교의 법문을 제창하였다. 한편으로는 불법을 널리 펴는 과정에서 시간의 흐름에 따라 명상名相에 접근하는 시비是非를 타파하고 있다. 다른 한편으로는 평생 경전을 연구하였으나 결국 지해知解에 매여 있다고 함으로써 심지心地의 깨달음이 얕은 경향을 타파하였다. 불법은 실천의 '지혜'이지 명상화名相化하거나 번거로운 '지해'가 아니다. 현실 생활 중에서 지식의 많고 적음과 학문의 깊고 얕은 것으로써 사람의 전면적인 발전, 덕성의 깊음, 그리고 마음 지혜의 건전한 현상을 감추어 덮는 것은 여전히 우리가 제거해야 할 것들이다.

● 원문

有一童子名神會, 襄陽高氏子。年十三, 自玉泉來參禮。

師曰: 知識遠來艱辛, 還將得本來否？若有本則合識主。試說看。

會曰: 以無住爲本, 見卽是主。

師曰: 這沙彌爭合取次語。

會乃問曰: 和尙坐禪, 還見不見。

師以拄杖打三下, 云: 吾打汝痛不痛？

對曰: 亦痛亦不痛。

師曰: 吾亦見亦不見。

神會問: 如何是亦見亦不見？

師云: 吾之所見。常見自心過愆。不見他人是非好惡。是以亦見亦不見。汝言亦痛亦不痛如何？汝若不痛, 同其木石。若痛, 則同凡夫, 卽起恚恨。汝向前見不見是二邊, 痛不痛是生滅。汝自性且不見, 敢爾弄人。

神會禮拜悔謝。

師又曰：汝若心迷不見，問善知識覓路。汝若心悟，卽自見性，依法修行。汝自迷不見自心，却來問吾見與不見。吾見自知，豈代汝迷？汝若自見，亦不代吾迷。何不自知自見，乃問吾見與不見？

神會再禮百餘拜，求謝過愆。服勤給侍，不離左右。

一日，師告衆曰：吾有一物，無頭無尾，無名無字，無背無面，諸人還識否？

神會出曰：是諸佛之本源，神會之佛性。

師曰：向汝道無名無字，汝便喚作本源佛性。汝向去有把茆蓋頭，也只成箇知解宗徒。

祖師滅後，會入京洛，大弘曹溪頓教，著顯宗記，盛行于世。是爲荷澤禪師

師見諸宗難問，咸起惡心，多集座下，愍而謂曰：學道之人，一切善念惡念，應當盡除，無名可名，名於自性，無二之性，是名實性。於實性上建立一切教門，言下便須自見。

諸人聞說，總皆作禮，請事爲師。

제9편 호법품護法品

1

신룡神龍 원년元年[201] 정월 15일 측천무후則天武后[202]와 당 중종中宗이 칙령을 내려 말하였다.

나는 혜안慧安과 신수神秀 두 분의 대사를 궁궐에 초청하여 공양을 올리고, 매우 바쁜 가운데서도 불법을 연구하고 배우려 하였다. 이에

---

[201] 신룡神龍 원년元年 상원일上元日_기원 705년, 즉 당 중종中宗 신룡 원년을 일컫는다. 상원년上元年은 정월 15일 상원절上元節을 일컫는다. 중종은 정월 25일에 즉위했으므로 잘못 기재된 것이다.

[202] 측천則天·중종中宗_측천則天은 성이 무武이며, 당고종唐高宗의 황후이다. 고종이 죽은 후에 중종中宗이 즉위하였다. 그녀는 중종을 폐위하고 예종睿宗을 즉위시켜 나라의 정치를 맡아 섭정하였다. 나중에 그녀는 스스로 제帝를 건립하여 국호를 주周로 고치고, 스스로를 조曌라 이름하여 대략 22년간을 집정하였다. 중종은 고종의 태자이고, 이름은 현顯 또는 철晢이라 하기도 한다. 그는 즉위한 해에 측천무후에 의해 노능왕盧陵王으로 폐위되었다. 무후에 의해 다시 복귀했으나 신룡전神龍殿에서 위후韋後에게 살해되었다.

두 대사들은 사양하며 말하였다. "남방에 혜능이라는 대사가 있는데, 비밀리에 홍인대사의 의발과 불법을 전수받았고, 석가모니불의 심인 心印을 받았으니, 그를 청하여 참배하고 설법을 들으십시오." 그리하여 내시內侍인 설간薛簡에게 조서詔書를 보내어, 혜능대사가 자비를 베풀어 신속히 경성으로 오시도록 요청하였다.

그러나 혜능대사는 병환이 있다고 사양하며 평생토록 산속에서 생활할 것이라고 아뢰었다.[203]

● 원문
神龍元年上元日, 則天, 中宗詔云: 朕請安秀二師, 宮中供養, 萬機之暇, 每究一乘。二師推讓云: 南方有能禪師, 密授忍大師衣法, 傳佛心印, 可請彼問。今遣內侍薛簡, 馳詔迎請, 願師慈念, 速赴上京。師上表辭疾, 願終林麓。

2
설간이 혜능대사에게 물었다. "경성에 있는 선사들은 모두 불도를 이해하려면 반드시 좌선하여야 하며, 좌선을 통하여 해탈을 얻으라고 합니다. 제는 이 말이 이해되지 않습니다. 대사가 말하는 불법은 어떤 것입니까?"

대사가 대답하였다. "불도는 자기 마음을 깨우치는 것이지 앉아

---

[203] 『조계대사별전曹溪大師別傳』에 이러한 내용이 상세히 기록되어 있고, 특히 「소주 조계산의 석가 혜능釋迦惠能이 질병 때문에 고종대제의 초청을 사절하는 표[韶州曹溪山釋迦惠能辭疾表]」가 게재되어 있다. 부록 참조.

있거나 앉아 있지 않음에 있는 것이 아니다. 경전에서 만약 부처가 앉은 것 같거나 엎드린 것 같다고 설한다면 그것은 아무리 경전에 나오는 말이라고 해도 사도邪道이다. 그것은 어떠한 사물이든 모두 어디에서 와서 어디로 가는 것이 아니고, 생함도 없고 멸함도 없는 것이다. 이것이 바로 여래청정선如來淸淨禪[204]이다. 모든 사물이 다 허망한 환상이고 공이며, 고요해야 부처의 청정한 좌坐이다. 구경究竟의 해탈[205]을 궁극적으로 증명할 수 없다고 해서 좌선으로써 여래청정선을 단정하는 것은 잘못된 것이다."

설간이 말하였다. "제자가 경성에 돌아간 후 황상皇上은 필시 저에게 대사의 불법의 크나큰 뜻을 물을 것입니다. 대사께서 자비를 베풀어 저에게 마음을 전하는 요지를 가르쳐주십시오. 제가 태후太后와 황상에게 아뢰며 경성에서 불도를 수행하는 사람들에게 알리도록 해 주십시오. 마치 한 개의 등불이 천백 개의 등을 밝히듯이 어두운 곳을 등불로 밝히고, 광명을 전달하여 끝이 없도록 해 주십시오."

대사가 대답하였다. "불도에는 광명과 암흑의 분별이 없으니 광명과 암흑은 서로가 상대방에 의해 대체된다는 뜻이다. 광명의 전달이 끝이 없는 것은 상대방이 존재하기 때문이다. 그 양쪽은 서로 대립되어 두 가지 다른 이름이 생기게 된 것이다. 그러므로 『유마경維摩經』에서

---

204 여래청정선如來淸淨禪_'여래선如來禪'이라 약칭한다. 『능가경』에서 말하는 네 가지 선禪 중의 하나이다. 여래가 얻은 선정이라는 것이다. 후에 선승들은 여래선에 대해 두 가지 견해를 제시하였다. 하나는 선종의 교의를 여래선이라 부르고, 다른 하나는 '조사선祖師禪'이라 불렀다. 조사선 이전의 선법을 '여래선'으로 낮추어 불렀다. 여기서는 첫 번째의 뜻으로 사용되고 있다.

205 해탈_보통 '번뇌'의 속박을 벗어나 생사의 윤회를 벗어나는 경계를 말한다.

불법은 그 어떤 것과 견줄 수 없고 그 대상 또한 존재하지 않는 것은 그것이 상대되는 대상이 없기 때문[206]이라고 했던 것이다."

설간이 물었다. "광명은 지혜를 비유한 것이고, 암흑은 번뇌를 비유한 것입니다. 불도를 수행하는 사람들이 만약 지혜로써 번뇌를 타파하지 않는다면, 무시無始 이래의 생사의 윤회는 무엇에 근거해서 벗어날 수 있겠습니까?"

이에 대사가 대답하였다. "번뇌가 바로 보리菩提이므로 그 둘은 본래 분별이 없다. 만약 지혜로 번뇌를 비추어 타파하려 한다면, 그것은 성문聲聞이나 연각緣覺 두 가지 승乘의 견해이고, 양 수레·사슴 수레와 같은 근기를 가진 사람이다. 높은 지혜와 대근기大根器를 가진 대승의 사람들은 모두 그렇지 않을 것이다."

설간이 물었다. "그럼 무엇이 대승의 견해입니까?"

대사가 대답하였다. "광명과 암흑에 대하여 범부들은 이 둘을 갈라 놓고 보지만, 지혜로운 사람은 터득하여 선명하게 알고 통달하여, 광명과 암흑의 본성이 구별되지 않는다는 것을 깨닫는다. 이런 분별이 없는 본성이 바로 진실한 불성佛性이다. 진실한 불성은 범부나 어리석은 사람도 줄어들지 않고, 현자賢者와 성인聖人에게 있어서도 증가되지도 않는다. 그것은 번뇌 속에서도 흐트러지지 않고 선정禪定 속에서도 적정寂靜하지 않다. 그것은 단절되지도 영원히 존재하지도 않고, 가고 오는 것이 없으며, 가운데에 있지도 안과 바깥이 있지도 않고,

---

206 법무유비法無有比, 무상대고無相待故_ 불법은 유일한 실상實相이라서, 그 어떤 조건에 의해 존재하는 것이 아니니, 그 무엇으로도 견줄 수 없다는 것이다. 『유마힐경維摩詰經』「제자품弟子品」에서 나온 말이다.

생함도 없고 멸함도 없으므로, 본성의 상相이 한결같이 상주 불변하는 것이다. 이것이 바로 불도이다."

설간이 또 물었다. "대사가 말하는 생하지도 않고 멸하지도 않는 것은 외도外道에서 말하는 것과 다른 점이 무엇입니까?"

대사가 대답하였다. "외도에서 말하는 생하지도 않고 멸하지도 않는 것은 멸함으로써 생함을 막고 생으로써 멸을 드러내는 것이다. 그들이 말하는 멸은 소멸하지 않는 것과 같고, 생함이 바로 생하지 않는 것과 같은 것이다. 내가 말하는 생하지도 않고 멸하지도 않는 것은 불성이 원래 생기지 않았으므로 멸할 수도 없다는 것이다. 이러한 점이 외도와 다른 것이다. 마음에서 마음으로 전하는 이심전심의 불법의 요지를 알려면, 모든 선과 악을 사량思量하지 말라. 그렇게 하면 자연히 청명하고 깨끗한 본성 즉 자신의 마음의 본체를 깨닫는 것이다. 그리고 깊이 적정寂靜하면 오묘한 작용[用]이 황하의 모래처럼 많을 것이다."

설간은 대사의 가르침을 받고 활연히 깨달음을 얻어 예를 올리고, 그곳을 떠나 궁궐로 돌아와 혜능대사가 한 설법을 황상皇上에게 아뢰었다.

● 평석

"불도는 자기 마음을 깨우치는 것이지 앉아 있거나 앉아 있지 않음에 있는 것이 아니다.〔道由心悟, 豈在坐也〕"라는 구절로부터 혜능대사는 조정의 사신에게 설법하기를 "불법을 얻으려면, 좌선하여 선정을 익히는 것에 의거하는 것이 아니라, 불성의 생함[生]과 멸함[滅]이 없다는 것과 제법諸法이 본래 공적空寂하다는 오묘한 지智를 몸소 깨달아야 한다."고 하였다. 이러한 기초에서 대사는 더 나아가 "번뇌는 바로 보리"라는 사상을 확실하게 밝혀, 대중에게 인간을 떠나서는 속세를 초월할 수 없고, 삶과 죽음을 모르면 열반을 얻을 수 없다는, 즉 속세에서 바로 해탈을 구하도록 인도했던 것이다. 이것은 남종선에서 계속하여 자신을 믿고 자신을 지키며 자신을 제도하라고 하는 기치가 되며, 사람들에게 지금 이 자리에 뿌리를 내리고 인생을 긍정하여 속세를 신성한 곳으로 변화시켜야 하며 번뇌를 보리菩提로 변화시키라고 호소했던 것이다.

● 원문

薛簡曰: 京城禪德皆云, 欲得會道, 必須坐禪習定。若不因禪定而得解脫者, 未之有也, 未審師所說法如何?

師曰: 道由心悟, 豈在坐也。經云: 若言如來若坐若臥, 是行邪道。何故? 無所從來, 亦無所去, 無生無滅, 是如來淸淨禪。諸法空寂, 是如來淸淨坐。究竟無證, 豈況坐耶?

簡曰: 弟子回京, 主上必問, 願師慈悲, 指示心要, 傳奏兩宮, 及京城學道者。譬如一燈然百千燈, 冥者皆明, 明明無盡。

師云: 道無明暗, 明暗是代謝之義。明明無盡, 亦是有盡, 相待立名, 故淨名經云: 法無有比, 無相待故。

簡曰: 明喩智慧, 暗喩煩惱。修道之人, 倘不以智慧照破煩惱, 無始生死, 憑何出離?

師曰: 煩惱卽是菩提, 無二無別。若以智慧照破煩惱者, 此是二乘見解, 羊鹿等機, 上智大根, 悉不如是。

簡曰: 如何是大乘見解?

師曰: 明與無明, 凡夫見二, 智者了達, 其性無二, 無二之性, 卽是實性。實性者, 處凡愚而不減, 在賢聖而不增, 住煩惱而不亂, 居禪定而不寂。不斷不常, 不來不去, 不在中間, 及其內外, 不生不滅, 性相如如。常住不遷, 名之曰道。

簡曰: 師說不生不滅, 何異外道?

師曰: 外道所說不生不滅者, 將滅止生, 以生顯滅, 滅猶不滅, 生說不生。我說不生不滅者, 本自無生, 今亦不滅, 所以不同外道。汝若欲知心要, 但一切善惡都莫思量。自然得入淸淨心體, 湛然常寂, 妙用恒沙。

簡蒙指敎, 豁然大悟, 禮辭歸闕, 表奏師語。

3

그해 9월 3일[207]에 황상皇上은 조서詔書를 내려 혜능대사에게 상을 내리면서 말하였다.

"대사는 병환을 이유로 나의 부름을 사양하고, 다만 나에게 불도를 어떻게 수행하고, 무엇을 깨달을 것인가에 대한 바른 종지를 전했을 뿐인데, 이것은 나라의 복전福田입니다. 대사는 유마힐維摩詰거사가 병을 핑계 삼아 비야리성毗耶離城에서 대승의 불법을 널리 휘날리며,

---

207 『조계대사별전曹溪大師別傳』의 「소주 조계산의 석가 혜능釋迦惠能이 질병 때문에 고종대제의 초청을 사절하는 표[韶州曹溪山釋迦惠能辭疾表]」에는 '신룡神龍 3년(707) 11월 18일'로 되어 있음.

제불諸佛의 마음을 전하고, 둘이 아닌 법을 설했던 것과 같습니다. 설간에게서 대사의 불지佛智의 견해를 들었으나, 나는 해야 할 일들이 많아 오늘에야 겨우 여유가 있게 되었습니다. 하지만 과거에 심어 놓은 선근善根으로써 대사를 만나 이러한 돈오성불頓悟成佛의 최고 불법을 전수받게 되었습니다. 대사의 은덕에 감격하여 예를 다 할 길이 없습니다. 그래서 마납가사磨衲袈裟[208]와 수정 발우를 보내고, 소주韶州에 있는 자사刺史에게 대사가 살았던 옛 집을 수리하게 하고 국은사國恩寺라는 이름을 하사하겠습니다."

● 평석
본 품은 혜능대사가 조정의 사신에게 선문의 종지를 설법하는 전말을 서술한다. 대사는 경성에서 유행하는 좌선습정坐禪習定의 선법禪法 사상을 비판하면서 자신의 주장을 밝혔다. 당시 경성에서는 신수대사 神秀大師가 제창하고 인도하는 묵좌默坐, 섭심攝心, 식려息慮의 특징을 지닌 선법이 유행하였다. 대사는 그것이 불문佛門의 종지에 부합되지 않는다고 생각하였다. 남종선에서는 형식상의 좌선으로는 해탈의 지혜를 얻을 수 없고, 형상에 치우친 선으로는 심성선心性禪으로 고양될 수도 없다고 보았다. 사람들이 자기 성품에서 불성이 생하지도 멸하지도 않는다고 생각하고, 제법諸法이 공적空寂하다는 경지를 몸소 깨우치는 것이 진정한 좌선이라고 보았다. 『단경』에서는 "생함도 없고 멸함도 없다는 것[無生無滅]이 여래청정선如來淸淨禪이고, 제법

---
208 마납가사磨衲袈裟_가사의 이름인데, 고려에서 중국에 선물한 가사袈裟라고 한다.

諸法의 공적空寂이 여래청정좌선如來淸淨坐이다."라고 하였다. 그 의미는 현실 인생의 심성心性은 해탈의 근거이며, 번뇌하는 세속은 보리菩提와 지혜에 입각한다는 남종선의 종지이다.

● 원문

其年九月三日, 有詔獎諭師曰: 師辭老疾, 爲朕修道, 國之福田。師若淨名, 托疾毘耶, 闡揚大乘, 傳諸佛心, 談不二法。薛簡傳師指授如來知見, 朕積善餘慶, 宿種善根, 値師出世, 頓悟上乘, 感荷師恩, 頂戴無已。幷奉磨衲袈裟及水晶鉢, 勅韶州刺史, 修飾寺宇, 賜師舊居爲國恩寺。

제10편 부촉품付囑品

1

혜능대사가 하루는 법해法海, 지성志誠, 법달法達, 신회神會, 지상智常, 지통智通, 지철志徹, 지도志道, 법진法珍, 법여法如 등의 제자들을 모아 놓고 말하였다. "너희들은 다른 사람들과 다르니, 내가 세상을 떠난 후 각자 한 지방의 스승이 되어야 한다. 나는 너희들에게 훗날 불법을 강설할 때 어떻게 하면 우리 종의 종지를 잃지 않을까를 말해주겠다.

설법할 때, 마땅히 먼저 삼과의 법문三科法門을 예로 들고 삼십육상대법三十六相對法을 사용하여, 말하고 논함에 있어서는 양 극단을 떠나야 하며, 모든 사물은 자기 성품을 떠나지 않아야 한다는 것을 설명해야 한다. 만약 누가 너희들에게 불법 배우기를 청할 때는 말은 마땅히 쌍을 이루어야 하고, 모두 상대적 방법을 사용해야 한다. 앞과 뒤가 원인으로서 상응해야 하고, 나중에 생멸生滅과 유무有無 두 개의 상相을 대립시키는 방법으로써 깨끗이 해결하여 더 이상 집착할 것이 없어야 한다.

 소위 삼과법문三科法門은 양陽·계界·입入을 일컫는다. 양은 바로 오양(五陽; 五蘊)이다. 오양은 색色·수受·상想·행行·식識이다. 입入은 십이입二十入이다. 십이입은 신체 밖의 "색色·성聲·향香·미味·촉觸·법法"의 육진六塵, 그리고 신체 내의 "눈[眼]·귀[耳]·코[鼻]·혀[舌]·몸[身]·의지[意]"의 육문六門을 일컫는다. 계界는 십팔계를 말하는데, 육진六塵·육문六門·육식六識을 포함한다. 자기 성품은 만법을 활용하여 길러낼 수 있기 때문에 함장식含藏識[209]이라 한다. 만약 분별하는 사량思量이 생기면 전식轉識[210]이 된다. 육식六識은 육문六門에서 생기고, 육진과 접촉하며 십팔계十八界는 진여眞如의 자기 성품에서 그 작용[211]을 일으킨다."

● 평석

 혜능대사가 임종 전에 했던 설법은 자신의 선법에 대한 개괄이며 총정리이다. 삼과의 법문을 첫자리에 놓은 목적은 세상 사람들의

---

209 함장식含藏識_장식藏識이라고도 한다. 팔식八識 중의 여덟 번째인 아뢰야식阿賴耶識이다. 이 식識은 제법諸法의 종자種子를 함유하고 있다.
210 전식轉識_말나식末那識. 팔식八識 중의 일곱 번째로서, 여섯 번째 의식意識의 근본이다. 말나식을 집아식執我識 혹은 계집식計執識이라고도 부른다. 이 식識은 여덟 번째의 식이 생존하고 활동하는 근거이며, 항상 여덟 번째 식의 '견분見分'과 상응함으로써 '아我'를 집정執定하여 멈추지 않고 사려思慮의 작용이 생기는 것을 말한다. 장식藏識에서 전생轉生하기 때문에 전식轉識이라 한다.
211 용用_'체體'와 상대하여 '용用'이라 한다. '성체性體'로 표현할 수 있는 것은 다 작용이라 하는데, 그 능력에서 '역용力用'이라고 부르고, 그 공과에서 '공용功用'이라 부르며, 그 활동에서 '작용'이라 부른다.

'아집'을 없애려는 것이다.

◉ 원문

師一日喚門人法海, 志誠, 法達, 神會, 智常, 智通, 志徹, 志道, 法珍, 法如等, 曰: 汝等不同餘人, 吾滅度後, 各爲一方師。吾今敎汝說法, 不失本宗。

先須擧三科法門, 動用三十六對, 出沒卽離兩邊, 說一切法, 莫離自性。忽有人問汝法, 出語盡雙, 皆取對法, 來去相因, 究竟二法盡除, 更無去處。

三科法門者, 陰, 界, 入也。陰是五陰, 色受想行識是也。入是十二入。外六塵: 色聲香味觸法, 內六門: 眼耳鼻舌身意是也。界是十八界, 六塵六門六識是也。自性能含萬法, 名含藏識。若起思量, 卽是轉識。生六識, 出六門, 見六塵, 如是一十八界, 皆從自性起用。

2

"만약 자기 성품이 삿된 마음의 장애를 받으면 열여덟 가지 나쁜 악이 동시에 생기고, 만약 자기 성품이 단정하면 열여덟 가지 바른 행〔正行〕이 생긴다. 만약 나쁜 마음을 사용하면 중생의 작용을 일으키고, 선한 마음을 사용하면 그것은 부처와 같은 행위를 짓게 된다. 나쁜 마음을 일으키느냐 좋은 마음을 일으키느냐는 자기의 불성이 결정하는 것이다.

삼십육상대법三十六相對法은 외계의 무정無情한 자연경물自然境物에 모두 다섯 가지의 상대相對가 있다는 말이다. 하늘은 땅과 상대가 되고, 태양은 달과 상대가 되며, 밝음은 어둠과 상대가 되고, 음陰은 양陽과 상대가 되며, 물은 불과 상대가 된다. 이것은 바깥 경계인 무정無情의 오대五對이다.[212]

사물, 모양 및 언어는 모두 열두 가지의 상대가 있다. 언어는 사물과 상대가 되고,[213] 유有는 무無와 상대가 되며,[214] 유색有色은 무색無色과 상대가 되고, 유형은 무형과 상대가 되며, 유루有漏는 무루無漏와 상대가 되고,[215] 색色은 공空과 상대가 되며,[216] 동動은 정靜과 상대가 되고, 청淸은 탁濁과 상대가 되며, 범부는 성인과 상대가 되고, 승려는 속인과 상대가 되며, 늙은이는 젊은이와 상대가 되고, 큰 것은 작은 것과 상대가 된다. 이것이 법상法相과 언어의 십이대十二對이다.[217]

자기 성품에서 작용하는 것은 모두 열아홉 조의 상대가 있다. 긴

---

212 '바깥 경계인 무정의 오대(外境無情五對)'_ 마음 밖에 존재하고 의정이 없는 자연경물自然境物에 대한 오종五種을 말한다. 이는 외경外境과 자연이다.
213 '언어는 사물과 상대가 됨(語與法對)'_ 언어와 일체사물 혹은 현상은 상대된다는 뜻이다. 혹은 언어와 불법이 상대된다는 말이다.
214 '유는 무와 상대가 됨(有與無對)'_ 불교에서 세간의 만물은 공허하고 환상적이며 진실하지 않은 것이라서 그 존재는 가짜이므로 유有와 무無는 상대한다고 한다.
215 '유루는 무루와 상대가 됨(漏與無漏對)'_ 유루有漏는 번뇌를 일컫는다. 번뇌심을 일으키는 상응의 일체법을 유루법有漏法이라 한다. 보리와 열반은 삼계(三界)의 번뇌를 단절할 수 있다고 하여 무루법無漏法이라 한다. 이 두 법 또한 서로 상대한다는 것이다.
216 '색과 공은 상대가 됨(色與空對)'_ 색色은 인연에 의해 나타났다가 결국은 부서져 없어진다고 하여 색色과 공空이 상대된다고 하였다.
217 '법상과 언어의 십이대(法相言語十二對)'_ 사물의 형상 및 사용하는 관념, 고유명사가 상대하여 12가지가 있다는 것이다.

것은 짧은 것의 상대이고, 나쁜 것은 올바른 것의 상대이며, 유치함은 지혜의 상대이고, 어리석음은 현명함의 상대이며, 흐트러짐은 안정됨의 상대이고, 자애로움은 독살스러움의 상대이며, 경계는 부정의 상대이고, 곧바름은 굴곡의 상대이며, 실제는 공허함의 상대이고, 험란함은 평탄함의 상대이며, 번뇌는 보리의 상대이고, 항상함은 무상의 상대이며, 자비는 해침의 상대이고, 기쁨은 성냄의 상대이며, 버리는 것은 견지함의 상대이고, 나아감은 물러남의 상대이며, 생함은 멸함의 상대이고, 법신法身은 색신色身의 상대이며, 화신化身은 보신報身의 상대이다. 이것이 자기 성품이 작용을 일으키는 열아홉 가지의 상대이다."

혜능대사가 말하였다. "삼십육상대법을 너희들이 이해하고 또 그것을 운용한다면 불도의 모든 경전과 불법을 관통하여 자유자재로 드나들어 양쪽의 극단을 벗어날 것이다."

● 평석

혜능대사가 제기한 삼십육상대법三十六相對法은 불교의 중도관中道觀을 천명한다. 불법에서는 대립의 양 극단에 집착하지 말라, 양쪽에 집착하지 말라고 함으로써 사물을 연기緣起시키는 사유, 즉 중도中道적 사유를 인지하고 관찰해야 한다. 용수龍樹의 『중론中論』에서는 '불생역불멸不生亦不滅, 불상역부단不常亦不斷, 불일역불이不一亦不異, 불래역불출不來亦不出'의 팔불중도八不中道를 '여러 인연으로 생기는 것은, 나는 곧 공이라고 말한다[衆因緣生法, 我說卽是空]' 또한 '이것은 거짓 이름이 되며, 중도의 뜻이라 한다[亦爲是假名, 亦是中道

義]'는 사자게四字偈로 중도관中道觀을 말하고 있다. 이는 삼십육상대법의 이론을 기초로 하여 선종에 있어서 반야중관般若中觀 지혜의 운용을 설명한 것이다.

● 원문
自性若邪, 起十八邪; 自性若正, 起十八正。若惡用卽衆生用, 善用卽佛用, 用由何等, 由自性有。
對法, 外境無情五對: 天與地對, 日與月對, 明與暗對, 陰與陽對, 水與火對, 此是五對也。
法相語言十二對: 語與法對, 有與無對, 有色與無色對, 有相與無相對, 有漏與無漏對, 色與空對, 動與靜對, 清與濁對, 凡與聖對, 僧與俗對, 老與少對, 大與小對, 此是十二對也。
自性起用十九對: 長與短對, 邪與正對, 癡與慧對, 愚與智對, 亂與定對, 慈與毒對, 戒與非對, 直與曲對, 實與虛對, 險與平對, 煩惱與菩提對, 常與無常對, 悲與害對, 喜與瞋對, 捨與慳對, 進與退對, 生與滅對, 法身與色身對, 化身與報身對, 此是十九對也。
師言: 此三十六對法, 若解用, 卽道貫一切經法, 出入卽離兩邊。

3
"자기 성품이 발동할 때 생기는 작용은, 다른 사람과 말할 때 바깥 사물에 대해 그 사물의 형상을 보기는 하였으나 그 형상에 집착하지 않는 것이다. 마음속의 불성은 그것의 공무空無를 보지만 그 공무에 집착하지 않는 것이다. 만약 밖으로 향하여 외적인 상相에 완전히 집착한다면 사견邪見이 커질 것이다. 만약 마음속에서 공무에 집착한다면 무명無明하고 우매하고 어리석음이 커지게 된다. 공무에 집착하는 사람은 자주 경법經法을 비방하나 의외로 문자를 사용하지 않는다. 언어는 문자의 형상이니 문자를 쓰지 않는다고 한다면 언어도 없어야 할 것이다. 그들은 또 정법正法은 '불립문자不立文字'라고 하는데, 이 '불립'이라는 두 글자도 문자이다. 그들은 다른 사람이 불법을 말하는 것을 보고 그들이 문자를 사용한다고 비방한다. 너희들 스스로 어리석어서 모른다고 하는 것은 차라리 괜찮다. 그러나 스스로 알지 못하고 경전을 비방하여서는 결코 안 된다. 그 죄악은 헤아릴 수 없을 것이다.

만약 외계外界의 형상에 집착한다면 어떤 방법으로 불도를 추구하여도, 이르는 곳마다 도량을 세워도, 사물의 잘잘못을 변론하여도, 이런 사람들은 많은 겁劫이 지나더라도 자기 성품을 깨닫지 못한다. 그러므로 정법正法을 따라 수행하나 잡념이 많아 불도가 단절되는 장애를 만든다.

수행이 아직 되지 않았다는 말을 들으면 필경 삿된 생각이 생긴다. 그러므로 정법에 따라 수행하고, 사물의 형상에 집착하거나 주위의 경계에 걸리지 말아야 불법을 강설할 수 있다. 만약 너희들이 깨달음을 얻었다면, 이 방법대로 불법을 강설하고, 이 방법대로 수행하며, 이 방법대로 불법을 사용하고, 이 방법대로 행동하며, 이 방법대로 모든 일을 처리하면 우리 종宗의 근본적인 종지를 잃지 않게 될 것이다.

만약 누가 불법의 의미를 물을 때, 그것이 있는지를 물으면 '무無'로써 대답하고, 그것이 없는지를 물으면 '유有'로써 대답하라. 범인凡人

에 대하여서는 성인聖人으로써 대답하고, 성인에 대하여서는 범인으로써 대답하라. 이 두 갈래의 양쪽의 길은 서로 원인과 결과의 관계이니 중도中道의 의미가 생길 것이다.[218]

이러한 일문일답一問一答을 여타의 문제를 처리할 때도 사용한다면, 부처의 도리인 중도中道를 잃지 않을 것이다. 만약 누군가 무엇이 암흑인지를 물으면, 광명은 근원이고 암흑은 조건이므로 광명이 없으면 암흑이라고 대답하여, 광명으로써 암흑을 드러내고 암흑으로써 광명을 드러내어 서로 원인이 되므로 중도中道의 뜻을 이루는 것이다. 다른 문제도 이와 같이 해답할 수 있다. 너희들이 이후에 불법을 가르칠 때 이러한 상대相對로써 서로 전환하는 방법으로 가르친다면 나의 종지를 잃지 않게 될 것이다."

● 평석

혜능대사는 제자들에게 '외적인 상相에는 상을 떠난 상이 있고, 내적인 공空에는 공을 떠난 공이 있다.'고 하여 중도中道의 원칙을 준수하라고 가르치고 있다. 위의 문장에서는 '출입함이 자유롭다. 즉 양변을 떠난 것이다.', '두 가지의 상대를 원인으로 하여 중도의 뜻이 생긴다.',

---

[218] '이 두 갈래의 양쪽의 길은 서로 원인과 결과의 관계이니, 중도의 의미가 생길 것(二道相因, 生中道義)'_이상二相과 대립되는 인연이 변화하는 가운데 중도를 견지한다는 말이다. 이도二道는 여기서 상대되는 두 가지 방면, 예를 들면 유무有無, 범성凡聖 등을 일컫는다. 중도는 상대되는 두 개의 극단을 벗어나 변견邊見에 집착하지 않는 관념 혹은 방법이다. 『종경록宗鏡錄』 86권에서는 "올바른 마음으로 유무有無의 한쪽에도 머물지 않기 때문에 중도라고 한다.(以一直心不住有無一邊, 故稱中道)"고 설명한다.

'오고 감을 서로 원인으로 하여 중도의 뜻이 이루어진다.'라고 하여 중도의 원칙을 강조하였다. 불문佛門의 중도 원칙은 유가儒家 사상에 있는 '중용中庸'이 아니라 '출몰出沒', '래거來去'를 강조하여, 이쪽으로써 저쪽을 타파하는 것은 이쪽이 부숴질 때 저쪽이 동시에 타파된다는 의미이다. '바로 양쪽을 떠남'을 강조한다. '바로 떠남'이라는 말은 불교의 초월성, 양쪽의 견해를 타파함, 집착을 떨쳐버리는 것, 즉 모든 것을 놓을 줄 알아야 해탈에 방해가 없고 더 큰 자재自在를 얻는다는 뜻이다.

● 원문

自性動用, 共人言語, 外於相離相, 內於空離空。 若全著相, 卽長邪見。 若全執空, 卽長無明。 執空之人有謗經, 直言不用文字。 旣云不用文字, 人亦不合語言, 只此語言, 便是文字之相。 又云直道不立文字, 卽此不立兩字, 亦是文字。 見人所說, 便卽謗他言著文字。 汝等須知自迷猶可, 又謗佛經, 不要謗經, 罪障無數。

若著相於外, 而作法求眞, 或廣立道場, 說有無之過患, 如是之人, 累劫不得見性, 但聽依法修行。 又莫百物不思, 而於道性窒礙, 若聽說不修, 令人反生邪念, 但依法修行無住相法施。 汝等若悟, 依此說, 依此用, 依此行, 依此作, 卽不失本宗。

若有人問汝義, 問有將無對, 問無將有對, 問凡以聖對, 問聖以凡對。 二道相因, 生中道義。

如一問一對, 餘問一依此作, 卽不失理也。 設有人問, 何名爲闇? 答云, 明是因, 闇是緣。 明沒卽闇, 以明顯闇, 以闇顯明。 來去相因, 成中道義, 餘問悉皆如此。汝等於後傳法, 依此轉相敎授, 勿失宗旨。

4

혜능대사는 당唐 예종睿宗 태극太極 원년元年, 즉 임자년壬子年 연화延和 원년 7월[219]에 제자들에게 신주新州의 국은사國恩寺에 묘탑墓塔을 세우도록 명하고, 사람을 파견하여 시공을 재촉하였다. 그리하여 다음 해 늦여름 묘탑이 완성되었다. 7월 1일에 대사는 제자들을 모아놓고 말하였다. "나는 8월에 인간세상을 떠날 것이니, 너희들은 어떤 의문이 있거든 어서 물으라. 내가 너희들의 의문을 해결하여 너희들의 미혹함을 말끔히 없앨 것이다. 내가 간 후에는 당분간 너희들을 가르칠 사람이 없을 것이다."

법해法海 등은 이 말을 듣고 통곡하였으나 오직 신회神會만이 정신이 동요되지 않고 슬퍼하지도 울지도 않았다.

대사가 말하였다. "신회와 소사小師[220]는 불선不善과 선善을 하나같이 행하고 비방과 칭찬에도 마음이 움직이지 아니하고, 슬픔과 기쁨에도 마음이 흔들리지 않는다. 하지만 다른 사람들은 그렇게 하지 못하는구나. 너희들은 수 년 동안 산속에 있으면서 결국 무슨 도를 닦았느냐? 너희들이 지금 슬퍼하고 울며 근심하는 것이 무엇이냐? 혹시 너희들

---

219 태극太極 원년元年 임자년壬子年, 연화延和 7월_기원 712년, 이 해에 당 예종睿宗이 태극 원년으로 고쳤고, 5월에 연화 원년으로 또 고쳤으며, 그해 7월 현종玄宗이 즉위하고 8월에 선천先天 원년으로 고쳤다. 그리하여 태극 연화와 선천 3개월은 같은 임자년(712년)이다.

220 소사小師_구족계를 받은 지 십년이 되지 않은 출가인을 일컫는다.

이 내가 어디로 갈 것인지를 몰라서 근심한다면, 나는 내가 갈 곳을 이미 알고 있다. 만약 내가 갈 곳을 모른다면 너희들에게 내가 간다는 소식을 예고하지 않을 것이 아니겠느냐? 너희들이 슬퍼서 우는 것은 너희들이 내가 죽은 후 어디로 가는가를 모르기 때문이다. 만약 내가 가는 곳을 안다면 너희들은 슬퍼서 울지 말아야 한다. 반드시 알아라. 법성法性은 본래 생함과 멸함이 없으니 어찌 가고 오는 것이 있겠느냐?[221] 너희들은 모두 앉아라. 나는 너희들에게 「진가동정시眞假動靜詩」 게송을 들려 줄 터이니 전부 암기하여라. 만약 너희들의 생각이 나의 게송과 같다면, 이 게송대로 수행하여 나의 종지를 잃지 않게 될 것이다."

그리하여 여러 사람들은 일제히 예를 올리고 혜능대사에게 게송을 읊도록 청하였다.

일체의 없음(無)과 있음(有)은 모두 진실(眞)이니, 보는 것으로
진실을 찾지 마라.
만약 진실을 볼 수 있는 사람은, 진실이 아닌 것도 다 볼 것이니,
스스로 진실을 찾을 수 있는 사람은, 거짓(假)을 여의면 곧 마음이
진실이로다.
자기 마음이 거짓을 버리지 못하면, 진실이 없으니 어디서 찾을
수 있겠는가?

---

[221] '법성에는 본래 생함과 멸함이 없으니 어찌 가고 오는 것이 있겠느냐?(法性本無生滅去來)'_유형有形의 색신色身은 생멸이 있으나 법성法性은 영원히 변하지 않는다는 뜻으로서 사람의 삶과 죽음이 분별이 없다는 것을 강조한 것이다.

유정有情은 바로 움직임의 알음알이고, 무정無情이 바로 불도佛道이다.

만약 움직이지 않는 행을 닦으려면, 무정無情이 곧 움직이지 않는 것이고,

진정으로 움직이지 않음을 찾으려 한다면, 움직임 속에 움직이지 않음이 있으며,

움직이지 않는 것이 움직이지 않는다면, 무정에게는 불종佛種이 없는 것이로다.

능히 상相을 잘 분별한다면, 제일의第一義는 움직이지 않음을 알 것이고,

다만 이렇게 본다면, 바로 진여眞如를 운용하는 것이로다.

여러 학도인學道人들에게 전하고자 한다면, 반드시 노력하고 마음을 써야 하느니,

대승의 문에서 도리어 생사의 지혜에 집착하지 마라.

언하에 상응相應하면, 함께 부처의 뜻을 논할 수 있으나,

참답게 상응하지 못한다면 공경하여 받들도록 하여라.

이 종은 원래 쟁론이 없으니, 쟁론하면 곧 도의道義를 잃게 되나니,

집착하여 법문을 쟁론한다면, 자기 성품은 생사에 빠지게 될 것이로다.

● 평석

혜능대사가 임종臨終 전에 부촉付囑한 내용에서 그의 생사관을 엿볼 수 있다. 견성한 사람, 즉 득도한 사람은 사람과 법이 모두 공空하여,

삶과 죽음이 한결같고, 매사에 장해가 없으며, 마음이 편하며 도리가 있고, 공포를 멀리 떠나며, 망상을 쓸어버리니, 어떤 분별과 비교함도 없게 된다. 능히 수행하여 이런 경지에 이르면 삼계三界 밖에 뛰어나갈 필요가 없이 열반문涅槃門과 하나이다. 즉 살아 있어도 열반·해탈의 경지에 도달한 것이다. 그러나 만약 태연하게 삶과 죽음, 원한과 절친함, 훼손과 번영, 옳음과 그름, 공적과 과오를 대하지 못한다면 죽어서도 번뇌를 벗어날 수 없으니, 어찌 열반의 해탈을 말할 수 있는가?

● 원문

師於太極元年壬子, 延和七月, 命門人往新州國恩寺建塔. 仍令促工. 次年夏末落成. 七月一日, 集徒衆曰: 吾至八月, 欲離世間. 汝等有疑, 早須相問, 爲汝破疑, 令汝迷盡. 吾若去後, 無人敎汝.
法海等聞, 悉皆涕泣. 惟有神會, 神情不動, 亦無涕泣.
師云: 神會小師, 却得善不善等, 毁譽不動, 哀樂不生, 餘者不得. 數年山中, 竟修何道? 汝今悲泣, 爲憂阿誰? 若憂吾不知去處, 吾自知去處. 吾若不知去處, 終不預報於汝. 汝等悲泣, 蓋爲不知吾去處. 若知吾去處, 卽不合悲泣. 法性本無生滅去來. 汝等盡坐, 吾與汝說一偈, 名曰: 眞假動靜偈, 汝等誦取此偈, 與吾意同. 依此修行, 不失宗旨.
衆僧作禮, 請師說偈, 偈曰:
　一切無有眞, 不以見於眞.
　若見於眞者, 是見盡非眞.

若能自有眞, 離假卽心眞。
自心不離假, 無眞何處眞。
有情卽解動, 無情卽不動。
若修不動行, 同無情不動。
若覓眞不動, 動上有不動。
不動是不動, 無情無佛種。
能善分別相, 第一義不動。
但作如此見, 卽是眞如用。
報諸學道人, 努力須用意。
莫於大乘門, 却執生死智。
若言下相應, 卽共論佛義。
若實不相應, 合掌令歡喜。
此宗本無諍, 諍卽失道意。
執逆諍法門, 自性入生死。

5

당시 여러 사람들은 혜능대사의 게송을 듣고 대사에게 감사의 예를 올렸다. 모두들 대사의 뜻을 체득하기 위하여 다시는 감히 다투지 않고 법에 의지하여 수행하기를 다짐하였다. 그들은 대사가 세상에 있을 시간이 얼마 남지 않았다는 것을 알고 있었다. 법해法海가 대사에게 예를 올리고 물었다. "스승께서는 세상을 뜰 때 의발과 불법을 누구에게 전수할 것입니까?"

대사가 말하였다. "내가 대범사大梵寺에서 불법을 설법하면서부터 오늘까지 너희들은 나의 설법을 기록하여 널리 유행시키고 그것을 『법보단경法寶壇經』이라고 이름을 붙여라. 너희들은 그것을 잘 수호하여 대대로 전하여 내려가면서 중생을 제도, 해탈시켜라.『법보단경』에서 강설한 불법은 바로 정확한 불법이다. 내가 너희들에게 불법만 전수할 뿐 의발은 더 이상 전수하지 않겠다. 그것은 너희들의 근기가 이미 성숙되어 더 이상 의혹이 없기 때문이다. 그리고 불법을 전수하는 크나큰 일을 이어 계승할 수 있을 것이다. 선조 보리달마대사의 게송의 뜻에 근거하면 마땅히 의발을 전수하지 말아야 할 것이다." 대사는 게송을 읊었다.

내가 본래 이곳[玆土]에 온 것은, 법을 전하여 어리석은 중생을 구하려 함이요,
한 송이 꽃에 다섯 개의 잎이 피니, 열매는 자연히 맺힐 것이로다.

● 평석

'한 송이 꽃에 다섯 개의 잎이 핀다[一花開五葉]'는 한 구절의 참어讖語, 즉 예언으로, 전수된 선법禪法은 후세에 널리 더 알려져서 가지가 번창하고 잎이 무성하며 불과佛果가 맺힐 것이라는 말이다. 당唐 말기와 오대五代 시대에 혜능의 문하에는 청원행사靑原行思 계파에 조동曹洞, 운문雲門 및 법안法眼의 세 종파가 있었고, 남악 회양南嶽懷讓의 계파에서는 위앙潙仰, 임제臨濟 두 종파가 있었다. 이들을 모두 선종오가禪宗五家라 불렀다. '다섯 개의 잎[五葉]'은 이 다섯 종파를 가리킨다. 다른 해석으로, '오엽五葉'은 달마 이후에 다섯 명의 조사,

즉 두 번째 조사인 혜가慧可, 세 번째 조사인 승찬僧璨, 네 번째 조사인 도신道信, 다섯 번째 조사인 홍인弘忍, 여섯 번째 조사인 혜능을 가리킨다고 한다. 학계에서는 『법보단경』의 이 예언은 선종이 흥성할 때 후학들이 첨가해 놓은 것이라고 생각한다.

● 원문

時徒衆聞說偈已, 普皆作禮。並體師意, 各各攝心, 依法修行, 更不敢諍。乃知大師不久住世。法海上座, 再拜問曰: 和尙入滅之後, 衣法當付何人。

師曰: 吾於大梵寺說法, 以至于今, 抄錄流行, 目曰法寶壇經。汝等守護, 遞相傳授, 度諸群生。但依此說, 是名正法。今爲汝等說法, 不付其衣, 蓋爲汝等信根淳熟, 決定無疑, 堪任大事。然據先祖達磨大師付授偈意, 衣不合傳, 偈曰:

　吾本來玆土, 傳法救迷情。
　一華開五葉, 結果自然成。

6

혜능대사는 또 말하였다. "여러 선지식들이여! 너희들은 각자 마음속을 청정하게 하고 잡념이 없게 하여 내가 불법을 말하는 것을 잘 들으라. 만약 너희들이 모든 종지種智[222]를 성취하려면 반드시 일상삼매一相三昧와 일행삼매一行三昧[223]를 통달해야 한다. 어느 곳에서도

---

[222] 종지種智_'일체종지一切種智'를 말하며, 부처의 지혜를 모두 이해하는 인식에 도달함을 가리킨다.

일체 형상形相에 집착하지 않고, 이러한 형상에 애증愛憎의 마음이 생기지 않아야 한다. 또 그것을 쟁취하려고도, 버리려고도 하지 않아야 한다. 자기에게 유익한지, 성공할건지, 실패할건지 등도 고려하지 않아야 한다. 이와 같이 하여 편안하고 한가하며 공허한 마음과 융합하여 욕망이 없으면, 이것이 바로 일상삼매이다. 어느 곳에서도 행주좌와行住坐臥하여 순수하고 정직하며 진실한 마음을 품어야 한다. 이 진실한 마음이 움직이지 않는 불사佛事를 행하면, 진실된 마음이 정토로 변하게 되어 이것을 일행삼매라 한다. 만약 이 두 가지 삼매를 갖추었다면, 토지에 종자를 뿌리듯이 함축含蓄, 온장蘊藏, 배양培養, 성장成長을 거쳐 성숙하고 과실을 맺을 것이니, 일상삼매와 일행삼매도 이러한 것이다.

내가 지금 너희들에게 불법을 설파하는 것은 시절에 맞는 비가 대지를 적시어 윤택하게 하는 것과 같다. 너희들이 본래 가지고 있는 불성은 종자種子와 같아 이렇게 충족한 빗물을 만났으니, 모두 싹이 트고 생장할 것이다. 나의 종지를 계승한 사람은 반드시 보리의 지혜를 얻게 될 것이고, 내가 가르친 대로 불법을 수행하면 반드시 미묘한 불과佛果를 증득하게 될 것이다. 그럼 나의 게송을 들어라."

심지心地는 모든 종자를 품고 있어, 비가 내리면 모두 싹을 틔우노라.

---

223 일상삼매一相三昧, 일행삼매一行三昧_일상삼매는 일체의 외경外境에 집착하지 않고 실상實相에 마음을 두어 선정禪定의 경지에 진입하는 것을 일컫는다. 일상一相은 실상實相, 둘이 없는 실상無二之相을 가리킨다. 일행삼매는 앞의 주 114 참조. 일상삼매一相三昧와 일행삼매는 서로 통하는 의미가 있다.

돈오頓悟는 이미 정情에서 꽃 피었으니, 보리의 열매는 스스로 맺을 것이로다.

혜능대사는 게송을 마치고 또 말하였다. "불법은 두 가지 양태가 없고 진실한 마음도 두 가지 마음이 없다. 불도는 본래 청정한 것이라 원래 집착할 그 무엇이 없다. 너희들은 절대 의식적으로 심지心地를 안정시키기 위하여 편견을 갖거나 집착하지 말아야 하며, 마찬가지로 공허한 마음에도 편견으로 집착하지 말아야 한다. 사람의 진실한 마음은 본래 청정한 것이니 더 이상 취사선택할 것이 없다. 너희들은 각자 노력하여 인연의 크나큰 흐름에 따라서 불법을 수행하고 전수하여라."

이때 자리에 있던 제자들은 모두 대사에게 예를 올리고 물러났다.

● 평석

위의 문장에서 혜능대사는 여러 제자들에게 일상삼매, 일행삼매의 뜻을 강설하였으며, 돈오법문의 요지를 전수하여 사문의 제자들에게 힘껏 수행하여 불과佛果를 증득하라고 격려하였다.

● 원문

師復曰: 諸善知識, 汝等各各淨心, 聽吾說法。若欲成就種智, 須達一相三昧, 一行三昧。若於一切處而不住相, 於彼相中不生憎愛, 亦無取捨, 不念利益成壞等事, 安閒恬靜, 虛融澹泊, 此名一相三昧。若於一切處, 行住坐臥, 純一直心。不動道場, 眞成淨土, 此名一行

三昧。若人具二三昧, 如地有種, 含藏長養, 成熟其實。一相一行, 亦
復如是。
我今說法, 猶如時雨, 普潤大地。汝等佛性, 譬諸種子, 遇茲霑洽, 悉
得發生。承吾旨者, 決獲菩提, 依吾行者, 定證妙果。聽吾偈曰:
　心地含諸種, 普雨悉皆萌。
　頓悟華情已, 菩提果自成。
師說偈已。曰: 其法無二, 其心亦然。其道清淨, 亦無諸相。汝等慎
勿觀靜, 及空其心。此心本淨, 無可取捨, 各自努力, 隨緣好去。
爾時徒衆作禮而退。

7

7월 8일, 혜능대사는 갑자기 제자들에게 말하였다. "나는 신주新州로 돌아가야겠다. 너희들은 속히 배를 준비하여라."

대중들이 적극 만류하였다.

그러자 대사가 말하였다. "제불諸佛이 출현한 후 이미 열반은 정해져 있어 오는 것이 있으면 자연히 가는 것이 있기 마련이다. 나의 이 몸뚱이도 왔으니 반드시 돌아갈 것이다."

대중들이 물었다. "대사는 이렇게 떠나시면 언제 다시 오시렵니까?"

대사가 말하였다. "잎이 떨어지면 뿌리에 돌아가지만 올 때를 알릴 수가 없구나."

대중들이 또 물었다. "대사는 정법안장正法眼藏[224]을 누구에게 전수

---

[224] 정법안장正法眼藏 _ '청정법안淸淨法眼'이라고도 하는데 석가모니부처님이 전수한 '열반묘심涅槃妙心'을 가리킨다. 즉 선종의 교외별전敎外別傳, 이심전심以心傳

하셨습니까?"

대사가 대답하였다. "도道가 있는 자는 스스로 얻을 것이고 무심無心한 자는 스스로 깨우쳐 알 것이다."

사람들이 또 물었다. "이후에 스승에게는 재난이 없습니까?"

대사가 말하였다. "내가 떠난 후 5, 6년 후에 한 사람이 나의 두골을 취하러 올 것이다. 그러하니 너희들은 나의 예언을 들어라."

두상頭上으로 부모를 모시고, 생계를 유지하라.
만滿의 재난을 만날 때, 양과 유가 벼슬을 하고 있을 것이다.[225]

그리고 또 말하였다. "내가 떠난 후 칠십 년 뒤에 두 분의 보살이 동방에서 올 것이다.[226] 한 분은 출가보살이고, 한 분은 재가보살인데

心의 심인心印이다. 진리를 철저히 보는 지혜안智慧眼과 정법안正法眼으로, 만물을 꿰뚫어 보고 만덕萬德에 비장秘藏된 법을 포함한다.

225 선종사서禪宗史書『전법정종기傳法正宗記』등에는 이 현기응험기懸記應驗의 이야기가 실려 있다. 기원 722년 신라국新羅國 승려 김대비金大悲가 혜능의 머리를 베어 귀국한 후 공양하려고 장정만張淨滿이라는 사람을 고용하여 도적질하게 하였다. 장정만은 효자였는데, 먹고 살기 위해 고용되었다. 머리를 훔치는 일은 성사되지 못하고 관청에 잡혀감으로써 사건이 마무리되었다. 이 안건을 심사한 사람은 소주의 자사刺史 유무첨柳無忝이었고, 곡강曲江현의 현령縣令은 이름이 양간楊侃이었다. 그는 더 이상 묻지 않고 장정만을 석방하였다. 이 이야기는『사구현기四句懸記』에 실려 있다.

226 이것 역시 하나의 현기懸記로서 다른 이야기가 있다. 하나는 마조도일馬祖道一선사와 방온거사龐蘊居士를 가리킨다고 하는데, 호적胡適의『발조계대사별전跋曹溪大師別傳』에서 고증을 받았다. 다른 하나는 두 보살 중의 하나는『조계대사별전』의 작자를 말하고, 이 현기는『조계대사별전』의 작자가 만든 것이라 한다.

동시에 선禪을 진흥시켜 선종을 건립하고, 사찰을 건립하여 불법을 번창하게 할 것이다."

제자들이 또 물었다. "최초의 부처가 응화應化하여 출현한 이래 모두 몇 대代를 전수하였는지 대사께서 가르쳐 주십시오."

혜능대사가 대답하였다. "최초의 제불諸佛이 응화신應化身으로 출세함이 수없이 많아 헤아릴 수가 없다. 지금은 단지 칠불七佛로 시작하고 있다. 과거세의 대겁大劫인 장엄겁莊嚴劫에는[227] 비바시불毗婆尸佛, 시기불尸棄佛, 비사부불毗舍浮佛이 있다. 그리고 현재세의 대겁大劫과 현겁賢劫에는 구류손불拘留孫佛, 구나함모니불拘那含牟尼佛, 가섭불迦葉佛, 석가모니불이 있다. 이를 칠불이라 한다. 이상의 칠불을 지금에 와서는 석가모니불을 으뜸으로 하여, 차례대로 제1조 마하가섭존자摩訶迦葉尊者, 제2조 아난존자阿難尊者, 제3조 상나화수존자商那和修尊者, 제4조 우바국다존자優婆鞠多尊者, 제5조 제다가존자提多迦尊者, 제6조 미차가존자彌遮迦尊者, 제7조 바수밀다존자婆須蜜多尊者, 제8조 불타난제존자佛陀難提尊者, 제9조 복타밀다존자伏馱密多尊者, 제10조 협존자脇尊者, 제11조 부나야사존자富那夜奢尊者, 제12조 마명대사馬鳴大士, 제13조 가비마라존자迦毗摩羅尊者, 제14조 용수대사龍樹大士, 제15조 가나제바존자迦那提婆尊者, 제16조 나후라다존자羅睺羅多尊者, 제17조 승가난제존자僧伽難提尊者, 제18조 가야사다존자伽耶捨多尊者, 제19조 구마라다존자鳩摩羅多尊者, 제20조 사야다존자闍

---

227 과거장엄겁過去莊嚴劫_불교에서는 사바세계의 나이를 소겁小劫, 중겁中劫, 대겁大劫이라 부른다. 과거의 대겁은 장엄겁莊嚴劫, 현재의 대겁은 현겁賢劫, 미래의 대겁을 성숙겁星宿劫이라 한다.

夜多尊者, 제21조 바수반두존자婆修盤頭尊者, 제22조 마나라존자摩拏羅尊者, 제23조 학근나존자鶴勤那尊者, 제24조 사자존자師子尊者, 제25조 바사사다존자婆舍斯多尊者, 제26조 불여밀다존자不如密多尊者, 제27조 반야다라존자般若多羅尊者, 제28조 보리달마존자菩提達磨尊者, 제29조 혜가대사慧可大師, 제30조 승찬대사僧璨大師, 제31조 도신대사道信大師, 제32조 홍인대사弘忍大師이다. 나 혜능이 제33조이다. 이상과 같이 여러 조사들이 모두 품수하고 계승하였으니 너희들도 이후에 마땅히 대대로 전수하여 계승하는데 착오가 없어야 한다."

● 평석
위의 문장에서 혜능대사는 제자들에게 대대로 내려오는 불법전승에 대해 말하고 있다. 아울러 과거칠불로부터 지금에 이르는 역대의 조사들이 전수한 선종심인禪宗心印의 법통을 열거하였다.

● 원문
大師七月八日, 忽謂門人曰: 吾欲歸新州, 汝等速理舟楫。
大衆哀留甚堅。
師曰: 諸佛出現, 猶示涅槃。有來必去, 理亦常然。吾此形骸, 歸必有所。
衆曰: 師從此去, 早晚可回?
師曰: 葉落歸根, 來時無口。
又問曰: 正法眼藏, 傳付何人?
師曰: 有道者得, 無心者通。

又問: 後莫有難否?

師曰: 吾滅後五六年, 當有一人來取吾首。聽吾記曰:

　頭上養親, 口裏須餐。

　遇滿之難, 楊柳爲官。

又云: 吾去七十年, 有二菩薩, 從東方來, 一出家, 一在家。同時興化, 建立吾宗。締緝伽藍, 昌隆法嗣。

問曰: 未知從上佛祖應現已來, 傳授幾代。願垂開示。

師云: 古佛應世, 已無數量, 不可計也。今以七佛爲始, 過去莊嚴劫: 毘婆尸佛, 尸棄佛, 毘舍浮佛。今賢劫: 拘留孫佛, 拘那含牟尼佛, 迦葉佛, 釋迦文佛, 是爲七佛。已上七佛, 今以釋迦文佛首傳。第一, 摩訶迦葉尊者, 第二, 阿難尊者, 第三, 商那和修尊者, 第四, 優波鞠多尊者, 第五, 提多迦尊者, 第六, 彌遮迦尊者, 第七, 婆須蜜多尊者, 第八, 佛馱難提尊者, 第九, 伏馱蜜多尊者, 第十, 脇尊者, 十一, 富那夜奢尊者, 十二, 馬鳴大士, 十三, 迦毘摩羅尊者, 十四, 龍樹大士, 十五, 迦那提婆尊者, 十六, 羅睺羅多尊者, 十七, 僧伽難提尊者, 十八, 伽耶舍多尊者, 十九, 鳩摩羅多尊者, 二十, 闍耶多尊者, 二十一, 婆修盤頭尊者, 二十二, 摩拏羅尊者, 二十三, 鶴勒那尊者, 二十四, 師子尊者, 二十五, 婆舍斯多尊者, 二十六, 不如蜜多尊者, 二十七, 般若多羅尊者, 二十八, 菩提達磨尊者, 二十九, 慧可大師, 三十, 僧璨大師, 三十一, 道信大師, 三十二, 弘忍大師, 惠能是爲三十三祖。從上諸祖, 各有稟承。汝等向後, 遞代流傳, 毋令乖誤。

8

당唐 현종顯宗 선천先天 2년 계축년²²⁸, 8월 초삼일 혜능대사는 신주新州의 국은사國恩寺²²⁹에서 공양을 드신 후 여러 제자들에게 말하였다. "너희들은 차례대로 자리에 앉으라. 나는 너희들과 이별을 해야겠다."

법해法海가 물었다: "스승은 어떠한 교법을 남겨서 후대의 어리석은 중생들에게 귀감이 되게 할 것입니까?"

그러자 대사가 말하였다. "너희들은 명심하여 들으라. 후대의 어리석은 사람들은 중생만 잘 배우면 곧 부처를 볼 수 있다. 만약 중생이 무엇인지 알지 못한다면 만겁萬劫 동안 부처를 찾아도 헛수고이다. 나는 이제부터 너희들에게 어떻게 자기 마음속의 중생을 배우고, 자기 마음속의 불성을 볼 수 있는가를 가르칠 것이다. 만약 부처를 몸소 보기를 바란다면 중생만 잘 인식하여도 가능하다. 왜냐하면 그것은 중생이 자기 성품에서 부처를 보지 못한 것이지, 부처가 중생의 마음속에 현현하지 않아서가 아니기 때문이다. 다시 말하면 자기 성품을 깨달으면 중생은 부처이고, 자기 성품을 깨닫지 못하면 부처가 중생이다. 자기 성품이 평등하면 중생은 부처이고, 자기 성품이 사악

---

228 선천2년先天二年_계축癸丑, 즉 개원 원년(開元元年, 713년)이다. 당나라 현종顯宗이 즉위할 때가 예종睿宗 연화 원년(延和元年, 712년) 8월이었으니, 즉위 후 원래의 선천先天으로 고쳤다. 이듬해 12월에 개원開元으로 고쳤다. 역사서에서는 선천의 연호를 습관적으로 원년元年이라 적고 2년을 적지 않는다. 그러나 승가의 기록은 실록實錄이기에 년을 적을 때 여전히 선천 2년으로 개원 원년을 기록한 것이다.

229 국은사國恩寺_신흥현新興縣 남사南思 용산龍山에 있는 용산사龍山寺이다. 즉 당나라 중종中宗이 혜능대사의 옛 집을 고쳐 국은사國恩寺라고 하사하였다. 신흥현新興縣은 광서廣西 조경부肇慶府에 속하는데 바로 당나라의 신주新州이다.

하고 음흉하면 부처는 중생이다. 너희들 마음이 교활하고 정직하지 않으면 부처가 중생 중에 갇혀서 꼼짝 못하는 것과 같고, 만약 일념一念이 다 평등하고 정직하다면 중생이 곧 부처가 되어 밖으로 표출되어 나오는 것이다.

우리의 마음 중에는 본래 부처가 있으니, 자기 성품 가운데의 부처가 진정한 부처[眞佛]이다. 만약 자기에게 불심이 없으면 어디에서 진정한 부처를 구한단 말인가? 자기의 진실한 마음은 곧 부처니 더 이상 의심하지 말라. 마음 밖에서 구할 수 있는 물건은 결코 없으며, 만사만물은 모두 자기 마음에서 변하여 생기는 것이다. 그러므로 경전에서는 '마음속에 생각이 일어나면, 모든 법이 따라서 생긴다. 마음속에 생각이 사라지면, 모든 법도 따라서 사라진다.'[230]라고 하였다. 이제 나는 게송 한 수를 남기어 너희들과 고별할 것이니, 이 게송은 자기 성품에 있는 진정한 불심의 게송이다. 후대 사람들이 만약 이 게송의 종지를 이해한다면 자연히 자기의 본심을 보게 될 것이고, 자연히 불도를 이룰 것이다."

진여자성眞如自性은 진불眞佛이고, 삿된 견해의 삼독三毒[231]은 마왕이로다.

---

230 심생종종법生心種種法生, 심멸종종법멸心滅種種法滅_『대승기신론大乘起信論』, 『능가경楞伽經』 등에 나타나는 내용이다. 사람들이 어리석고 무지하여 마음에 망령된 생각이 생기고 외적인 상相에 무모하게 집착하는 것을 말하며, 반면 사람들이 불도를 깨달으면 망령된 생각이 없어지고 본심이 청정하여 외적인 상相과 멀리하게 된다는 것이다.

231 삼독三毒_탐貪, 진瞋, 치痴를 가리킨다.

삿되고 미혹할 때는 악마가 집안에 있는 것이고, 정견正見이 작용하면 부처가 집안에 있는 것이다.

본성 중의 삿된 견해가 삼독을 생기게 하여, 즉시 마왕이 와서 내 집에 살게 되는 것이니라.

정견은 스스로 삼독심을 제거하여, 악마를 부처로 변하게 하니 참으로 거짓이 없도다.

법신·보신·화신, 삼신은 본래 하나의 몸이로다.

자신의 본성에서 능히 스스로 보아, 바로 성불의 보리인菩提因이 도래하노라.

본래 화신 중에서 정성淨性이 생겼으니, 정성은 늘 화신 중에 존재하는 터,

본성은 화신이 정도를 실행하도록 하여, 당래에 원만성취하여 다함이 없게 될 것이로다.

음성婬性은 본래 정성淨性의 원인이니, 음婬을 제거하면 곧 정성의 몸이로다.

본성 가운데 각자 오욕을 멀리 하고, 견성見性하면 찰나가 곧 진실이다.

금생에 만약 돈교문을 만나면, 홀연히 자신의 본성을 깨달아 세존을 친견하리라.

수행하여 부처를 찾고자 한다면, 어디에서 진불眞佛을 구할 것인가? 만약 마음속에서 진불을 본다면, 진불이 있는 것이 곧 성불하는 원인이 되노라.

자기 성품을 보지 못하고 밖에서 부처를 찾으려 한다면, 망심을

일으키니 크게 어리석은 사람이로다.
돈교의 법문은 이미 여기에 머물렀으니, 세상 사람들을 제도하려면 마땅히 스스로 수행하여야 할 터,
너희들과 앞으로 도를 배우는 자들에게 알리니, 이 게송을 가벼이 말라.

● 평석

혜능대사는 임종 전에 자기 성품의 진정한 불심의 게송을 전수한다. 사문의 제자들에게 자기 성품을 몸소 깨닫고, 실제로 중생과 불성은 평등함을 알며, 속세의 탐욕으로부터 해탈하고, 스스로 자기의 본심을 보아, 자신 본성의 불도를 이루기를 설법한다. 혜능대사는 게송에서 '삿되고 미혹할 때는 악마가 집안에 있는 것이고, 정견이 작용하면 부처가 집안에 있는 것〔邪迷之時魔在舍, 正見之時佛在堂〕', '본성 중의 삿된 견해가 삼독을 생기게 함〔性中邪見三毒生〕', '정견은 스스로 삼독심을 제거함〔正見自除三毒心〕', '음성淫性은 본래 정성淨性의 원인이니, 음淫을 제거하면 곧 정성의 몸〔淫性本是淨性因, 除淫卽是淨性身〕', '본성 가운데 각자 오욕을 멀리 하고, 견성하면 찰나가 곧 진실〔性中各自離五欲, 見性刹那卽是眞〕' 등의 구절을 반복적으로 사람들에게 알리어 경계하게 한다. 돈교의 법문은 진흙으로 만든 부처가 물을 건너지 않고도, 나무로 된 부처가 불火을 건너지 않고도, 황금으로 된 부처가 용광로를 건너지 않아도 된다. 왜냐하면 진정한 부처가 자기의 마음속에 앉아 있으니, 마음속의 진정한 부처를 깨달아 성불해야 하며 막연하게 외부에서 구하지 말라. 자기로부터 시작하여 안으로 공功을 들이는

것이 정도正道를 깨닫는 지름길이다.

● 원문

大師先天二年癸丑歲, 八月初三日, 於國恩寺齋罷, 謂諸徒衆曰: 汝等各依位坐, 吾與汝別。

法海白言: 和尙留何敎法, 令後代迷人得見佛性?

師言: 汝等諦聽, 後代迷人, 若識衆生, 卽是佛性。若不識衆生, 萬劫覓佛難逢。吾今敎汝識自心衆生, 見自心佛性。欲求見佛, 但識衆生, 只爲衆生迷佛, 非是佛迷衆生。自性若悟, 衆生是佛; 自性若迷, 佛是衆生。自性平等, 衆生是佛; 自性邪險, 佛是衆生。汝等心若險曲, 卽佛在衆生中; 一念平直, 卽是衆生成佛。我心自有佛, 自佛是眞佛, 自若無佛心, 何處求眞佛? 汝等自心是佛, 更莫狐疑。外無一物而能建立, 皆是本心生萬種法。故經云: 心生種種法生, 心滅種種法滅。吾今留一偈, 與汝等別, 名自性眞佛偈。後代之人識此偈意, 自見本心, 自成佛道。偈曰:

　眞如自性是眞佛, 邪見三毒是魔王。
　邪迷之時魔在舍, 正見之時佛在堂。
　性中邪見三毒生, 卽是魔王來住舍。
　正見自除三毒心, 魔變成佛眞無假。
　法身報身及化身, 三身本來是一身。
　若向性中能自見, 卽是成佛菩提因。
　本從化身生淨性, 淨性常在化身中。
　性使化身行正道, 當來圓滿眞無窮。

婬性本是淨性因, 除婬卽是淨性身。
性中各自離五欲, 見性刹那卽是眞。
今生若遇頓敎門, 忽悟自性見世尊。
若欲修行覓作佛, 不知何處擬求眞。
若能心中自見眞, 有眞卽是成佛因。
不見自性外覓佛, 起心總是大癡人。
頓敎法門今已留, 救度世人須自修。
報汝當來學道者, 不作此見大悠悠。

9

혜능대사는 게송을 다 읊고 여러 사람에게 말하였다. "너희들은 자리에 편히 앉으라. 내가 세상을 떠난 후 속세의 사람들처럼 슬피 울거나, 타인의 조문弔文을 받거나 효복孝服을 입는다면, 나의 제자가 아니며, 진정한 불법도 아니다. 자기의 본심을 인식하고 자기가 본래 가지고 있는 불성을 이해하며, 움직임과 고요함이 없고, 삶과 죽음이 없으며, 가는 것과 오는 것이 없고, 옳음과 그름이 없으며, 멈춤과 나아감이 없다는 것을 명심하여라. 나는 너희들의 마음이 어리석어 나의 뜻을 깨닫지 못할까 걱정이 되어, 오늘 재차 너희들이 본래 가지고 있는 불성을 다시 인식하게 하였다. 내가 세상을 떠난 후 너희들이 내가 말한 불법대로만 수행하면, 곧 내가 세상에 있을 때와 같을 것이다. 만약 너희들이 나의 돈교법문頓敎法門을 지키지 않는다면, 내가 세상에 살아 있어도 소용이 없을 것이다." 대사는 또 게송 한 수를 읊었다.

올올兀兀²³²히 선을 닦지 않으면서, 등등騰騰²³³하게 악을 짓지 마라.
고요히〔寂寂〕²³⁴ 견문을 끊으면, 탕탕蕩蕩²³⁵하여 마음에 집착이 없으리라.

대사는 게송을 읊은 후 단정히 삼경三更까지 좌선삼매에 있다가 제자들에게 "나는 간다."하고 말한 후 홀연히 천화遷化²³⁶하였다.
이때 특이한 향기가 실내에 가득 차고, 하얀 무지개가 땅을 꿰뚫었으며, 초목이 하얗게 변하고 짐승들이 슬피 울었다.

● 평석
자연스럽게 왔다가 편안히 돌아감은 거리낌이 없고 평온하여라. 크나큰 지혜를 얻지 못했더라면, 어찌 이토록 인생을 크게 자재하리오.

● 원문
師說偈已, 告曰: 汝等好住, 吾滅度後, 莫作世情悲泣雨淚, 受人弔問, 身著孝服, 非吾弟子, 亦非正法。但識自本心, 見自本性, 無動無靜, 無生無滅, 無去無來, 無是無非, 無住無往。恐汝等心迷, 不會吾

---

232 올올兀兀_움직이지 않는 모양.
233 등등騰騰_자재무위한 모양.
234 적적寂寂_조용한 모양.
235 탕탕蕩蕩_평평하고 탄탄한 모양.
236 천화遷化_갑작스레 떠난다는 뜻이다. 천화는 옮겨가 없어진다는 것인데, 세상을 하직한다는 것의 다른 표현이다.

意, 今再囑汝, 令汝見性. 吾滅度後, 依此修行, 如吾在日. 若違吾
敎, 縱吾在世, 亦無有益. 復說偈曰:

　　兀兀不修善, 騰騰不造惡.

　　寂寂斷見聞, 蕩蕩心無著.

師說偈已, 端坐至三更, 忽謂門人曰: 吾行矣. 奄然遷化.

于時異香滿室, 白虹屬地. 林木變白, 禽獸哀鳴.

10

11월, 광주廣州, 소주韶州, 신주新州 세 주의 관료들과 제자들, 스님들, 속인들이 앞을 다투어 혜능의 진신眞身[237]을 공양하러 왔다. 그리하여 며칠을 향을 피우고 기도를 계속하였다. 향의 연기가 닿는 곳마다 대사의 법신法身이 나투는 듯하였다.

　당시 향 향기가 조계산曹溪山까지 닿았다고 한다.

　11월 30일 제자들은 혜능대사의 법신과 전수받은 의발을 조계산 보림사寶林寺로 옮겨서 공양하였다.

　이듬해 7월 25일 여러 사람들은 대사의 유체遺體를 감龕[238]에서 꺼내 제자인 방변方辯이 올린 향진흙으로 감쌌다.

　제자들은 혜능대사가 생전에 어떤 사람이 와서 머리를 가지고 갈 것이라던 예언이 생각나 철편鐵片[239]을 천에 감싸 대사의 목을

---

237 진신眞身_혜능의 남겨진 육체, 육신으로 즉 유해이다.
238 감龕_신감神龕이라고도 하는데 형태가 가마와 같이 삼면을 나무판으로 막고 앞이 열린 작은 칸을 말한다. 좌선 수행자는 거기에 앉아 선정을 닦을 수가 있다. 불전佛殿에 불보살을 받들어 모셔놓은 곳을 '불감佛龕'이라고 부른다.

단단히 보호하였다. 유체를 묘탑에 넣자 탑 안에서 갑자기 하얀빛이 솟구쳐 나와 하늘까지 올라갔다가 삼일이 지나서야 흩어졌다.

소주韶州의 자사가 혜능대사의 사적事迹을 황상皇上에게 아뢰었고, 그리하여 황상의 명으로 혜능대사를 위해 비문을 세워 대사의 도행道行을 기록하였다. 대사는 향년 76세였고, 24세 때 오조五祖의 의법을 전수받았다. 39세에 삭발하고 출가하여 전후 37년간 불법을 강설하여 중생을 이익되게 하였다. 혜능대사에게서 친히 불법을 전수받은 사람이 모두 43명이고 그 외에 불도를 깨달아 범인凡人을 초월하고 성인의 경지에 오른 사람은 수 없이 많았다. 달마가 신령스런 물건으로 전수했던 가사, 즉 서역의 굴현포屈眴布와 당 중종中宗이 상으로 내린 마납가사磨納袈裟, 그리고 수정보발水晶寶鉢 및 방변方辯이 조각한 대사의 참된 상象, 불법에 사용한 도구 등은 함께 탑 안에 봉안하여 보림사寶林寺의 도량을 영원히 지키도록 하였다. 또한 널리 『법보단경』을 전하여 돈교의 선頓教禪의 종지를 선양했는데, 이것은 모두 불·법·승의 삼보를 흥성하게 하고 발전시키며 널리 일체 중생을 교화하려는 것이다.

● 평석

불법은 속세에 있고, 진정한 부처는 자기 성품에 있다. 이것은 혜능대사의 궁극적 가르침이며, 남종선법의 기치이다.

지금까지 혜능대사는 중생의 본신本身이 부처라는 것을 강조하였으며, 만약 우리가 중생을 알지 못하면 만겁의 세월을 보낸다 할지라도

---

239 철편鐵片_철엽鐵葉은 철편을 엷게 펴서 나무 잎사귀처럼 만든 것을 말한다.

자기 성품 속에 있는 부처를 찾기 어려울 것이라고 하였다. 부처는 밖으로부터 오지 않는다. "자기 성품을 잃으면 부처는 바로 중생이 되고, 자기 성품을 깨달으면 중생은 바로 부처가 된다.〔自性迷卽是衆生, 自性覺卽是佛〕" 그러므로 중생을 위하여 불법을 설하며, 불법은 오직 자기 심성이 한 번 전환하는 사이에 있고, 자신 본성의 진정한 부처는 각자의 자기 마음속에 영원히 존재한다고 했던 것이다. 이렇게 하여 일념—念에 깨달으면 마음이 곧 부처이고, 즉 중생이 곧 부처기 때문에 마음, 부처, 중생은 평등하여 구별이 없으며, '스스로 본래 마음을 보고, 스스로 불도를 이룬다〔自見本心, 自成佛道〕'는 가르침을 실현할 수 있다. 여기에서 우리가 알 수 있듯이, 깨달음은 속세를 떠나지 않고, 성불은 자기 성품을 떠나지 않는다는 선법의 기치는 혜능대사 남종南宗의 선명한 특색이다. 이 특색은 남종선의 현실적 성격을 잘 나타내고 있다. '불법은 속세에 있고 속세를 떠나서는 깨달을 수 없다〔佛法在世間, 不離世間覺〕', '선은 앉고 엎드리는 것이 아니니, 도는 마음으로부터 깨달아야 한다〔禪非坐臥, 道由心悟〕', '자기 성품을 스스로 제도한다〔自性自度〕', '성품을 보아 불을 이룬다〔見性成佛〕' 등의 주장은 필시 혜능대사의 후학들이 대사의 품격과 심성의 성향을 더 높이 배양하기 위하여 첨가한 듯하다. 하지만 이것들은 전적으로 중국불교 전반에 걸쳐 영향을 주었다. 더 나아가서는 한국을 포함한 동북아 삼국 불교가 고유의 불교를 형성하는 중심축이라고 하겠다.

본 품에서 혜능대사는 우선 '파집법破執法'을 전수하고, 후에 '견성법見性法'을 가르쳤다. 하지만 집착을 없애는 것과 본성을 보는 것을

하나로 통일시키고 있다. 중요한 것은 사람들에게 자기 성품의 진제眞
諦를 깨달아 스스로 불도를 성취할 것을 강하게 호소하고 있다는
점이다. 그는 사유와 실천의 측면에서 사문의 제자들을 위해 마지막까
지 거듭 강조하였다.

● 원문

十一月, 廣韶新三郡官僚, 洎門人僧俗, 爭迎眞身, 莫決所之, 乃焚香
禱曰: 香煙指處, 師所歸焉。
時香煙直貫曹溪。
十一月十三日, 遷神龕倂所傳衣鉢而回。
次年七月出龕, 弟子方辯以香泥上之。
門人憶念取首之記, 仍以鐵葉漆布, 固護師頸入塔。忽於塔內白光
出現, 直上衝天, 三日始散。
韶州奏聞, 奉勅立碑, 紀師道行。師春秋七十有六。年二十四傳衣,
三十九祝髮, 說法利生, 三十七載, 嗣法四十三人。悟道超凡者, 莫
知其數。達磨所傳信衣西域屈眴布也, 中宗賜磨衲寶鉢, 及方辯塑
師眞相幷道具, 永鎭寶林道場。留傳壇經, 以顯宗旨, 興隆三寶, 普
利群生者。

法寶壇經 終

발문跋文

육조대사가 옛날 평생 설한 법은 모두 대승원돈大乘圓頓의 종지宗旨였다. 그러므로 그 제목을 '경經'이라고 하였다.

그 말은 쉽지만 가리키는 바는 어렵고, 문장은 평이하지만 뜻은 분명하여 외우는 자들이 각각 얻는 바가 있었다.

명교숭(明敎嵩; 설숭契嵩선사를 말함)선사가 항상 말하기를, "선천적인 기틀이 예리한 자는 그 깊음을 얻고, 타고난 기틀이 둔한 자는 그 얕음을 얻는다."라고 했으니, 참으로 그 말이 맞도다.

내가 처음 출가하여 3본의 『단경』이 서로 다른 것을 보고 유감을 느꼈다. 3본이 서로 가감이 있으며, 그 판각이 이미 마멸되어 있었다. 그에 따라 그 판본들을 서로 대조하여 교정하고, 그릇된 것은 바로잡았으며, 생략된 것은 상세하게 하였다. 또한 다시 제자들의 청익기연請益機緣을 추가하여 공부하는 자들에게 조계曹溪의 종지宗旨를 모두 얻을 수 있도록 기틀을 마련하였다.

안찰사按察使 운종룡雲從龍은 이 도道에 깊이 나아갔는데, 하루는 산방山房을 지나다가 내가 편집한 책을 보고 말하기를, "『단경』이 크게 온전함을 얻었구나."라고 하고, 개탄하며 공인工人에게 명하여 판에 새기도록 하여 전적으로 유통하게 하여 조계曹溪 일파一派로 하여금 단절되지 않게 하였다.

어떤 사람은 말하기를, "달마達磨는 문자를 세우지 않고 사람의 마음을 곧바로 가리켜 성품을 보아 성불하게 한다. 노조(盧祖; 혜능선사)는 육세六世를 바르게 전한 분이니 또한 어찌 문자를 쓸 것인가?"라고 한다. 내가 이르기를, "이『단경』은 문자가 아니라 달마가 단지 전한 바로 가리킨〔直指〕 가리킴〔指〕일 뿐이다. 남악南嶽, 청원青原 등의 여러 큰 선사들이 일찍이 이 가리킴으로 인하여 그 마음을 밝혔고, 다시 그로써 마조馬祖, 석두石頭 등 여러 선사들의 마음을 밝혀 주었다. 지금의 선종禪宗이 천하에 유포된 것도 모두 이 가리킴에 근본하고 있는 것이다. 그리고 지금 이후에도 어찌 이 가리킴으로 인하여 마음을 밝히고 성품을 보는 이가 없겠는가?"라고 하자, 물은 사람이 "그렇고 그렇습니다."라고 하고 다시 절을 올리고 사죄하며 말하기를, "제가 영리하지 못하니,『단경』의 끝에 글을 써서 뒤에 오는 사람들을 가르쳐 주시기 바랍니다."라고 하였다.

지원至元 신묘辛卯년 여름에 남해南海 석종보釋宗寶가 발문跋文을 쓰다.

● 원문
跋

六祖大師平昔所說之法, 皆大乘圓頓之旨。故目之曰經。其言近指遠。詞坦義明。誦者各有所獲。明教嵩公常讚云。天機利者得其深。天機鈍者得其淺。誠哉言也。
余初入道, 有感於斯, 續見三本不同, 互有得失, 其板亦已漫滅。因取其本校讎, 訛者正之, 略者詳之, 復增入弟子請益機緣, 庶幾學者得盡曹溪之旨。

按察使雲公從龍, 深造此道, 一日過山房睹余所編, 謂得壇經之人全, 慨然命工鋟梓, 顓爲流通, 使曹溪一派不至斷絶。

或曰: 達磨不立文字, 直指人心見性成佛, 盧祖六葉正傳, 又安用是文字哉。余曰: 此經非文字也。達磨單傳直指之指也。南嶽靑原諸大老, 嘗因是指以明其心, 復以之明馬祖石頭諸子之心, 今之禪宗流布天下, 皆本是指, 而今而後, 豈無因是指, 而明心見性者耶。問者唯唯再拜謝曰: 予不敏。請倂書于經末以詔來者。

至元辛卯夏, 南海釋宗寶跋。

【부록】

조계대사별전曹溪大師別傳[1]

당唐 소주韶州의 조계曹溪 보림산寶林山 국녕사國寧寺의 육조六祖 혜능慧能대사가 전법한 종지宗旨와 아울러 고종대제高宗大帝의 칙서와 겸하여 고종대제의 하사물과 절의 이름을 고친 현판 및 대사가 인가한

---

[1] 본『조계대사별전』은『대일본만속장경大日本卍續藏經』164책에 게재된 것을 저본으로 하였다. 본전의 편찬자는 알려져 있지 않았다.『만속장경』에 게재된 본전은 일본 임제종臨濟宗 승려인 한홍조방(漢興祖芳; 1722~1806)이 교정한 것으로 일본 보력寶曆 12년(1762)에 간행된 것이다. 본래 경웅敬雄의 「서문序文」과 조방의 「발문跋文」이 포함되어 있지만, 본 번역에서는 생략하였다. 본전은 크게 육조대사의 전기, 전법종지傳法宗旨, 고종 등 황제의 칙서敕書, 조계산曹溪山 보림사寶林寺의 유래, 육조대사의 여섯 가지 기이한 현상 등으로 이루어져 있다. 일반적으로 본전은 당唐 덕종德宗의 건중년간(建中年間; 780~783)에 이루어졌고, 일본 승려 최징最澄이 덕종의 정원貞元 19년(803)에 그 사본寫本을 얻어 일본으로 귀국하여 비예산比叡山에 보관하였던 것으로 추정한다. 이 비예산에 보관된 판본은 현재 일본의 국보로 지정되어 있다.

문인門人, 아울러 대사가 멸도하던 때의 여섯 가지 상서로운 모습 및 지약 삼장智藥三藏의 현기懸記 등의 전기[唐韶州曹溪寶林山國寧寺六祖慧能大師傳法宗旨 幷高宗大帝 敕書兼賜物改寺額 及大師印可門人 幷滅度六種瑞相 及智華三藏懸記等傳]

양梁 천감天監 임오 원년(502) 정월 5일. 당시에 바라문삼장婆羅門三藏이 있었는데, 자字는 지약智藥이다. 중천축국中天竺國 나란다사那爛陀寺의 대덕이었다. 삼장은 국왕과 작별하고 이 오대산五臺山에 와서 문수보살을 예로써 알현하였는데, 이때 제자 수십 명이 시종하였다. 삼장은 박식다문博識多聞하여 경론經論과 성상星象의 학문에 두루 통달하였다. 대승불교를 널리 펼치려는 뜻으로 여러 나라를 순력巡歷하였다. 멀리 창파滄波를 거치는 배를 띄워 소주韶州의 조계촌曹溪村 입구에 이르러 마을사람들에게 말하였다. "이 물줄기의 근원을 보니 반드시 지세가 좋은 땅이 있어 사문沙門이 머물러 살기에 뛰어나고, 대대로 고승이 배출되어 끊이지 않을 곳이 있으니, 내가 그곳을 찾고자 합니다." 그리고는 나아가 조계에 이르러 조계촌 사람들에게 청하여 사는 곳을 수리하게 하였다. 5년이 지나 이 산문을 보림사寶林寺라 하였으니, 사람과 하늘이 공경할 곳이요, 천하가 모두 귀의할 곳이라.

천감 5년(507) 2월 15일 나라에서 여러 곳의 주현州縣에 명을 내려 천하의 명승대덕을 내도량內道場으로 모셔 공양하도록 하였다. 당시 소주자사韶州刺史 후공侯公이 삼장대사를 추천하여 내도량에 들게 하였다. 군신君臣을 시켜 삼장에게 물었다. "어찌하여 이 산문을 이름하여 보림寶林이라 하였습니까?" 삼장이 대답하였다. "내가 죽은 후

170년이 지나 위없는 법보法寶가 있어 이 땅에서 교화를 널리 펼칠 것이며, 그 가르침을 배우는 자가 수풀같이 많을 것입니다. 이에 보림이라 한 것입니다."

삼장은 4월에 비로소 군주에게 아뢸 수 있었고, 군주는 보림사를 위하여 칙령으로 밭 50경頃을 하사하였다.

천감 10년(512) 삼장은 오대산에 들어갔다가 물러나 본국으로 돌아갔다.

수隋 대업大業 13년(617)에 이르러 천하가 황폐하고 어지러웠는데 보림사도 훼손, 폐사되고 말았다.

천평天平 원년(534)에 이르러 낙창현樂昌縣의 현령縣令 이장지李藏之가 보림사의 편액을 청하여 낙창의 영계촌靈溪村에 사원을 설립하였다.

함형咸亨 원년(670) 당시 혜능惠能대사의 속성은 노盧씨로 신주新州 사람이다. 어려서 부모를 여의고 세 살에 고아가 되었다. 성장하여 비록 사람들과 어울려 살면서도 굳건한 모습으로 세속 밖의 뜻을 지니고 있었다. 그해 대사는 유력遊歷하다가 조계촌에 이르러 마을 사람인 유지략劉志略과 의형제를 맺었는데 당시 대사의 나이가 서른이었다. 유지략에게는 고모가 있었는데 출가하여 산간에 있는 절에 머물렀고, 이름은 무진장無盡藏으로 항상 『열반경』을 독송하였다. 대사는 낮에는 유지략과 함께 일하고, 밤에는 『열반경』을 청강聽講하였다. 다음날 대사는 무진장 비구니를 위해 『열반경』의 의미를 풀이해 주었다. 비구니는 경을 가져와 읽어 보도록 하였다. 이에 대사가 말하였다. "문자를 모릅니다." 비구니가 말하였다. "기왕에 문자를 모른다면 어떻게 그 뜻을 해석하였던 것입니까?" 대사가 말하였다.

"불성佛性의 이치는 문자를 잘 해독하는 것과 상관없으니, 지금 문자를 모른다고 한들 어찌 괴이하다고 하겠소." 여러 사람들이 이 말을 듣고서 몹시 찬탄하며 말하였다. "이와 같이 천부적 재능으로 스스로의 견해를 깨닫는 것은 사람이 미칠 바가 아니니, 출가하여 이 보림사에 머무르는 것이 마땅할 것이다." 대사는 곧 이 절에 머무르며 도를 닦기를 3년이 경과하였으니, 실로 지약 삼장이 기록을 남긴 170년의 시기에 해당한다. 당시 대사의 나이는 서른셋이었다.

후에 낙창현의 서쪽 석굴에 원선사遠禪師가 있다는 말을 듣고 마침내 그에게 의탁하여 좌선을 배웠다. 대사는 본래 글을 배우지 않았으며, 끝내 경론을 탐구하지 않았다. 당시 혜기惠紀선사가 있어 『두타경投陁經』을 읽었는데, 대사가 그 경전을 듣고 탄식하며 말했다. "경전의 뜻이 이와 같은데 지금 나는 헛되이 앉아서 무엇을 하고 있는가?"

함형咸亨 5년(674) 대사의 나이 서른넷이었다. 혜기선사가 대사에게 말하였다. "오래전에 전해 듣건대 기주蘄州의 황매산黃梅山에 있는 홍인弘忍선사가 선문을 열었다고 하니, 선사에게 가서 후학하도록 하시오." 대사는 그해 정월 3일, 소주를 떠나 동산東山으로 가서 홍인대사를 찾았다. 지팡이를 짚고 맨발로 진흙길을 걸으며 홀로 외롭게 홍주洪州의 동쪽 길에 이르렀다. 당시는 사나운 호랑이가 많았으나 대사는 혼자 산중을 지나면서도 두려움이 없었다. 드디어 동산에 이르러 홍인대사를 뵈었다.

홍인대사가 물었다.

"그대는 사물을 교화하러 왔는가?"

혜능이 대답하였다.

"다만 부처를 구하고자 왔습니다"

홍인이 물었다.

"그대는 어디 사람인가?"

혜능이 대답하였다.

"영남嶺南 신주新州 사람입니다."

홍인이 말하였다.

"그대는 영남 신주 사람인데 어찌 감히 부처가 될 수 있겠는가?"

혜능이 대답하였다.

"영남 신주 사람의 불성佛性과 화상의 불성은 어떤 차별이 있습니까?"

홍인대사는 또 다시 묻지 않았으나, 가히 스스로 불성을 알고 몰록 진여眞如를 깨달았다고 할 만하여 그를 소중하고 기특하게 여겼다.

홍인대사의 산중에는 문도가 매우 많았는데, 좌우를 꼼꼼히 돌아보면 모두 빼어난 용상龍象이었다. 마침내 혜능에게 부엌에 들어가 공양하게 하였다. 8개월이 지나도록 혜능은 아주 힘들고 어려운 일이라도 피하지 않았으며, 놀이하다가도 곧바로 성숙한 자세로 마음에 두지 않고 몸을 잊은 채 도를 행하였다. 디딜방아를 찧는데 자신의 체중이 가벼운 것이 불만족스러웠다. 이에 큰 돌을 허리에 매었는데 무게를 못 이겨 디딜방아에 떨어져 결국 허리와 다리를 다쳤다. 홍인대사가 이에 방아 찧는 곳에 와서 물었다.

"너는 공양을 마련하다가 허리와 다리를 다쳤다는데 아픈 곳은 어떠하냐?"

혜능이 대답하였다.

"몸이 있음을 보지 않으니, 누가 그 아픔을 말하겠습니까?"

홍인대사는 밤이 되자 혜능을 방장실로 오도록 하여 물었다.

"너는 처음에 왔을 때 나에게 대답하기를, '영남 사람의 불성과 화상의 불성은 어떤 차별이 있습니까?'라고 하였는데 누가 너에게 그러한 것을 가르쳐 주었느냐?"

혜능이 대답하였다.

"불성은 치우치지 않아 화상과 저의 불성은 차별이 없으며, 또한 일체중생이 모두 같아서 다시 차별이 없으며, 다만 근기에 따라 숨기도 하고, 나타나기도 합니다."

홍인대사가 불러 말하였다.

"불성에는 형태가 없는데 어떻게 숨거나 나타난다는 말이냐?"

혜능이 대답하였다.

"불성에는 형태가 없으나 깨달으면 곧 나타나고, 미혹하면 곧 숨어 버립니다."

그때 대사의 문도가 혜능과 화상이 담론하는 것을 보았으나 대사는 여러 문도들이 깨치지 못함을 알고 마침내 여러 사람들을 잠시 물러가도록 하였다. 홍인대사가 혜능에게 고하였다.

"여래는 열반에 임하여 매우 깊은 반야바라밀법般若波羅蜜法을 마하가섭摩訶迦葉에게 부촉付囑하였다. 가섭은 아난阿難에게 부촉하고, 아난은 상나화수商那和修에게 부촉하고, 화수는 우바국다憂波掬多에게 부촉하였다. 그 후에도 거듭 서로 전하여 서쪽 나라의 28조사를 거쳐 달마다라達磨多羅대사에 이르러 중국에서 초조初祖가 되었다. 그 법을 혜가惠可에게 전하고, 혜가는 승찬僧璨에게 부촉하고, 승찬은

쌍봉산雙峰山의 도신道信에게 부촉하고, 도신은 나에게 부촉하였다. 이제 나는 떠나고자 한다. 법을 너에게 부촉하니, 너는 잘 지켜 단절되지 않게 하라."

혜능이 말하였다.

"저는 남쪽 사람이라 불성의 전수傳受를 감당하지 못하겠습니다. 이 중에도 많은 인재〔龍象〕들이 있습니다."

홍인대사가 말하였다.

"여기에 비록 많은 인재들이 있으나 나는 그들의 근기가 깊고 얕음을 모두 아는 바, 대체로 토끼나 말과 같도다. 오직 코끼리왕〔象王〕에게 부촉하는 것이다."

홍인대사는 즉시 전해 내려오는 가사를 혜능에게 주었고, 혜능대사는 드디어 가사를 머리 위에 들며 받았다.

대사가 화상에게 말하였다.

"법은 문자가 필요 없으며, 마음으로써 마음을 전하고 법으로써 법을 전하는데, 이 가사를 가지고 무엇을 하겠습니까?"

홍인대사가 말하였다.

"가사라는 의복은 법의 신표이고 법은 의복의 종주宗主이다. 예로부터 이어져 전하는데 달리 주는 것이 없었다. 의복이 아니라면 법을 전하지 못하고, 법이 아니라면 의복을 전하지 않았다. 이 의복은 서쪽 나라의 사자존자師子尊者가 대대로 서로 전하여 불법이 단절되지 않도록 한 것이다. 법은 여래의 매우 깊은 반야이다. 반야는 공적空寂하여 머무름이 없음을 알면 곧 법신法身을 깨우치고, 불성이 공적하여 머무름이 없음을 본다면 이것이 진정한 해탈이다. 그대는 의복을 가지고 가야 할 것이니라."

마침내 혜능대사는 가사를 받아 지니며 감히 명령을 어기지 않았다. 그런데 이 법을 전하는 신표인 가사의 재료는 중천축국中天竺國의 면직물로서 범어로는 바라나婆羅那라고 하며, 당나라에서는 '가장 좋은 면직물'이라고 말한다. 이것은 목면화木綿花로 만드는데, 당시의 사람이 알지 못하고 그릇되게 견직물인 사포絲布라고 하였다.

홍인대사가 혜능에게 말하였다.

"그대는 속히 떠나라. 내 마땅히 함께 전송하리라."고 하고는 따라가서 기주蘄州의 구강역九江驛에 이르렀다.

홍인대사가 혜능에게 말하였다.

"그대는 법을 전하는 사람이라 이후에 어려운 일을 많이 만날 것이다."

혜능이 홍인대사에게 물었다.

"어찌하여 어려운 일이 많다는 것입니까?"

홍인이 말하였다.

"나중에 삿된 법이 앞다투어 일어나 국왕과 대신에게 붙어 우리의 정법을 막을 것이다. 그대는 잘 가도록 하라."

혜능은 드디어 예로써 작별하고 남쪽으로 갔다. 홍인대사는 같이 전송한 후 동산으로 돌아와 다시는 말을 하지 않았다. 모든 문인이 놀라고 괴이하여 질문하였다.

"화상께서는 어찌하여 말씀을 하지 않으십니까?"

대사가 무리에게 말하였다.

"여러분들은 모두 흩어져 떠나거라. 여기에는 불법이 없다. 불법은 이미 남쪽을 향해 떠나갔다. 나는 이제 말하지 않을 것이니 나중에 스스로 알게 될 것이다."

홍인대사는 혜능대사와 작별한 지 3일이 지나 거듭 문인들에게 고하였다.

"큰 법이 이미 행해졌으니 나는 마땅히 떠나리라."

홍인대사가 입적하자 온갖 새들이 슬피 울고 신비로운 향내가 풍기며, 해는 밝은 빛이 없어지고 비바람이 나무를 꺾어 버렸다. 그때 사품四品의 관리로 속성이 진陳씨라는 자가 있었다. 세속을 버리고 출가하여 홍인화상을 섬기며 혜명惠明선사라고 칭하였다. 혜능대사가 의발衣鉢을 가지고 갔다는 말을 듣고는 급히 남방으로 출발하여 대유령大庾嶺에 이르러 혜능대사를 만났다. 대사는 곧 의발을 주고 혜명에게 돌려보내려 하자, 혜명이 말하였다.

"제가 여기에 온 것은 의발을 갖고자함이 아닙니다. 잘 알지 못하나 화상은 처음 부촉 받을 때, 또한 어떤 가르침을 받았을 것이니, 원컨대 그에 관한 가르침을 베풀어 주시기를 청합니다."

혜능대사는 곧 혜명대사에게 비밀스런 말을 전해주었다. 혜명은 그러한 가르침을 받고 마침내 예로써 작별하며 혜능에게 말하였다.

"속히 가십시오. 속히 가십시오. 나중에 많은 사람이 와서 가까이 뒤쫓을 것입니다."

혜능대사는 즉시 남쪽으로 떠났다. 아침이 되자 과연 수백 명이 쫓아와 대유령에 이르러 혜명선사를 만났다. 혜명선사가 말하였다.

"나는 그대들보다 먼저 여기에 이르렀으나 혜능이라는 사람을 보지 못했고, 남쪽에서 오는 사람에게 물었더니 그들도 또한 혜능대사를 보지 못했다고 합니다. 다리를 다쳐서 아직 여기를 통과하지 못했을 것이니, 이에 여러분은 되돌아 북쪽으로 찾아보십시오."

혜명선사는 혜능대사의 가르침을 얻었어도 아직 깨닫지 못하였다. 돌아가 여산廬山의 봉정사峯頂寺에서 지내다가 3년이 지나 바야흐로 은밀한 말의 뜻을 깨달았다. 혜명은 나중에 몽산濛山에서 지내며 널리 많은 중생을 교화하였다.

혜능대사는 남쪽으로 돌아가 조계曹溪에 거의 이르렀으나 아직도 사람들에게 쫓기고 있었다. 그리하여 곧 광주廣州의 사회四會와 회집懷集의 두 현縣의 경계에서 난을 피하며, 5년이 지나도록 사냥꾼의 무리에서 지내고 있었다. 대사의 나이 39세였다.

의봉儀鳳 원년(676) 초엽 혜능대사는 광주의 제지사制旨寺에서 인종印宗법사가 『열반경』을 강의하는 것을 들었다. 인종법사는 강동江東 사람으로 이 제지사는 송宋의 구나발마삼장求那跋摩三藏이 창건한 곳으로서 지금의 광주 용흥사龍興寺가 그곳이다. 인종법사는 문인에게 항상 의로움〔義〕를 헤아려 생각할 것을 권하였다. 이 무렵 정월 13일에 번幡을 걸게 하였다. 여러 사람이 밤에 번의 뜻을 논하였는데, 법사는 복도 아래 떨어진 벽에서 그 대화를 들었다. 첫 번째 번을 논하는 자가 말하였다.

"번은 무정無情하여 바람에 인因하여 움직입니다."

두 번째 사람이 첫 번째 사람의 논리를 힐난하며 말하였다.

"바람과 번은 모두 무정한데 어떻게 움직일 수 있겠습니까?"

세 번째 사람이 말하였다.

"인연이 화합하므로 번이 움직입니다."

네 번째 사람이 말하였다.

"번은 움직이지 않고, 바람이 스스로 움직일 따름입니다."

여러 사람들의 논쟁이 떠들썩하게 그치지 않자, 혜능대사가 큰 소리로 여러 사람들의 논쟁을 제지하며 말하였다.

"번은 여타의 사물과 마찬가지로 움직임이 없습니다. 움직임이란 사람의 마음이 스스로 움직일 따름이오."

인종법사는 그러한 대화를 듣고 나서 다음날 강론을 마치며 대중에게 물었다.

"어제 저녁 어떤 방에서 여러 사람들이 논의하였는데, 나중에 말한 사람이 누구인가? 그 사람은 반드시 훌륭한 스승에게서 가르침을 받았을 것이다."

그 중에 같은 방에 있던 사람이 말하였다.

"그는 신주新州의 노행자盧行者입니다."

인종법사가 말하였다.

"행자에게 청하여 내 방에 오도록 하라." 혜능이 드디어 방에 찾아오자 법사가 물었다.

"과거에 어떤 사람을 섬기었습니까?"

혜능이 대답하였다.

"고개 북쪽 기주의 동산 홍인대사를 섬겼습니다."

법사가 다시 물었다.

"홍인대사는 임종할 때 불법이 남쪽으로 향하였다고 말했는데, 그가 바로 현자賢者가 아닙니까?"

혜능이 대답하였다.

"그렇습니다."

"그렇다고 하면 응당 법을 전하는 신표인 가사袈裟가 있을 것이요. 청컨대 잠깐 보여 주시오."

인종이 가사를 보더니 진귀하고 귀중한 것이어서 예배 공경하고 진심으로 크게 기뻐하며 감탄하여 말하였다.

"어찌 남방에 이와 같이 더없이 귀중한 법보가 있을 것을 기대했으랴!"

법사가 말하였다.

"홍인대사가 부촉으로 어떤 가르침을 주셨습니까?"

혜능대사가 대답하였다.

"오직 견성見性을 논하고 선정해탈禪定解脫과 무위무루無爲無漏를 논하지 말라는 것이었습니다."

법사가 말하였다.

"어찌하여 선정해탈과 무위무루를 논하지 말라는 것이었습니까?"

혜능이 대답하였다.

"이러한 여러 법은 불성佛性이 아니니, 불성은 둘이 아닌 법〔不二法〕입니다. 『열반경』에서 그 불성이 둘이 아닌 법을 해명하였는데, 바로 이것이 선禪입니다."

법사가 다시 물었다.

"어찌하여 불성은 둘이 아닌 법입니까?"

혜능이 말하였다.

"『열반경』에서 고귀덕왕보살高貴德王菩薩이 부처님께 아뢰었습니다. '세존이시여, 네 가지 금계四重禁를 범하고 오역죄五逆罪를 지으며,

또 일천제一闡提 등은 마땅히 선근을 끊기 때문에 불성이 바뀌는 게 아닙니까?' 부처님께서 고귀덕왕보살에게 이르기를, '선근에는 둘이 있으니, 하나는 항상함〔常〕이요. 둘은 항상 하지 않음〔無常〕이라. 불성은 항상 하지도 않고, 항상 하지 않음도 아니다. 그러므로 단절되지 않으니, 이름하여 둘이 아님이라 하느니라.'고 하시고, 또 이르시기를, '범부는 온蘊과 계界를 둘로 보지만, 지혜로운 자는 그 성품이 둘이 아니며, 둘이 아닌 성품이 곧 진실한 성품이라고 깨닫는다. 범부는 명明과 무명無明을 둘로 보지만, 지혜로운 자는 그 성품이 둘이 아니며, 둘이 아닌 성품이 곧 진실한 성품이고, 진실한 성품은 둘이 아니라고 깨닫느니라.'고 하셨습니다."

혜능대사가 법사에게 일러 말하였다.

"그러므로 불성은 둘이 아닌 법이라는 것을 알 것입니다."

인종법사는 이러한 해설을 듣고 곧 일어나 합장하며 경건하고 정성스럽게 혜능대사를 받들어 스승으로 모시기를 원하였다.

다음 날 인종법사는 강론에 이어 여러 사람들에게 고하였다.

"나에게 이 무슨 행복인가! 몸은 이처럼 범부라도 의자 아래에 법신보살法身菩薩이 있을 줄은 기대하지 못했노라. 내가 여러 사람들을 위하여 『열반경』을 강의한 것은 마치 기와나 조약돌과 같고, 어제 저녁 노행자를 청하여 방에 오도록 하여 논의한 것은 마치 금이나 옥과 같음을 여러 사람들은 믿지 못할 것이다. 그러나 이 현자는 동산의 홍인대사가 법을 전한 분이다. 여러 사람들이 깊이 믿지 못하겠다면 행자를 청하여 전법 가사를 여러 사람들에게 보여 달라고 하겠노라."

여러 사람들이 보고난 후, 정례頂禮하고 모두 깊은 믿음을 갖게 되었다.

의봉儀鳳 원년(676) 정월 17일, 인종은 혜능대사의 머리를 삭발하였다. 2월 8일 법성사法性寺에서 수계하였는데, 계단戒壇은 송宋의 구나발마삼장求那跋摩三藏이 개설하였다. 당시 아득히 훗날의 일을 기록하여 말하였다.

"후세에 나한羅漢이 나타나 이 계단에 오르고 한 보살이 여기에서 계를 받을 것이다."

지금 혜능대사의 수계는 그 기록에 부응하는 것이다. 혜능대사의 수계화상은 서경西京 총지사總持寺의 지광율사智光律師, 갈마사리羯磨闍梨는 소주蘇州 영광사靈光寺의 혜정율사惠靜律師, 교수사리敎授闍梨는 형주荊州 천황사天皇寺의 도응율사道應律師였다. 후일 이들 세 스승은 모두 혜능대사의 처소에서 도를 배우고 조계에서 임종하였다. 그 수계의 증명證明 대덕으로 첫째는 중천축국의 기다라율사耆多羅律師이고, 둘째는 밀다삼장密多三藏이었다. 이 두 대덕은 모두 아라한으로서 삼장三藏에 널리 통달하고 중국과 주변국의 언어를 잘 하여, 인종법사가 그 두 분을 청하여 존경하는 증명으로 모신 것이다.

또 소량蕭梁의 말기에 진제 삼장眞諦三藏이 있었는데, 계단의 주변에 보리수 두 그루를 심고 여러 승려에게 고하였다.

"이 나무를 잘 보라. 나중에 보살승菩薩僧이 있어 이 나무 아래에서 무상승無上乘을 펼칠 것이다."

훗날 혜능대사가 이 나무 아래 앉아 여러 사람들을 위하여 동산의 법문을 개설한 것은 진제 삼장의 기록과 부응하는 것이다.〔「진제삼장

전眞諦三藏傳」에 나온다]

그해 4월 8일, 대사는 대중을 위하여 처음으로 법문法門을 열어 말하였다.

"나에게 법이 있으니, 이름도 없고 글자도 없으며, 눈도 없고 귀도 없으며, 몸도 없고 의지도 없다. 말도 없고 보이는 것도 없으며, 머리도 없고 꼬리도 없으며, 안도 없고 밖도 없고, 또한 중간도 없으며, 가는 것도 없고 오는 것도 없으며, 푸르지도 누렇지도 붉지도 희지도 검지도 않다. 있는 것도 아니고 없는 것도 아니며, 원인도 아니고 과보도 아니다."

대사가 여러 사람에게 물었다.

"이것은 어떤 물건인가?"

대중은 짝을 지어 서로 쳐다볼 뿐, 감히 대답하지 못하였다.

그때 하택사荷澤寺의 어린 사미沙彌인 신회神會가 있었는데, 나이는 겨우 13세였다. 신회가 대답하였다.

"이것은 부처님의 본원本源입니다."

대사가 물었다.

"무엇이 본원인가?"

사미가 대답하였다.

"본원이란 모든 부처님의 본래 성품입니다."

대사가 말하였다.

"나는 이름도 없고 글자도 없다고 설하였거늘, 너는 어찌하여 부처님의 성품에 이름과 글자가 있다고 하느냐?"

사미가 말하였다.

"부처님의 성품에는 이름과 글자가 없으나, 화상의 질문에 의하기 때문에 이름과 글자를 내세운 것입니다. 분명히 이름과 글자를 내세울 때는 곧 이름과 글자가 없습니다."

대사가 여러 차례 사미를 내리쳤다. 대중이 예로써 사과하며 말하였다.

"사미는 어린 아이인지라 화상을 심난하게 하였습니다."

대사가 말하였다.

"대중은 잠시 물러가고 이 잘 지껄이는 사미를 남게 하라."

밤이 되자 대사가 사미에게 물었다.

"내가 너를 때렸을 때, 부처님의 성품을 받지 않았느냐?"

사미가 대답하였다.

"부처님의 성품을 받은 것이 없습니다."

대사가 물었다

"너는 고통을 알지 못하느냐?"

사미가 대답하였다.

"고통을 압니다."

대사가 물었다.

"네가 이미 고통을 안다고 하는데, 어찌하여 부처님의 성품은 받지 못했다고 하느냐?"

사미가 대답하였다.

"어찌 나무나 돌과 같겠습니까? 비록 고통스러우나 마음의 성품으로 그것을 받지 않을 뿐입니다."

대사가 사미에게 말하였다.

"절절지해節節支解의 때에 성내고 원망하지 않는 것을 받는 것이 없다고 하느니라. 옛날에 나는 몸을 잊고 도를 위하여 디딜방아를 밟다가 바로 사타구니가 벗겨지기에 이르렀으나 그것을 고통으로 삼지 않았으니, 이것을 받음이 없다고 이름하느니라. 너는 이제 나에게 매를 맞았어도 마음의 성품은 받지 않았다. 너는 여러 가지 느낌을 지혜로 증득한 바와 같이 받았고, 진실하고 바른 삼매를 얻었노라."
사미는 대사에게 이처럼 은밀히 부촉을 받았다.

대사가 출가하여 법을 개시하고 수계하니 나이 마흔이 되었다. 인종법사는 대사를 청하여 제지사制旨寺로 돌아가게 하였다. 지금의 광주廣州 용흥사龍興寺의 경장원經藏院은 대사가 법을 개설한 법당이다.

인종법사가 혜능대사에게 물었다.

"오랫동안 어디에서 머물 것입니까?"

대사가 대답하였다.

"소주韶州 곡현曲縣의 남쪽 50리에 있는 조계촌曹溪村의 옛 보림사寶林寺요."

법사는 경의 강론이 끝나자 승려와 속인 3천여 명을 거느리고 대사를 전송하여 조계로 돌아가도록 하였다. 이로부터 혜능대사가 널리 선문禪門을 천명하니 학도學徒가 십만 명이나 되었다.

신룡神龍 원년(705) 정월 15일, 군주가 칙명하여 혜능대사를 영접하여 궁궐에 들도록 하였으나, 대사는 표表를 올려 사양하고 가지 않았다. 고종대제高宗大帝가 칙명하여 말하였다.

"짐朕은 경건하고 정성스럽게 도를 흠모하고 선문을 독실하게 신앙하여 여러 주州의 명산에 있는 선사를 불러 내도량에 모시고 공양합니다. 혜안慧安과 신수神秀 두 대덕은 승려의 으뜸가는 수장首長이오.

짐이 매번 자문을 구할 때마다 거듭 추천하기를, '남방에 혜능선사가 있는데 홍인弘忍대사의 은밀한 수기授記를 받고 달마의 의발을 전해 받음으로써 법의 신표로 삼았습니다. 혜능대사는 상승上乘을 한순간에 깨달았고 불성을 명확히 봅니다. 지금 소주韶州의 조계산에 머물며 중생의 마음이 곧 부처라는 사실을 제시하여 사람들을 깨닫게 합니다.'라고 하였소. 짐이 들건대, 여래는 이심전심으로 가섭에게 부촉하고, 가섭으로부터 되풀이하여 서로 전하여 달마에 이르러서 가르침이 동쪽 나라를 덮어 대대로 서로 전하여 지금까지 단절되지 않았다고 합니다. 대사께서는 이미 가르침을 받아 의지하는 바가 있을 터, 경성京城으로 오셔서 교화를 베풀어 주십시오. 승려와 속인은 대사에게 귀의하고 하늘과 사람이 우러러 볼 것입니다. 그러므로 중사中使 설간薛簡을 파견하여 대사를 영접하게 하오니 원컨대 조속히 왕림하소서. 신룡 원년 정월 15일 하달下達함."

소주 조계산의 석가 혜능釋迦惠能이 질병 때문에 고종대제의 초청을 사절하는 표[韶州曹溪山釋迦惠能辭疾表]

"저는 시골에서 태어나 어려서부터 도를 흠모하였는데 외람되이 홍인 대사 덕분에 여래의 심인心印을 부촉 받아 서천西天의 의발을 전하고 동쪽 나라의 불심을 전수하게 되었습니다. 하늘의 은혜를 입어 중사 설간을 파견하여 저를 궁궐에 들도록 하였음을 받들었지만, 저는 오랫동안 산림에서 머물고 세월이 흘러 풍질風疾이 있습니다. 폐하의 덕은 세상 밖의 일까지 감싸고 도道는 모든 백성에게 미치며 창생蒼生

을 양육하고 백성을 인자하게 합니다. 폐하는 큰 가르침을 홍포弘布하여 석문釋門을 존경하고 흠모하십니다. 제가 산에서 지내며 질병을 다스리고 불도의 업을 유지하는 것을 용서하소서. 위로는 폐하의 은덕에 보답하고, 아래로는 여러 왕태자에게 미칠 것입니다. 삼가 표를 올립니다. 석가 혜능이 머리를 조아립니다."

중사 설간이 대사에게 물었다.
"경성의 대덕과 선사들은 사람들에게 반드시 좌선을 이용하라고 가르치며, 만약 선정에 의하지 않는다면 해탈과 득도는 있을 수 없다고 합니다."
대사가 말하였다.
"도는 마음으로 인하여 깨달으니 어찌 도가 좌선하는 데에 있겠소. 금강경에 이르기를 '만약 사람들이 여래는 혹은 앉고 혹은 눕는다고 말한다면 이 사람은 내가 설한 의미를 바르게 이해하지 못한 것이로다. 여래는 온 바가 없고, 또한 간 바도 없다. 그러므로 여래라고 이름한다'라고 하였소. 온 바가 없음을 생겨남[生]이라 하고, 또한 간 바가 없음을 소멸함[滅]이라 하오. 만약 생겨나고 소멸함이 없다면 여래의 청정한 선禪과 모든 법의 공空함이 곧 좌선이오."
계속해서 대사가 중사에게 말하였다.
"도는 필경 얻음도 없고 증득도 없으니, 어찌 하물며 좌선에 있어서랴!"
설간이 말하였다.
"제가 궁궐에 도달하면 성인聖人께서 반드시 물을 것입니다. 엎드려

원하건대 화상께서는 마음의 요결[心要]을 지시하여 주십시오. 그 마음의 요결을 장차 성인과 경성의 도를 배우는 사람들에게 전하겠습니다. 등불이 빛나며 옮겨가듯이 지혜가 어두운 자도 모두 밝아져서 밝고 밝음이 다함이 없을 것입니다."

대사가 말하였다.

"도에는 밝음과 어둠이 없으니, 밝음과 어둠은 번갈아 교체한다는 뜻이며, 밝고 밝아 다함이 없다는 것 역시 다함이 있을 터, 상대相待하여 이름을 설정한 것이오. 『정명경淨名經』에 이르기를, '법은 비교됨이 없으니, 상대가 없기 때문이라.'고 하였소."

설간이 말하였다.

"밝음은 지혜에 비유되고 어둠은 번뇌에 비유됩니다. 도를 닦는 사람이 만일 지혜로서 삶과 죽음의 번뇌를 비추지 않는다면 어찌 벗어날 수 있겠습니까?"

대사가 말하였다.

"번뇌가 곧 보리菩提로서 이 둘은 둘이 아니고, 서로 다름도 없소. 그대는 지혜가 있어서 능히 번뇌를 비춘다고 보는데 이것은 이승二乘의 견해이며, 지혜 있는 사람은 모두 그러하지 않습니다."

설간이 말하였다.

"대사님. 어떤 것이 대승大乘의 견해입니까?"

"『열반경』에 이르기를, '명명과 무명無明을 범부는 둘로 보지만, 지혜로운 자는 그 성품이 둘이 아니며, 둘이 아닌 성품이 곧 진실한 성품이라고 깨닫는다.'라고 하였소. 진실한 성품이란 곧 부처님의 성품으로, 부처님의 성품은 범부에게 있어도 줄지 않고 현성賢聖에게

있어도 늘지 않으며, 번뇌에 있어도 더러워지지 않고 선정禪定에
있어도 깨끗해지지 않는 법이오. 단절되지도 않고 항상 하지도 않으
며, 오지도 않고 가지도 않으며, 또 중간이나 안과 밖에도 있지 않으며,
생겨나지도 않고 소멸하지도 않으며, 본성[性]과 형상[相]이 항상
머물러 언제나 바뀌지 않습니다."

설간이 물었다.

"대사님이 생겨나지도 않고 소멸하지 않는다고 말씀하신 것이 외도
外道의 주장과 어떻게 다릅니까? 외도도 또한 생겨나지도 않고 소멸하
지도 않는다고 말합니다."

대사가 대답하였다.

"외도가 생겨나지도 않고 소멸하지도 않는다고 말하는 것은 장차
생겨난 것이 소멸을 그치게 해도 소멸은 오히려 소멸하지 않는다는
것이오. 내가 말하는 것은 본래 스스로 생겨남이 없고, 지금 곧 소멸하
는 것도 없으므로 외도와는 같지 않지 않소. 외도는 기특奇特한 것이
있지 않기 때문에 외도와 차이가 있는 것이오."

이어서 대사가 설간에게 말하였다.

"만약 마음의 요결을 행하고자 한다면 일체의 선과 악을 전혀 사량思
量하지 마시오. 마음의 본체가 깊고 고요하여 응용이 자재하리라."

설간은 대사의 말이 끝나자 즉시 크게 깨달아 말하였다.

"대사님, 부처의 성품은 본래부터 스스로 지니고 있다는 것을 오늘
에야 깨달았습니다. 예전에는 아주 멀리 있다고 생각했습니다. 지극
한 도는 멀리 있지 않고 행하면 곧 도가 된다는 것을 오늘에야 비로소
알았습니다. 열반은 멀지 않아 눈에 띄는 것이 보리임을 오늘에야

비로소 알았습니다. 부처의 성품은 선과 악을 생각하지 않고 알음알이가 없고, 생각이 없고, 앎이 없고, 지음[作]이 없고, 머무름이 없음을 오늘에야 비로소 알았습니다. 부처의 성품은 항상 변함이 없어 모든 악행 따위에 바뀌지 않는다는 것을 오늘에야 비로소 알았습니다."

중사 설간은 대사에게 예로써 작별한 후, 표를 가지고 경성에 이르렀다. 고종대제는 마납磨衲가사 한 벌과 비단 5백 필을 혜능대사에게 하사하였다. 그리고 칙서를 내려 이렇게 말하였다.

"칙명함. 대사께서 노환인데도 짐을 위하여 도를 닦는 것은 나라의 복전福田입니다. 대사는 정명淨名이 병에 의탁하고 금속金粟이 큰 법을 널리 밝히는 것과 같이, 모든 부처님의 마음을 전하고 둘이 아닌 법을 담론합니다. 정명이 입을 비야리毗耶離에서 다물고 있어도 성문聲聞은 꾸짖음을 당하고 보살은 사퇴합니다. 대사님도 이와 같습니다. 설간이 대사께서 지시하여 주신 여래의 지견智見에 전하기를, '선과 악을 모두 생각하여 헤아리지 않으면 자연히 마음의 본체에 들어가 마음이 깊고 고요하며 항상 적적寂寂하여 신묘한 응용應用이 항하의 모래같을 것입니다.'라고 하였습니다. 짐은 착한 일을 쌓은 보답으로 좋은 일을 받았고, 지난 세상에서 선한 인연을 심어 대사님이 세상에 나오심을 만날 수 있었으며, 대사님이 상승上乘의 불심제일佛心第一을 깨달아 베푸는 은혜를 입게 되었습니다. 짐은 대사님의 은혜를 감사히 받들어 머리에 이고 수행하여 영원히 썩지 않게 하겠습니다. 마납의 가사 한 벌과 비단 5백 필을 받들어 대사님께 공양합니다. 신룡神龍 3년(707) 4월 2일 하달함."

또 신룡 3년 11월 18일 칙명을 내려 소주의 백성에게 대사의 증흥사中興寺 불전 및 대사의 경방經坊을 보수하게 하고, 현판을 하사하여 법천사法泉寺라고 하였다. 대사가 탄생한 인연이 있는 신주新州의 옛 집을 국은사國恩寺로 삼았다.

　연화延和 원년(712), 대사는 신주로 돌아가 국은사를 보수하고자 하였다. 여러 제자들이 물었다.

　"화상께서 절을 보수하고자 떠나신다면 마침내 여기로 돌아오지 않으실 것이니, 누가 저희들의 법을 자문해 주시겠나이까?"

　대사가 말하였다.

　"옹산사翁山寺의 승려 영진靈振은 비록 병을 앓아 다리를 절어도 마음속은 절지 않는다. 그러므로 문인들이 영진에게 설법을 청하는 것이다."

　제자들이 또 물었다.

　"대사께서는 언제 여기로 돌아오시겠습니까?"

　대사가 대답하였다.

　"내가 돌아올 날은 없을 것이다."

　대사가 세상에 계시던 경운景雲 2년(711), 먼저 조계에서 감탑龕塔을 조성하였다. 그 후 선천先天 2년(713) 7월, 행랑이 여전히 완성되지 않자 재촉하여 빨리 끝내도록 하였다. 그 때 대사가 "나는 마땅히 갈 것이다."라고 말했으나 문인들은 전혀 그 뜻을 알지 못하였다.

　그해 8월, 대사는 병이 들었다. 여러 문인들이 대사에게 물었다.

　"대사님, 법은 마땅히 누구에게 부촉하시겠습니까?"

　대사가 대답하였다.

"법은 부촉하지 않을 것이며, 또한 법을 부촉하여 얻는 사람도 없을 것이다."

신회가 대사에게 물었다.

"법을 전하는 신표인 가사를 어찌하여 전하지 않습니까?"

대사가 대답하였다.

"만약 이 옷을 전한다면 법을 전하는 사람이 단명할 것이고, 이 옷을 전하지 않는다면 나의 법이 널리 성행할 것이다. 조계에 남겨두거라. 내가 입멸한 후 70년 뒤에 동쪽에서 오는 보살이 있으리니, 첫째는 재가보살로 절간을 보수하고, 둘째는 출가보살로 거듭 나의 가르침을 세울 것이니라."

문도들이 대사에게 물었다.

"어찌하여 이 옷을 전하면 그 전하는 사람이 단명한다는 말씀이십니까?"

대사가 대답하였다.

"내가 이 옷을 지니고 있는 동안 세 번이나 자객이 찾아와 내 목숨을 앗아가고자 하여 내 목숨은 마치 실에 매달린 것과 같았다. 만약 이 옷을 전한다면 아마도 나중에 법을 전하는 사람도 위험을 받을 것이다. 그 때문에 부촉하지 않는 것이다."

대사는 힘을 다해 병을 참으며 문도들을 가르쳤다. 도를 구하는 데 몸을 잊고 오직 정성을 다해 더욱 실행하여 직접 보리로 향하도록 하였다.

그 달 3일 혜능대사는 갑자기 단정하게 앉은 채로 입적하였다. 대사의 나이 76세였다. 대사가 멸도滅度하는 날, 연기와 구름이 갑자기 일어나고 샘물과 연못이 마르며 시냇물과 계곡물이 흐름을 멈추고, 흰 무지개가 대양을 뚫었다. 바위 동편에는 홀연히 온갖 새 수천 마리가 나타나 나무에서 슬피 울었다. 또 절의 서편에서는 흰 기운이 일어나 하얀 명주실처럼 1리나 뻗어 있었다. 하늘색은 맑고 밝은데 홀로이 곧바로 위로 올라가 5일이 지나서야 흩어졌다. 또 오색구름이 서남쪽에서 나타났다. 이날 사방에 구름이 없었는데 갑자기 여러 차례의 서늘한 바람이 서남쪽에서 불어 닥쳐 절로 들어갔으며, 홀연히 향기가 왕성하게 피어올라 행랑에 가득 찼다. 대지는 모두 진동하고 산의 낭떠러지는 허물어졌다. 대사는 신주의 광과사廣果寺에서 입멸하였는데, 절의 서쪽에 무지개 빛 세 줄기가 일어나 열흘을 경과하였다. 또 절의 앞에 있는 성城 꼭대기에 장엄한 무지개 빛이 일어나 백일을 경과하였다. 온갖 새는 슬피 울고, 샘물은 진한 쌀뜨물과 같아 여러 날 동안 흐르지 않았다.

또 옹산사의 영진선사는 여러 사람들을 위하여 밤에 방 앞에서 법을 설하였는데, 한 줄기의 무지개 빛이 남쪽으로부터 와서 방으로 들어갔다. 선사가 여러 사람들에게 고하였다.

"혜능화상께서 필시 신주에서 입멸하셨을 것이다. 이 무지개 빛은 화상의 신령스러운 기운이로다."

신주에서 이윽고 서한으로 혜능화상의 입멸 사실을 알려오니, 조계의 문도들이 슬퍼하였다. 이윽고 무지개 빛이 별안간 사라지고 샘물은 서서히 흐르기 시작하였다. 서한이 옹산에 이르자 영진선사는 입멸의 슬픈 사실을 듣고 삼칠재三七齋를 베풀었다. 수행자와 속인이 모두 모이자 무지개 빛이 홀연히 방에서 나갔다. 영진선사가 여러 사람들에게 고하였다.

"나는 여기에 오래 머물지 않을 것이다. 경전에 이르기를, '큰 코끼리가 이미 떠나갔으면 작은 코끼리도 또한 따라간다.'라고 하였노라." 그날 한밤중에 영진선사는 오른쪽 옆구리를 아래로 누운 채 임종하였다.

조계의 문인들은 대사의 전신全身을 모시고 조계로 돌아가고자 하였다. 그때 그곳의 수령이 놓아주려 하지 않고, 국은사에 머물게 하여 탑을 세워 공양하고자 하였다.

그때에 문인인 승려 숭일崇一 등이 자사刺史를 만나 도리를 논하여 마침내 조계로 돌아갈 수 있었다. 대사의 목은 먼저 쇠붙이 자루로 감싸 봉하고, 전신은 아교칠을 하였다. 그해(712) 11월 13일, 대사의 신神을 옮겨 감탑에 봉안하였다.

개원 27년(739), 자객이 와서 대사의 머리를 취하고자 대사를 뜰 안으로 내와 칼로 여러 차례 목을 베었다. 여러 사람들이 오직 쇳소리만을 듣고 놀라 정신 차려 보니, 한 효자孝子가 급하게 절에서 나가는 것을 보았고, 그의 자취를 찾았으나 잡지 못하였다.

대사가 세상에 계실 때, 수계하고 법문을 열어 사람을 제도한 것이 36년이었다. 선천先天 2년[2] 임자년(712)에 멸도하여 당의 건중建中 2년(781)이 되었으니, 그 세월을 헤아리면 71년이다. 그 해에 사람들은 수제자인 행도行滔를 청하여 그때까지 전해오던 옷을 지키게 하였다. 그 후로 45년이 지나 전중시어사殿中侍御史 위거韋據가 대사를 위하여 비를 세웠다. 나중에 북종北宗의 속가 제자인 무평일武平一이

---

[2] 先天 1년이 옳다.

개원 7년(719)에 위거의 비문을 갈아 버리고 자신의 글을 적었다.

개원 11년(723), 남주潭州의 황선사璜禪師라는 스님이 일찍이 홍인대사를 섬기고 후에 장사長沙의 녹산사祿山寺로 돌아갔다. 항상 좌선을 익혀 때때로 선정에 들어 멀고 가까운 일을 알아들었다. 당시 대영선사大榮禪師가 조계에 머물며 혜능대사를 섬기기를 30년이 넘었다. 혜능대사는 항상 대영에게 말하였다.

"그대는 중생을 교화할 수 있느니라."

대영은 곧 예로써 작별하고 북쪽으로 돌아갔다. 도중에 황선사가 있는 곳을 지나다가 황선사에게 정례頂禮하며 물었다.

"듣자니 승화상承和上은 매번 선정에 든다고 하는데, 선정에 들 때는 마음이 있습니까, 없습니까? 만약 마음이 있다면 일체의 중생은 마음이 있으므로 응당 선정에 들 수 있을 것이요, 만약 마음이 없다면, 풀과 나무, 기와와 조약돌도 역시 마땅히 선정에 들 수 있을 것이오."

황선사가 대답하였다.

"내가 선정에 들면 이러한 마음의 유무有無가 없습니다."

대영선사가 대답하였다.

"만약 마음의 유무가 없다면, 곧 항상 선정의 상태일 터, 항상 선정의 상태라면 곧 선정에서 나오거나 들어감이 없을 것이오."

황선사는 즉시 대답이 없다가 물었다.

"그대는 혜능대사의 처소에서 왔는데, 대사가 어떤 법으로 그대를 가르쳤소?"

대영선사가 대답하였다.

"대사는 저에게 선정禪定도 아니고 산란散亂도 아니며, 앉음도 아니고 선禪도 아님이 여래선如來禪이라고 가르쳐 주었소."

황선사는 말끝에 깨달으며 말하였다.

"오온五蘊은 있는 것이 아니고 육진六塵의 본체는 공하도다. 고요하지도 않고 비추지도 않으며, 있음도 떠나고 공도 떠나 중간에도 머무르지 않으며, 지음〔作〕도 없고 공功도 없으며, 응용이 자재하여 불성佛性이 두루 통하였도다."

이어 탄식하며 말하였다.

"나는 30년 동안 지금까지 헛되이 앉아 있었을 뿐이었습니다."

그리고는 조계로 가서 혜능대사에게 귀의하여 도를 배웠다. 이에 대해 세상 사람들이 "황선사가 30년 동안 좌선하더니 최근에야 발심하여 수도하는구나."라고 전하였다.

황선사는 경운景雲 2년(711), 장사長沙의 옛 거처로 돌아가 2월 8일 밤에 도를 깨달았다. 그날 밤 공중에서 합곽合郭의 백성에게 고하는 소리가 들렸다.

"황선사가 오늘 밤에 도를 얻었노라!"

이들은 모두 혜능대사의 문도들이다.

상원上元 2년(761), 광주廣州의 절도사 위리견韋利見이 승려 행도行滔와 전법 가사를 궁궐에 들이도록 황제에게 상소하였다. 효감孝感황제가 상소에 따라 칙서를 내려 말하였다.

"칙명함. 조계산 육조의 전법 가사 및 승려 행도와 아울러 속가 제자 다섯 명과 위리견에게는 뱃길과 육로에서 공승公乘을 공급하도록 하고, 중사中使 유초강劉楚江을 따라 수도에 이르도록 하라. 상원 2년 12월 17일 하달함."

또 건원乾元 2년(759) 정월 1일, 행도화상은 표를 올려 노환으로 사양하고 수제자인 승려 혜상惠象 및 집안 사람인 영화永和를 시켜 전법 가사를 궁궐에 보내도록 하여 중사 유초강을 따라 수도에 가게 하였다. 4월 8일, 대답을 얻었으나 행도화상은 이미 정월 17일에 입적하였으니 속랍 89세였다. 칙명하여 혜상에게 자라紫羅의 가사 한 벌을 하사하고, 집안 사람인 영화에게는 주州에서 칙명하여 도첩을 하사하고, 본사에 배치하였다. 건흥사建興寺를 고쳐 국녕사國寧寺로 하고, 행도화상의 난야蘭若를 고쳐 칙명으로 현판을 하사하여 보복사寶福寺라고 하였다. 또 승려 혜상은 중사 유초강을 따라 가사를 가지고 수도에 도달하였다. 그리고 승 혜상은 황제에게 작별하고 돌아가면서 다음과 같이 표를 올렸다.

사귀 표辭歸表

사문인 신 혜상惠象은 말씀드립니다. 신은 궁벽한 지방의 천한 백성이지만 외람되이 상문(桑門; 沙門)을 접하고 기꺼이 산림에 머물면서 공손하게 성인의 가르침을 따르고 있습니다. 그 예전의 일인 의발은 달마대사로부터 이전하여 서로 전해주어 모두 당시에 천하가 흠모하여 숭배하고, 승려들은 귀의하며, 하늘과 사람은 우러러 보아, 후학으로 하여금 물건을 직접 보고 사람을 생각하게 하였습니다. 신은 비록 재주가 없으나 외람되이 가사를 수도에 전하라는 부촉을 받았습니다.

이제 폐하의 은혜로운 명령을 받아 가사를 묶어 궁궐로 보내 친히 스스로 보전하여 영원히 잃어버리지 않도록 하였습니다. 신은 감사한 마음으로 슬픔을 억누를 길이 없습니다. 큰 법을 전하는 가사는 만 겁 동안 썩지 않아 수도의 승려들이 머리에 이고 행할 것임을 이에 알겠습니다. 그러나 신의 스승이신 행도대사는 오래도록 법인法印을 전하며 이 가사를 보존하기를 상투속의 보배구슬 보호하듯 하였으며, 여러 차례 폐하의 말씀을 받들어 감히 명령을 어기지 않았는데, 하루아침에 입적하여 내일 아침을 버리고 말았습니다. 신은 이제 그분에게 돌아가 신령께 말씀드리고자 합니다. 성상의 정황을 설명하고, 옷을 진상하여 절의 이름을 고친 유래를 말하여 옛날의 근심을 생각하고 지금의 상황을 진술한다면 신은 곧 죽어도 만족하겠습니다. 눈물 흘리고 연모하며 간곡한 정성의 지극함을 누르지 못하고 사표辭表를 바침으로써 알리나이다. 사문 혜상이 진심으로 슬퍼하고 그리워하며 머리를 조아려 삼가 말씀드리나이다.

효감황제가 승려 혜상의 표에 비답批答함[孝感皇帝批僧惠象表]

칙명함. 스승인 행도는 계행戒行이 청렴 순종하고, 덕행이 홀로 뛰어나 선현이 부촉한 의발을 전하고, 염방炎方에 있으면서 의발을 잘 보존하여 세월이 흘러도 일찍이 잃어버리지 않았소. 짐은 경건하고 정성스럽게 도를 흠모하여 사신을 보내 가사를 멀리서 구하였으며, 대사는 몹시 위험한 길인데도 잇달아 머리에 이고 결국 보내와 짐의 간절한 소원을 이루어 주었으니, 어찌 울적하지 않으리오. 행도의 육신은 비록 죽었어도 그 신령은 존재하는 것과 같구려. 대사는 돌아가 그에게 이르러 자세하게 그의 혼령에게 고하여, 짐의 존경과 숭배는 영영 썩지 않을 것임을 알려주시오. 부디 잘 가시오.

다시 건원 3년(760) 11월 20일, 효감황제는 중사中使 정경기程京杞를 파견하여 혜능대사의 감탑 앞에서 향을 사루고 공양하도록 하였다. 칙명을 말하며 향을 사루자, 감탑 속에서 한 줄기 무지개 빛이 곧바로 솟아나 높이가 여러 장丈이나 되었다. 정경기 중사는 무지개 빛을 보고 마을 사람들과 함께 기뻐하여 춤을 추었다고 황제에게 표를 올렸다.

또한 보응원황제寶應元皇帝는 전법 가사를 전송하여 조계로 돌아가도록 하며 칙서에 이렇게 말했다.

"칙명함. 양감경楊鑑卿은 오랫동안 남방에 있으면서 몸 건강히 지내시오? 짐은 꿈에 혜능선사의 전법 가사를 전송하여 조계로 돌려보내는 것을 현몽하였소. 중사인 진국대장군鎭國大將軍 양숭경楊崇景을 파견하여 가사를 머리에 이고 전송하게 하였소. 전법 가사는 나라의 보배니, 경은 혜능대사의 본사에서 가사를 법대로 안치해야 할 것이오. 오로지 직접 종지를 계승한 여러 승려들을 파견하고 가사를 수호하여 잃어버리지 않게 해야 하오. 짐이 스스로 안부를 물으오. 영태永泰 원년(765) 5월 7일 하달함.

육조대사가 세상에 계시던 때 및 입적한 뒤에 발생한 여섯 가지 신령스런 상서에 대한 전기[六祖大師在日及滅度後六種靈瑞傳]

　대사가 세상에 계시던 때, 절의 옆에 기와 굽는 장인이 살았는데 물이 흘러나오는 수원지水源地에서 닭을 삶아 물이 더럽게 오염되어 열흘 동안 흐르지 않았다. 대사가 기와 장인을 처분하고, 수원지 부근에서 향을 사르고 재齋를 지내는데, 머리를 조아려 아뢰기를 마치자 물이 곧 흐르기 시작했다. 또 절 안에 군마軍馬가 두 번 지나가자, 물이 오염되어 여러 날 동안 바짝 말랐다. 군마가 흩어진 뒤에 향을 사르고 예를 갖추어 사죄하자 물이 졸졸 흐르면서 쓸 수 있게 되었다.

　또 대사는 국녕사 및 신주의 국은사에 거주하였는데 지금까지 두 절 주변에는 공통적으로 제비, 참새, 까마귀와 솔개가 없다.

　또 매년 8월 3일 대사의 원기遠忌에는 마을의 남녀들이 운집하여 절에 머무르며 대사의 재를 올린다. 재가 끝난 후 여러 사람들은 모두 탑이 있는 곳에서 답례하며 헤어진다. 그때 잠깐 사이에 미풍微風이 홀연히 일어나고 기이한 향내가 사람을 감싸며, 연기와 구름이 절을 덮고, 하늘에서 많은 비가 내려 가람을 씻겨내는데, 절과 마을에는 비가 오지 않았다.

　또 대사가 입멸한 뒤 대사의 법의法衣를 두 번이나 도둑맞았으나, 얼마 지나지 않아 바로 돌아왔으며 훔친 자는 도망갈 수가 없었다.

　또 대사가 입멸한 뒤 정령精靈이 항상 존재하여 흐릿흐릿하게 보이는 듯했다. 감탑 속에는 항상 신비로운 향기가 있었고, 혹은 사람의 꿈속에 들어오기도 하였다. 대사의 입멸 전후의 상서로움은 한두 가지가 아니었으나 세월이 오래되어 모두 다 기록할 수가 없다.

정원貞元 19년(803) 2월 13일 마침.

● 원문

曹溪大師別傳

唐韶州曹溪寶林山國寧寺, 六祖慧能大師, 傳法宗旨, 幷高宗大帝, 敕書兼賜物改寺額, 及大師印可門人, 幷滅度六種瑞相, 及智華三藏懸記等傳。

梁天監壬午九年正月五日時, 婆羅門三藏, 字智藥, 是中天竺國那爛陀寺大德。辭彼國王, 來此五臺山, 禮謁文殊, 時弟子數十侍從。三藏博識多聞, 善學經論星象之學, 志弘大乘, 巡歷諸國。遠涉滄波泛舶, 至韶州曹溪口村, 謂村人曰: 看此水源, 必有勝地, 堪爲沙門居止, 代代高僧不絶, 吾欲尋之。行至曹溪, 勸村人修造住處。經五年, 號此山門名寶林寺, 人天所敬, 海內歸依。
至天監五年二月十五日, 敕天下名僧大德, 令所在州縣, 進入內道場供養。時韶州刺史侯公, 表進三藏入內, 使君問三藏云: 何以名此山門, 爲寶林耶? 答曰: 吾去後一百七十年, 有無上法寶, 於此地弘化, 有學者如林, 故號寶林耳。
三藏四月初得對奏, 爲寶林寺, 敕賜田五拾頃。
至天監十年, 三藏入臺山, 却還本國。
至隋大業十三年, 天下荒亂, 寺舍毀廢。
至天平元年, 樂昌縣令李藏之, 請寶林額, 於樂昌靈溪村置寺。

至咸亨元年, 時惠能大師, 俗姓盧氏, 新州人也。少失父母, 三歲而孤。雖處群輩之中, 介然有方外之志, 其年大師遊行至曹溪, 與村人劉志略, 結義爲兄弟, 時春秋三十。略有姑出家, 配山澗寺, 名無盡藏, 常誦涅槃經。大師晝與略役力, 夜卽聽經。至明, 爲無盡藏尼, 解釋經義, 尼將經與讀。大師曰: 不識文字。尼曰: 旣不識字, 如何解釋其義? 大師曰: 佛性之理, 非關文字能解, 今不識文字何怪? 衆人聞之, 皆嗟歎曰: 見解如此, 天機自悟, 非人所及, 堪可出家, 住此寶林寺。大師卽住此寺, 修道經三年, 正當智藥三藏一百七十年懸記之時也。時大師春秋卅有三。

後聞樂昌縣西石窟, 有遠禪師, 遂投彼學坐禪。大師素不曾學書, 竟未披尋經論。時有惠紀禪師, 誦投陀經, 大師聞經歎曰: 經意如此, 今我空坐何爲?

至咸亨五年, 大師春秋卅有四。惠紀禪師謂大師曰: 久承蘄州黃梅山忍禪師開禪門, 可往彼修學。大師其年正月三日, 發韶州往東山, 尋忍大師, 策杖塗跣, 孤然自行, 至洪州東路。時多暴虎, 大師獨行山林無懼, 遂至東山, 見忍大師。

忍大師問曰: 汝化物來?

能答曰: 唯求作佛來。

忍問曰: 汝是何處人?

能答曰: 嶺南新州人。

忍曰: 汝是嶺南新州人, 寧堪作佛?

能答曰: 嶺南新州人佛性與和上佛性, 有何差別?

忍大師更不復問, 可謂自識佛性, 頓悟眞如, 深奇之奇之。

忍大師山中，門徒至多，顧眄左右，悉皆龍象，遂令能入廚中供養。經八箇月，能不避艱苦，忽同時戲調，嶷然不以爲意，忘身爲道。仍踏碓，自嫌身輕，乃繫大石著腰，墜碓令重，遂損腰脚。忍大師因行至碓米所，

問曰：汝爲供養，損腰脚所，痛如何？

能答曰：不見有身，誰言之痛？

忍大師至夜，命能入房。

大師問：汝初來時答吾，嶺南人佛性與和上佛性，有何差別，誰教汝耶？

答曰：佛性非偏，和上與能無別，乃至一切衆生皆同，更無差別，但隨根隱顯耳。

忍大師徵曰：佛性無形，如何隱顯？

能答曰：佛性無形，悟卽顯，迷卽隱。

于時，忍大師門徒，見能與和上論佛性義，大師知諸徒不會，遂遣衆人且散。

忍大師告能曰：如來臨般涅槃，以甚深般若波羅蜜法，付囑摩訶迦葉。迦葉付阿難，阿難付商那和修，和修付憂波掬多。在後展轉相傳西國，經二十八祖，至於達磨多羅大師，漢地爲初祖。付囑惠可，可付璨，璨付雙峰信，信付於吾矣。吾今欲逝，法囑於汝，汝可守護，無令斷絕。

能曰：能是南人，不堪傳授佛性，此間大有龍象。

忍大師曰：此雖多龍象，吾深淺皆知，猶兔與馬。唯付囑象王耳。

忍大師卽將所傳袈裟付能，大師遂頂戴受之。

大師問和上曰：法無文字，以心傳心，以法傳法，用此袈裟何爲？

忍大師曰: 衣爲法信, 法是衣宗。從上相傳, 更無別付。非衣不傳於法, 非法不傳於衣, 衣是西國師子尊者相傳, 令佛法不斷。法是如來甚深般若, 知般若空寂無住, 即而了法身, 見佛性空寂無住, 是眞解脫。汝可持衣去。

遂則受持, 不敢違命。然此傳法袈裟, 是中天布, 梵云婆羅那, 唐言第一好布。是木綿花, 作時人不識, 謬云絲布。

忍大師告能曰: 汝速去。吾當相送。隨至蘄州九江驛。

忍大師告能曰: 汝傳法之人, 後多留難。

能問大師曰: 何以多難?

忍曰: 後有邪法, 競興親附國王大臣, 蔽我正法。汝可好去。

能遂禮辭南行。忍大師相送已, 却還東山, 更無言說。

諸門人驚怪問: 和上何故不言?

大師告衆曰: 衆人散去, 此間無佛法。佛法已向南去也。我今不說, 於後自知。

忍大師別能大師, 經停三日, 重告門人曰: 大法已行, 吾當逝矣。

忍大師遷化, 百鳥悲鳴, 異香芬馥, 日無精光, 風雨折樹。時有四品官, 俗姓陳氏, 捨俗出家事和上, 號惠明禪師。聞能大師將衣鉢去, 遂奔趁南方, 尋至大庾嶺, 見能大師。大師即將衣鉢遂還明,

明曰: 來不爲衣鉢。不審和尙, 初付囑時, 更有何言教, 願垂指示。

能大師即爲明禪師, 傳囑授密言, 惠明唯然受教, 遂即禮辭。

明語能曰: 急去。急去。在後大有人來相趁逐。

能大師即南行。至來朝, 果有數百人來, 至嶺見明禪師。

師曰: 吾先至此, 不見此人, 問南來者, 亦不見此人。患脚計未過, 此

諸人,却向北尋。

明禪師得言教,猶未曉悟。却居廬山峯頂寺,三年方悟密語。明後居濛山,廣化群品。

能大師歸南,略至曹溪,猶被人尋逐。便於廣州四會懷集兩縣界避難,經于五年,在獵師中,大師春秋三十九。

至儀鳳元年,初於廣州制旨寺,聽印宗法師講涅槃經。法師是江東人也,其制旨寺,是宋朝求那跋摩三藏置,今廣州龍興寺,是也。法師每勸門人,商量論義。時囑正月十三日懸幡,諸人夜論幡義,法師廊下隔壁而聽。

初論幡者:幡是無情,因風而動。

第二人難言:風幡俱是無情,如何得動?

第三人:因緣和合,故合動。

第四人言:幡不動,風自動耳。

衆人諍論,喧喧不止,能大師高聲止諸人曰:幡無如餘種動。所言動者,人者心自動耳。

印宗法師聞已,至明日講次欲畢,問大衆曰:昨夜某房論義,在後者是誰?此人必稟承好師匠。

中有同房人云:是新州盧行者。

法師云:請行者過房。

能遂過房,法師問曰:曾事何人?

能答曰:事嶺北蘄州東山忍大師。

法師又問:忍大師臨終之時,云佛法向南,莫不是賢者否?

能答:是。

旣云是, 應有傳法袈裟。請一覩看。

印宗見袈裟已, 珍重禮敬, 心大歡喜, 歎曰: 何期南方有如是無上之法寶!

法師曰: 忍大師付囑, 如何指授言敎?

能大師答曰: 唯論見性, 不論禪定解脫, 無爲無漏。

法師曰: 如何不論禪定解脫, 無漏無爲?

能答曰: 爲此多法不是佛性, 佛性是不二之法。涅槃經明其佛性不二之法, 卽此禪也。

法師又問: 如何佛性是不二之法?

能曰: 涅槃經, 高貴德王菩薩白佛言: 世尊, 犯四重禁, 作五逆罪, 及一闡提等, 爲當斷善根, 佛性改否? 佛告高貴德王菩薩: 善根有二, 一者常, 二者無常。佛性非常非無常, 是故不斷, 名之不二。一者善, 二者不善, 佛性非善非不善, 是故不斷, 名爲不二。又云: 蘊之與界, 凡夫見二, 智者了達, 其性無二, 無二之性, 卽是實性。明與無明, 凡夫見二, 智者了達, 其性無二, 無二之性, 卽是實性, 實性無二。

能大師謂法師曰: 故知佛性是不二之法。

印宗聞斯解說, 卽起合掌, 虔誠願事爲師。

明日講次, 告衆人曰: 印宗何幸! 身是凡夫, 不期座下法身菩薩。印宗所爲衆人, 說涅槃經, 猶如瓦礫, 昨夜請盧行者, 過房論義, 猶如金玉, 諸人信否。然此賢者, 是東山忍大師傳法之人。諸人永不信, 請行者將傳法袈裟, 呈示諸人。

諸人見已頂禮, 咸生信重。

儀鳳元年正月十七日, 印宗與能大師剃髮落。二月八日, 於法性寺受戒，戒壇是宋朝求那跋摩三藏所置。當時遙記云：於後當有羅漢登此壇，有菩薩於此受戒。

今能大師受戒，應其記也(出《高僧錄》)。能大師受戒和尚，西京總持寺智光律師，羯磨闍梨，蘇州靈光寺惠靜律師，教授闍梨，荊州天皇寺道應律師。後時三師，皆於能大師所學道，終于曹溪。其證戒大德，一是中天耆多羅律師，二是密多三藏。此二大德，皆是羅漢，博達三藏，善中邊言，印宗法師，請為尊證也。

又蕭梁末，有眞諦三藏，於壇邊，種菩提樹兩株，告衆僧曰：好看此樹。於後有菩薩僧，於此樹下，演無上乘。

於後，能大師於此樹下坐，爲衆人開東山法門，應眞諦三藏記也(出《眞諦三藏傳》)。

其年四月八日，大師爲大衆，初開法門曰：我有法，無名無字，無眼無耳，無身無意，無言無示，無頭無尾，無內無外，亦無中間，不去不來，非青黃赤白黑。非有非無，非因非果。

大師問衆人：此是何物？

大衆兩兩相看，不敢答。

時有荷澤寺小沙彌神會，年始十三，答：此之佛之本源。

大師問云：何是本源？

沙彌答曰：本源者，諸佛本性。

大師云：我說無名無字，汝云何言佛性有名字？

沙彌曰：佛性無名字，因和上問，故立名字。正名字時，卽無名字。

大師打沙彌數下。大衆禮謝曰：沙彌小人，惱亂和上。

大師云：大衆且散去，留此饒舌沙彌。

至夜間, 大師問沙彌: 我打汝時, 佛性受否?

答云: 佛性無受。

大師問: 汝知痛否?

沙彌答: 知痛。

大師問: 汝旣知痛, 云何道佛性無受?

沙彌答: 豈同木石? 雖痛而心性不受。

大師語沙彌曰: 節節支解時, 不生嗔恨, 名之無受。我忘身爲道, 踏碓直至跨脫, 不以爲苦, 名之無受。汝今被打, 心性不受。汝受諸觸, 如智證得, 眞正受三昧。沙彌密受付囑。

大師出家, 開法受戒, 年登四十。印宗法師, 請大師歸制旨寺。今廣州龍興寺經藏院, 是大師開法堂。

法師問能大師曰: 久在何處住?

大師云: 韶州曲縣南五十里曹溪村故寶林寺。

法師講經了, 將僧俗三千餘人, 送大師歸曹溪。因玆廣闡禪門, 學徒十萬。

至神龍元年正月十五日, 敕迎大師入內, 表辭不去。高宗大帝敕曰: 朕虔誠慕道, 渴仰禪門, 召諸州名山禪師, 集內道場供養。安秀二德, 最爲僧首。朕每諮求, 再推南方有能禪師, 密受忍大師記傳, 傳達磨衣鉢, 以爲法信。頓悟上乘, 明見佛性。今居韶州曹溪山, 示悟眾生, 卽心是佛。朕聞如來以心傳心, 囑付迦葉, 迦葉展轉相傳, 至於達磨, 教被東土, 代代相傳, 至今不絶。師旣稟承有依, 可往京城施化。緇俗歸依, 天人瞻仰。故遣中使薛簡迎師, 願早降至。神龍元年正月十五日下。

韶州曹溪山釋迦惠能辭疾表

惠能生自偏方，幼而慕道，叨爲忍大師，囑付如來心印，傳西國衣鉢，授東土佛心。奉天恩遣中使薛簡，召能入內，惠能久處山林，年邁風疾。陛下德包物外，道貫萬民，育養蒼生，仁慈黎庶。旨弘大教，欽崇釋門，恕惠能居山養疾，修持道業。上答皇恩，下及諸王太子。謹奉表。釋迦惠能頓首頓首。

中使薛簡問大師：京城大德禪師，教人要假坐禪，若不因禪定，解脫得道，無有是處。

大師云：道由心悟，豈在坐耶？金剛經，若人言如來若坐若臥，是人不解我所說義。如來者，無所從來，亦無所去，故名如來。無所從來曰生，亦無所去曰滅。若無生滅，而是如來清淨禪，諸法空，卽是坐。

大師告言中使：道畢竟無得無證，豈況坐禪！

薛簡云：簡至天庭，聖人必問，伏願和上，指授心要。將傳聖人及京城學道者。如燈轉照，冥者皆明，明明無盡。

大師云：道無明暗，明暗是代謝之義，明明無盡，亦是有盡，相待立名。淨名經云：法無有比，無相待故。

薛簡云：明譬智慧，暗喻煩惱。修道之人，若不用智慧照生死煩惱，何得出離？

大師云：煩惱卽菩提，無二無別。汝見有智慧爲能照，此是二乘見解，有智之人，悉不如是。

薛簡云：大師，何者是大乘見解？

大師云: 涅槃經云: 明與無明, 凡夫見二, 智者了達其性無二, 無二之性卽是實性。實性者卽是佛性。佛性在凡夫不減, 在賢聖不增, 在煩惱而不垢, 在禪定而不淨。不斷不常, 不來不去, 亦不中間及內外, 不生不滅, 性相常住, 恒不變易。

薛簡問: 大師說不生不滅, 何異外道? 外道亦說不生不滅?

大師答曰: 外道說不生不滅, 將生止滅, 滅猶不滅。我說本自無生, 今卽無滅, 不同外道。外道無有奇特, 所以有異。

大師告薛簡曰: 若欲將心要者, 一切善惡都無思量。心體湛寂, 應用自在。

薛簡於言下大悟云: 大師, 今日始知, 佛性本自有之。昔日將爲大遠, 今日始知, 至道不遙, 行之卽是。今日始知, 涅槃不遠, 觸目菩提。今日始知, 佛性不念善惡, 無思, 無念, 無知, 無作, 不住。今日始知, 佛性常住不變, 不爲諸惡所遷。

中使薛簡禮辭大師, 將表赴京。高宗大帝, 賜磨衲袈裟一領, 及絹五百疋。

敕書曰: 敕。師老疾爲朕修道, 國之福田。師若淨名託疾, 金粟闡弘大大法, 傳諸佛心, 談不二之說。杜口毗耶, 聲聞被呵, 菩薩辭退, 師若此也。薛簡傳師指授如來智見, 善惡都莫思量, 自然得入心體湛然, 常寂玅用恒沙。朕積善餘慶, 宿種善因, 得値師之出世, 蒙師惠頓, 上乘佛心第一。朕感荷師恩, 頂戴修行, 永永不朽。奉磨衲袈裟一領, 絹五百疋, 供養大師。神龍三年四月二日下。

又神龍三年十一月十八日　敕下, 韶州百姓, 可修大師中興寺佛殿, 及大師經坊, 賜額爲法泉寺。大師生緣新州, 故宅爲國恩寺。

延和元年，大師歸新州，修國恩寺。

諸弟子問：和上修寺去，卒應未歸，此更有誰堪諮問？

大師云：翁山寺僧靈振，雖患脚跛，心裏不跛，門人諮請振說法。

又問：大師何時得歸？

答曰：我歸無日也。

大師在日，景雲二年，先於曹溪造龕塔。後先天二年七月，廊宇猶未畢功，催令早了。吾當行矣，門人猶未悟意。

某年八月，大師染疾。諸門人問大師：法當付囑阿誰？

答：法不付囑，亦無人得。

神會問大師：傳法袈裟，云何不傳？

答云：若傳此衣，傳法之人短命。不傳此衣，我法弘盛，留鎮曹溪。我滅度七十年後，有東來菩薩，一在家菩薩，修造寺舍，二出家菩薩，重建我教門。

徒問大師曰：云何傳此衣短命？

答曰：吾持此衣三遍，有刺客來取吾命，吾命如懸絲。恐後傳法之人被損，故不付也。

大師力疾，勸誘徒衆。令求道忘身，唯慇加行，直趣菩提。

某月三日，奄然端坐遷化，春秋七十有六。滅度之日，煙雲暴起，泉池枯涸，溝澗絕流，白虹貫日。巖東忽有衆鳥數千，於樹悲鳴。又寺西有白氣，如練長一里餘，天色清朗，孤然直上，經于五日乃散。復有五色雲，見於西南，是日四方無雲，忽有數陣涼風，從西南颺入寺舍，俄而香氣氛氳遍滿廊宇。地皆振動，山崖崩頹。大師新州亡廣果寺，寺西虹光三道，經于旬日。又寺前城頭莊有虹光，經一百日，衆鳥悲鳴, 泉水如稠泔汁, 不流數日。

又翁山寺振禪師, 於房前與衆人, 夜間說法, 有一道虹光, 從南來入房。

禪師告衆人曰: 和上多應新州亡也。此虹光是和上之靈瑞也。

新州尋有書報亡, 曹溪門徒發哀。因虹光頓謝, 泉水漸流。書至翁山, 振禪師聞哀, 設三七齋於夜。道俗畢集, 忽有虹光, 從房而出。

振禪師告衆人曰: 振不久住也。經云, 大象旣去, 小象亦隨。其夕中夜, 臥右脇而終也。

曹溪門人, 迎大師全身歸曹溪。其時首領不肯放, 欲留國恩寺, 起塔供養。

時門人僧崇一等, 見刺史論理, 方還曹溪。大師頭頸, 先以鐵鍱封裹, 全身膠漆。其年十一月十三日, 遷神入龕。

至開元二十七年, 有刺客來取頭, 頭移大師出庭中, 刀斬數下。衆人唯聞鐵聲, 驚覺見一孝子奔走出寺, 尋迹不獲。

大師在日, 受戒開法度人三十六年。先天二年壬子歲滅度, 至唐建中二年, 計當七十一年。其年衆請上足弟子, 行滔守所傳衣。經三十五年, 有殿中侍御史韋據, 爲大師立碑。後北宗俗弟子武平一, 開元七年, 磨却韋據碑文, 自著武平一文。

開元十一年, 有潭州瑝禪師, 曾事忍大師, 後時歸長沙祿山寺。常習坐禪, 時時入定, 遠近知聞。時有大榮禪師, 住曹溪事大師, 經三十年。

大師常語榮曰: 汝化衆生得也。

榮卽禮辭歸北。路過瑝禪師處, 榮頂禮問瑝曰: 承和上每入定, 當入定時，爲有心耶？爲無心耶？若有心，一切衆生有心，應得入定；若無心，草木瓦礫，亦應入定。

璿答曰：我入定，無此有無之心。

榮答曰：若無有無之心，卽是常定，常定卽無出入。

璿卽無對，璿問：汝從能大師處來，大師以何法教汝？

榮答曰：大師教榮不定不亂，不坐不禪，是如來禪。

璿於言下便悟：去五蘊非有，六塵體空。非寂非照，離有離空，中間不住，無作無功，應用自在，佛性圓通。

歎曰：我三十年來，空坐而已。

往曹溪歸依大師學道。世人傳璿禪師三十年坐禪，近始發心修道。

景雲二年，却歸長沙舊居。二月八日，夜悟道。其夜空中，有聲告合郭百姓。

璿禪師今夜得道！

皆是能大師門徒也。

上元二年，廣州節度韋利見奏，僧行滔及傳袈裟入內。孝感皇帝依奏。

敕書曰：敕. 曹溪山六祖傳袈裟，及僧行滔并俗弟子韋利，見令水陸給公乘，隨中使劉楚江赴上都。上元二年十二月十七日下。

又乾元二年正月一日，滔和上有表辭老疾，遣上足僧惠象及家人永和，送傳法袈裟入內，隨中使劉楚江赴上都。四月八日得對，滔和上正月十七日身亡，春秋八十九。 敕賜惠象紫羅袈裟一對，家人永和

州 敕賜度, 配本寺。 改建興寺爲國寧寺, 改和上蘭若 敕賜額爲寶福寺。 又僧惠象, 隨中使劉楚江, 將衣赴上都訖。

辭歸表

沙門臣惠象言。 臣偏方賤品, 叨簉桑門, 樂處山林, 恭持聖教。 其前件衣鉢, 自達磨大師已來, 轉相傳授, 皆當時海內欽崇, 沙界歸依, 天人瞻仰, 俾令後學覩物思人。 臣雖不才, 濫承付囑。 一昨奉恩命勒送天宮, 親自保持, 永無失墜, 臣之感荷, 悲不自勝。 是知大法之衣, 萬劫不朽, 京城緇侶, 頂戴而行。 然臣師主行滔, 久傳法印, 保茲衣鉢, 如護髻珠, 數奉德音, 不敢違命, 一朝已歿, 奄弃明朝。 臣今欲歸, 至彼啓告神靈。 宣述聖情, 陳進衣改寺之由, 敘念舊恤, 今之狀臣, 死將萬足。 不勝涕戀, 懇款之至, 供奉表辭以聞。 沙門惠象, 誠悲誠戀, 頓首頓首謹書。

孝感皇帝批僧惠象表

敕曰: 師之師主行滔戒行清循, 德行孤秀傳先賢所付衣鉢, 在炎方而保持亟換, 歲年曾不失墜。 朕虔誠慕道, 發使迓求, 師綿歷畏途, 頂戴而迓遂, 朕懇願, 何慰加之? 行滔身雖云亡, 其神如在。 師歸至彼, 具告厥靈, 知 朕敘崇永永不朽矣。 卽宜好去。

又乾元三年十一月二十日。孝感皇帝遣中使程京杞，送和香於能大師龕前供養。宣口敕焚香龕中，一道虹光直上，高數丈。程使見光，與村人舞蹈，錄表送。

又寶應元皇帝送，傳法袈裟歸曹溪，敕書曰：

敕. 楊鑑卿久在炎方，得好在否？朕感夢送能禪師傳法袈裟歸曹溪。尋遣中使鎮國大將軍楊崇景，頂戴而送。傳法袈裟是國之寶，卿可於能大師本寺，如法安置。專遣衆僧親承宗旨者守護，勿令墜失。朕自存問。永泰元年五月七日下。

六祖大師在日及滅度後六種靈瑞傳

大師在日，寺側有瓦匠，於水源所燀，鷄水被觸穢，旬日不流。大師處分瓦匠，令於水所焚香設齋，稽告纔畢，水卽通流。又寺內前後兩度經軍馬，水被觸污，數日枯渴。軍退散後，焚香禮謝，涓涓供用。

又大師住國寧寺及新州國恩寺，至今兩寺並無鵶雀烏鳶。

又大師每年八月三日遠忌，村郭士女雲集，在寺營齋。齋散衆人，皆於塔所禮別。須臾之間，微風忽起，異香襲人，煙雲覆寺，天降大雨，洗蕩伽籃，寺及村，雨卽不降。

又大師滅後，法衣兩度被人偸，將不經少時，尋卽送來，盜者去不得。

又大師滅後，精靈常在，怳怳如覩。龕塔中常有異香，或入入夢。前後祥瑞，其數非一，年月淹久，書記不盡。

貞十九二月十三日畢。

역자후기

이 책은 『육조단경六祖壇經』의 여러 판본版本들 가운데 「종보본宗寶本」으로 중국 원元·명明 시기 이후 가장 널리 읽혀졌던 책이다. 이 종보본은 내용이 풍부하여 마치 『법화경法華經』이나 『화엄경華嚴經』의 「입법계품入法界品」을 보는 것처럼 드라마틱하고 생동감이 있으며 문학적 색채가 농후하다. 특히 도道를 얻기 위하여 온 선사들과의 대화는 재치 있고 익살스럽기도 하여 흥미진진하다.

또한 혜능대사가 황궁皇宮으로부터 공양을 청해 받지만 응하지 않은 것에서 우리는 평범한 삶의 소중함과 보통사람으로서의 초탈함을 볼 수 있어 마음이 넉넉해진다. 그 가운데서도 내시內侍 설간薛簡과의 대화는 세간世間에서도 해탈解脫할 수 있는 가능성을 심어 준다. 특히 깨달음이 수행자만의 것이 아님을 밝힌 것은 바쁘게 살아가는 현대인들에게 용기와 희망을 줄 것이다.

종보본 『단경』에 대한 번역의 인연은 처음에 남경을 갔을 때(2002년 봄) 왕위에칭〔王月淸; 남경대 철학과 교수〕 선생이 펴낸 『육조단경』(中國, 江蘇古籍出版社, 2002年版)을 정독하면서 비롯된다. 물론 그 이전에 『단경』을 접한 적은 있지만, 중국유학의 길에 들면서 본격적으로 중국선종에 관심을 가지게 되었고, 또한 서툰 중국어를 공부하고자 현대 중국어로 해설된 『단경』을 읽기 시작한 것이 계기가 되었다.

중국어로 설명된 『단경』을 읽어 가면서 여러 인연이 겹쳐 가슴이 탁 트이는 것을 느꼈고, 또한 은사 스님이신 故 환운당幻雲堂 자월慈月선사님의 입적入寂 10주기를 맞이하여 불인佛因을 맺게 해주심에 감사하고, 스님의 수행력과 덕을 흠모하는 마음으로 이 책을 번역하여 출간하고자 하였다.

번역에 있어서 기본적인 텍스트는 왕위에칭 선생의 『육조단경』을 선택하였지만, 『대정신수대장경』에 실려 있는 종보본 『법보단경』을 대조하는 것을 잊지 않았다. 그 과정에서 왕위에칭 선생의 『육조단경』에 누락된 덕이德異스님의 「육조대사법보단경서」와 설숭契嵩스님의 「육조대사법보단경찬」, 그리고 종보宗寶스님의 「발문」을 추가하였으며, 독자들의 편의를 위하여 『만속장경』에 게재된 『조계대사별전』을 부록으로 추가하였다.

본문의 번역과 평석은 모두 왕위에칭 선생의 『육조단경』을 참조하였지만, 역자의 견해에 따라 상당한 부분을 가감하였다. 특히 앞부분에서는 돈황본과 혜흔본을 가능한 대조하여 역주에 삽입하였고, 왕 선생의 중국 독자들을 위한 역주의 일부분을 삭제하였으며, 우리 실정에 맞게 일부 역주를 추가하였음을 밝힌다.

본 번역에 있어서 역자의 힘이 부족하여 승속僧俗의 여러 도반들의 도움과 교정을 받았는데, 이 기회를 통하여 다시 큰 고마움을 전한다. 그리고 항상 깊은 관심으로 지켜봐 주시는 석사과정의 지도교수님이신 이법산스님께 정례 올리고, 말없이 멀리서 이끌어 주시는 통도사 전계화상 혜남스님께 삼배 올린다.

독자 모두 이 『단경』을 읽은 공덕으로 지혜의 눈이 열리고 복덕이 구족하여 세세생생 불법의 극락정토에서 행복하시기를 불전에 축원 올린다.

　마지막으로 눈 밝은 납자 있어 크게 웃어 주시고 꾸짖어 주시길 바란다.

　　　　　　　　　　　아련야阿練若에서 법지 합장

법지法志 스님

1980년 봄 부처님 오신날을 준비하며 출가, 불국사 강원을 졸업하고 중강을 맡았다. 1990년 비구계를 수지하고, 중앙승가대학교와 동국대학교 불교대학원을 졸업하였다. 정각사·해인사 등에서 안거하였으며, 현재 중국 남경대학南京大學 철학과 박사과정에 있다. 논문으로「無我의 三轉性에 관한 硏究」, 「五位百法明門論硏究」등이 있다.

육조혜능(六祖慧能; 638-713)

중국 선종의 제6조로 추대되고 있는 당대唐代의 대표적인 선승으로, 호는 육조대사六祖大師, 대감선사大鑑禪師이다. 부친이 일찍이 사망하고 집안이 가난하여 나무를 팔아 홀어머니를 봉양하다가, 어떤 사람이『금강경』을 독송하는 것을 듣고서 마음이 개오하여 오조 홍인선사의 문하에서 의발을 전수받았다고 한다. 의봉 원년(676) 법성사에서 인종법사로부터 구족계를 받고, 그 다음 해에 소양의 조계산 '보림사'에 주석하여 "직지인심直指人心, 견성성불見性成佛의 돈오법문頓悟法門"을 선양하였다. 제자인 법해가 그 법문을 모아『육조단경』으로 편집하였으며, 후에 선종의 종전宗典으로 세상에 유통되었다. 713년 국은사에서 세수 76세로 시적示寂하였다. 헌종 때에 '대감국사大鑑國師'로 시호하였고, 다시 송 태종이 '진종선사眞宗禪師', 인종이 '보각선사普覺禪師', 신종이 '원명선사圓明禪師' 라고 시호하였다.

육조대사 법보단경

초판 1쇄 발행 2007년 2월 5일 | 초판 2쇄 발행 2008년 4월 5일
육조혜능 述 | 종보 編 | 법지 譯註 | 펴낸이 김시열
펴낸곳 운주사 (136-036) 서울 성북구 동소문동 6가 25-1 청송빌딩 3층
전화 (02) 926-8361 | 팩스 (02) 926-8362
ISBN 978-89-5746-182-2 93220 값 15,000원
http://www.buddhabook.co.kr